中国林业产业发展指南编辑委员会

代序

2013年上半年，全国林业建设取得了明显成效，实现了时间过半、任务过半。全国共完成造林6371万亩，占全年计划的70.8%；义务植树22.7亿株，占全年计划的90.8%；抚育森林6618万亩，占全年计划的63%；实现林业产业总产值1.88万亿元，同比增长34.5%；林产品进出口贸易额618亿美元，同比增长7%。总体上看，在全国经济增长放缓的情况下，林业继续保持持续稳定的发展态势，为稳增长、保就业、惠民生、促发展作出了积极贡献。但是，当前林业发展中还存在一些突出问题，需要引起高度重视，认真研究解决。

第一，关于森林资源保护问题。林地、湿地和物种是重要的生态资源和生存资本。保护林地、湿地和物种，是各级林业部门的核心职责和根本任务。“保护优先”是十八大确定的生态文明建设方针之一。但是，在当前工业化、城镇化的推进过程中，以各种名目乱征滥占林地、湿地的现象十分严重，对自然生态系统造成了极大破坏。尤其是资源破坏主体已经由自然人向社会法人、企业法人甚至政府转变，林地、湿地和野生动植物保护面临着巨大压力。最近，欧盟决定大力发展绿色基础设施，扩大森林面积，增加城市森林，恢复自然湿地，将分割的自然保护区连接起来，保护生物多样性。我们要认真吸取发达国家的经验教训，把森林和湿地作为城镇的重要基础设施来对待，把物种保护作为提升可持续发展能力和社会文明水平的重要举措来推进，避免走“先破坏后治理”的发展老路。要认真落实《全国林地保护利用规划纲要》，严格履行林地征占用审批程序，遏制林地过快过多减少的势头。要全面强化自然湿地保护，坚决禁

注：代序节选自赵树丛局长在2013年全国林业厅局长座谈会上的讲话。

止围垦湿地、占用湿地和在湿地周围无序开发。抓紧修改野生动物保护法，加强珍稀濒危物种繁育拯救和野外种群栖息地保护，引导和规范野生动物合理利用，维护生物多样性。各地要结合实际，加快地方立法，强化林地、湿地和物种保护。要充分发挥森林公安、森林武警、资源林政的作用，严厉打击毁林占地、破坏野生动植物等违法犯罪行为。

第二，关于加强森林经营问题。最近，唐守正院士建议加强森林经营，实现森林保护与木材供应双赢。汪洋副总理批示指出，唐院士关于加强林业养护、提高林木单产的意见是非常有价值的，应在以后的工作中注意向这个方面推动，使我国的林业发展能够从增加面积、提高质量两个方面都有大的进步。无论是从实现林业"双增"目标来看，还是从维护国家生态安全、木材安全来看，我们都要把森林经营与植树造林放在同等重要甚至更加重要的位置。如果通过抚育经营，将单位面积森林蓄积量提高一倍，就相当于将森林面积扩大一倍，这对于宜林荒山荒地十分有限的地方显得尤为重要。今后，要将森林经营提升为林业发展的核心任务和主攻目标，科学编制并认真落实森林经营方案，完善扶持政策，强化科技支撑，加强林区基础设施建设，全面提升森林经营水平，努力增加国内木材产量和森林生态效益。各类经营主体都要编制实施森林经营方案，森林资源监督部门工作重心要转向监督森林经营方案的实施，确保把汪洋副总理的重要批示精神落到实处。

第三，关于发展绿色富民产业问题。林业产业是极具发展潜力的绿色富民产业和实体经济，具有市场空间广、产业链条长、就业容量大等优势，在稳增长、调结构、保就业、惠民生等方面发挥着重要作用。在我国经济增长趋缓、就业压力增大的情况下，大力发展林业产业，可以扩大社会就业，增加农民收入，提高消费能力，拉动国家经济发展。最近，中国银监会与国家林业局正式出台了《关于林权抵押贷款的实施意见》。这是深化集体林权制度改革的重要成果，也是农村金融政策的重大创新，为发展绿色富民产业创造了良好条件。各地要争取出台实施细则，在林权抵押登记、延长贷款期限、森林资产信息化管理和银行自评估及林权收储、扩大贴息规模等方面，为金融机构服务林业和方便农民获得贷款、扩大贷款规模提供支持。要加大宣传力度，用好这项政策，引导金融资本有序进入林业。

第四，关于深化林业改革问题。国务院已经将林业改革确定为深化经济体制改革的重要内容，要求深化集体林权制度改革，开展国有林场改革试点，研究提出国有林区改革指导意见。我们要全力推进。集体林权制度改革要以落实和稳定农民林地承包经营权为核心，健全林权管理服务机构，发展农民林业专业合作组织，创新林木采伐管理机制，完善林业补贴政策，做大林权抵押贷款，推进森林保险，规范林权流转，强化技术培训，巩固和扩大改革成果。国有林场改革要着力抓好改革试点，创新管理体制，加强生态保护，安置富余职工，发展特色产业，维护生态安全和社会稳定。国有林区改革要深入调查研究，加强顶层设计，突出改革重点，找准切入点，抓住着力点，尽快形成改革指导意见。

第五，关于推进林业科技创新问题。目前，我国林业科技进步贡献率低于全国平均水平，比农业低10个百分点，与林业发达国家的差距更大。推进生态文明建设，提升林业发展水平，迫切需要强化林业科技创新，充分发挥科技的支撑引领作用。我们要认真落实汪洋副总理视察中国林业科学研究院时的讲话精神，创新体制机制，完善基础设施，注重人才培养，加强科技攻关，努力在生态建设、产业发展、农民增收和应对气候变化等重点领域，破解一批重大理论和技术难题，取得一批具有自主知识产权的核心技术。要高度重视林业科技推广，千方百计把现有科技成果尽快转化为现实生产力，努力满足林业生产对科技的迫切需求。

2013年7月

目录

代序

第一部分　总论

2012 年全国林业产业发展综述/ 2

2012 年数据的背后/ 10

2006 ~ 2012 年我国林业产业发展状况分析/ 15

第二部分　指南研究制定的支撑报告

中国林业新兴产业发展形势分析/ 20

中国林业产业投资产业运营模式分析/ 27

木材安全战略问题探究/ 38

第三部分　中国林业产业的热门话题

关于森林标志产品体系建设的研究与思考/ 48

中国红木消费指南/ 60

家具上市公司分析/ 88

欧盟木材法规解读/ 92

关于中国林产品品牌建设与提升的几点思考/ 100

附录

生态文明　生态林业　民生林业/ 110

中国林业产业诚信标识企业评定办法（暂行）/ 112

中国林业产业 5A 级诚信企业（单位）评定办法（暂行）/ 122

中国林业产业诚信企业领军人物、 中国林业产业诚信功勋人物评定办法(暂行)/ 127

中国林业产业联合会推荐企业商标为中国驰名商标管理办法（试行）/ 132

中国林业采购经理指数（FPMI）调查报告/ 138

中国森林认证　森林经营/ 149

中国森林认证　产销监管链/ 164

后　记/ 187

第一部分

总 论

2012 年全国林业产业发展综述

2012 年是我国经济与社会发展极为重要的一年，也是林业改革与发展的关键之年。一年来，国家林业局党组和各级林业部门以科学发展观为指导，全面贯彻落实党的十八大精神，以建设生态文明为目标，以改善生态和改善民生为总任务，加快发展林业产业，改善林区民生，促进林产品进出口贸易稳定增长。加速了我国由林业产业大国向林业产业强国转变的进程，提高了我国林业产业的国际地位，取得了丰硕成果。

一、 林业产业发展

1. 林业产业总产值

2012 年林业产业总产值达到 3.95 万亿元(按现价计算)，比 2011 年增长 28.94%，产业规模不断扩大。自 2001 年以来，林业产业总产值的平均增速达到 22.88%(图 1)。

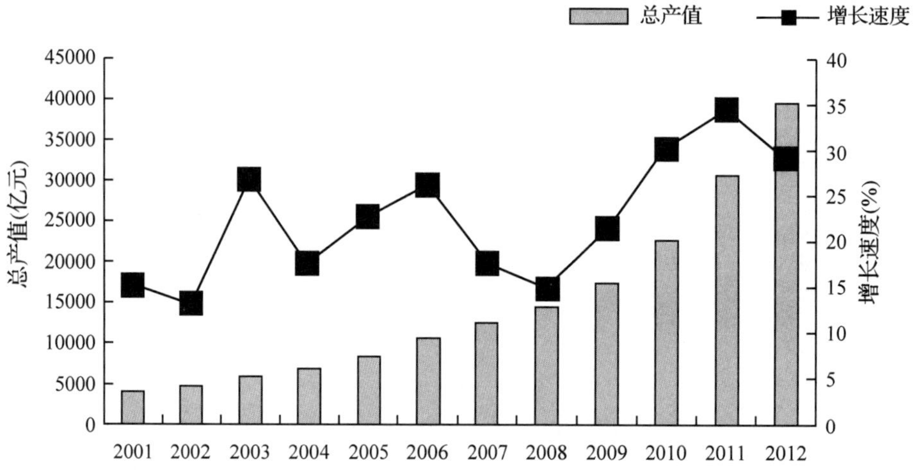

图 1　2001～2012 年全国林业产业总产值及其增长速度

分产业看，第一产业产值 13748.52 亿元，占全部林业产业总产值的 34.85%，同比增长 24.35%；第二产业产值 20898.30 亿元，占全部林业产业总产值的 52.97%，同比增长 25.23%；第三产业产值 4804.09 亿元，占全部林业产业总产值的 12.18%，同比增长 68.44%。近年来，林业产业的产值结构逐步调整，已由"十五"末期的52:41:7，调整为目前的 35:53:12，林业二、三产业所占比重逐年增大，产业结构进一步优化。

第一产业中，包括干鲜果品、茶、中药材以及森林食品等在内的经济林产品种植与采集业产值为7751.88亿元，所占比重最大，为56.38%；第二产业中，包括锯材、人造板等在内的木材加工及木竹制品制造业产值为8233.95亿元，所占比重最大，为39.40%。木竹浆造纸业产值为4751.52亿元，木竹家具制造业产值为2794.39亿元；第三产业中，林业旅游与休闲服务业产值为3522.55亿元，所占比重最大，为73.32%，全年涉林旅游和休闲的人数达到14.82亿人次。发展速度最快的产业主要是一些新兴产业，包括林业旅游与休闲服务业、油茶产业、野生动物繁育与利用业等，增长速度分别达到89.07%、57.71%和39.39%。

分地区看①，东部地区林业产业总产值为20538.51亿元，占全部林业产业总产值的52.06%；中部地区林业产业总产值为7621.26亿元；西部地区林业产业总产值为7395.70亿元；东北地区林业产业总产值为3895.43亿元。东部地区林业产业总产值的增速最快，所占比重也最大，与其他地区的差距进一步拉大。林业产业总产值超过3000亿元的省份共有5个，分别是广东、山东、浙江、江苏和福建(图2)。

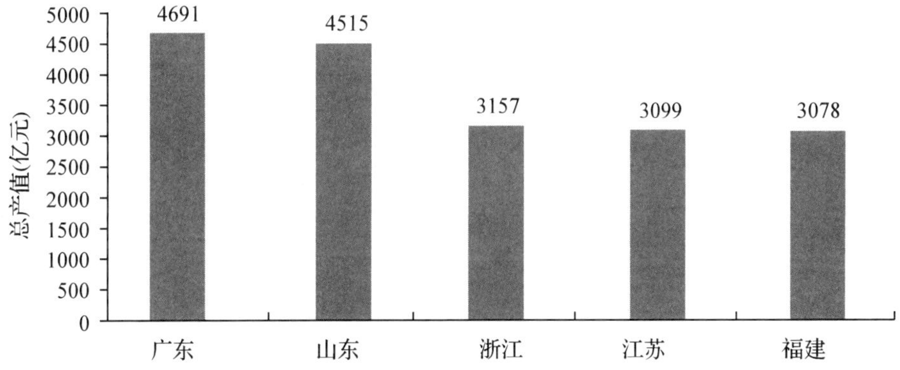

图2　林业产业总产值超3000亿元的省份

2. 木材安全保障

(1)木材战略储备基地建设　2012年，福建、广西、广东、湖南、云南、河南、江西等7省(自治区)率先开展木材战略储备基地示范建设，安排中央投资2.28亿元(其中中央基本建设资金1.08亿元，中央财政资金1.2亿元)，建设木材战略储备生产基地141.9万亩。截至2012年底，7个示范省份共完成建设任务135.35万亩，占计划任务的95.4%。

(2)速生丰产用材林基地建设　2012年，速生丰产用材林基地建设共完成各地类造林38.01万公顷，其中荒山荒地造林26.84万公顷，更新造林7.40万公顷，非林业用地造林3.77万公顷。另外完成改培面积3.28万公顷。

---

① 本分析报告采用国家四大区域的分类方法，即将全国划分为东部、中部、西部和东北四大区域。东部地区包括：北京、天津、河北、上海、江苏、浙江、福建、山东、广东、海南10个省(直辖市)；中部地区包括：山西、安徽、江西、河南、湖北、湖南6个省；西部地区包括：内蒙古、广西、重庆、四川、贵州、云南、西藏、陕西、甘肃、青海、宁夏、新疆12个省(自治区、直辖市)；东北地区包括：辽宁、吉林、黑龙江3个省和大兴安岭地区。

3. 木材生产及林产工业

(1)木材产量　2012年，全国商品材总产量与2011年基本持平，为8174.87万立方米。在全部木材产量中，原木产量7494.37万立方米，薪材产量680.50万立方米。商品材产量较大的省份都集中在我国集体林区，分别是广西、广东、福建、山东、云南、安徽、湖南，这些省份的商品材产量都超过400万立方米。此外，全国农民自用材采伐量700.09万立方米，农民烧材采伐量2056.80万立方米(图3)。

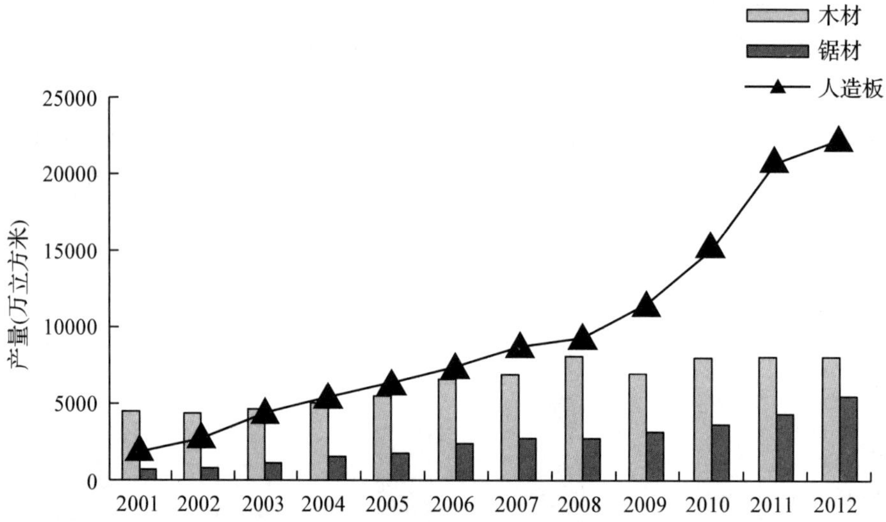

图3　2001～2012年全国木材及主要林产工业产品产量

(2)锯材与木片、木粒加工产品产量　2012年，锯材产量为5568.19万立方米，比2011年增长24.84%。木片、木粒加工产品2906.93万实积立方米，比2011年增长29.93%。

(3)人造板产量　2012年，受国内房地产调控和国际社会购买力下降的双重影响，木质家具生产和建筑装饰行业受到冲击，我国人造板产量增速放缓。全年人造板总产量为22335.79万立方米，比2011年增长6.77%。

在全部人造板产量中，胶合板10981.17万立方米，比2011年增长11.26%，占全部人造板产量的49.16%；纤维板5800.35万立方米，比2011年增长4.28%，占全部人造板产量的25.97%，其中中密度纤维板产量为5022.45万立方米；刨花板产量2349.55万立方米，比2011年减少8.20%，占全部人造板产量的10.52%；其他人造板产量3204.71万立方米(细木工板占58.28%)，比2011年增长9.44%，占全部人造板产量的14.35%。另外，单板产量为3492万立方米，人造板表面装饰板产量为1.92亿平方米。从分省情况看，山东、江苏、广西、河南、安徽、河北6省(自治区)产量均超过1000万立方米，6省(自治区)人造板产量共计16392.56万立方米，占全国人造板总产量的73.39%(图4)。

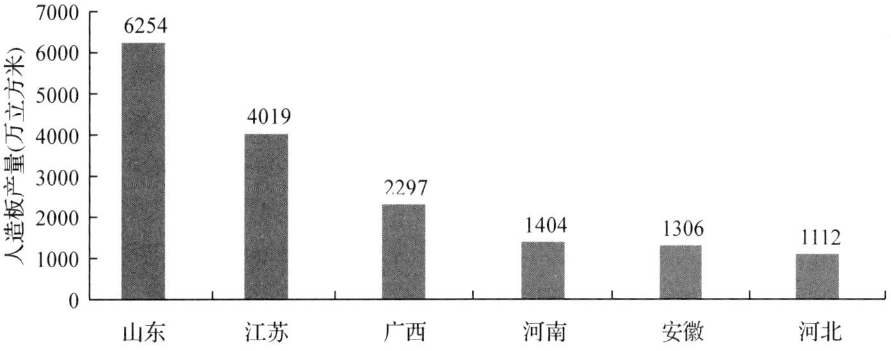

图4　2012 年人造板产量位列前 6 名的省份

(4)木竹地板产量　2012 年木竹地板产量出现近年来的首次负增长，为 6.04 亿平方米，比 2011 年减少 3.94%。在木竹地板产量中，实木木地板 1.25 亿平方米，占全部木竹地板产量的 20.75%；复合木地板 3.71 亿平方米，占全部木竹地板产量的 61.33%；其他木地板 0.59 亿平方米；竹地板 0.49 亿平方米。江苏省和浙江省是木竹地板产量最大的省份，产量分别达到 1.44 亿和 1.19 亿平方米。

(5)林产化工产品产量　2012 年，全国松香类产品产量 141.00 万吨，与 2011 年基本持平。松节油类产品产量 18.74 万吨，比 2011 年增长 3.12%。樟脑产量 1.14 万吨，冰片 925 吨，栲胶类产品 6926 吨，紫胶类产品产量 2494 吨。

4. 经济林、竹、油茶、花卉产业

2012 年，经济林产品产量稳定增长，各类经济林产品总量达到 1.42 亿吨，比 2011 年增长 6.50%。从产品类别看，水果产量为 12227 万吨，比 2011 年增长 6.59%；干果产量为 987 万吨，比 2011 年增长 6.47%；毛茶等林产饮料产品的产量为 184 万吨；花椒、八角等林产调料产品的产量为 58 万吨；竹笋干、食用菌等森林食品产量为 308 万吨；杜仲、枸杞等木本药材的产量为 130 万吨；油茶等木本油料产量为 177 万吨；松脂、油桐等林产工业原料产量 179 万吨。

2012 年竹材产量为 16.44 亿根，比 2011 年增长 6.81%，其中毛竹 11.15 亿根，篙竹 5.29 亿根。竹产业产值达 1224 亿元。

近年来，中央不断加大油茶产业发展的扶持力度，中央财政木本油料产业发展资金增加到 37.9 亿元，油茶产业发展重点县增加 100 个。2012 年，油茶种植面积达到 350 万公顷，当年新造油茶林 23.59 万公顷，低产林改造 11.42 万公顷。繁殖圃 517 个，苗木产量 12.44 亿株，油茶籽产量为 173 万吨，比 2011 年增长 16.73%。从事油茶良种苗木培育、种植、茶油以及其他副产品生产加工的企业有 1643 个，油茶产业产值达 387 亿元。

2012 年，花卉种植面积 96.91 万公顷，比 2011 年增长 12.40%，花卉种植业产值达到 1265 亿元。切花切叶 185 亿支；盆栽植物 34 亿盆；观赏苗木 124 亿株；草坪 5.24 亿平方米。具有一定规模的花卉市场 4200 多个，花卉企业 4.30 万个，其中大中型花卉企业9000多个；花卉从业人员463万人，花农129万户；控温温室面积和日光温室面积分别为4006万平方米和16658万平方米。

5. 林业主要产品销售价格

2012年全国主要林业工业产品销售价格涨跌互现。木材综合平均价格为每立方米757元，与2011年基本持平；竹材综合平均价格为每根8元，与2011年略有增长；锯材综合平均价格为每立方米1213元，比2011年上涨5.94%；木片综合平均价格为每实积立方米716元，比2011年下降16.84%；木地板综合平均价格为每平方米158元，比2011年上涨19.70%；胶合板综合平均价格为每立方米1868元，比2011年下降9.14%；中密度纤维板综合平均价格为每立方米1505元，比2011年下降11.42%；刨花板综合平均价格为每立方米1103元，比2011年上涨3.37%；林化产品中，松香综合平均价格为每吨11184元，比2011年下降13.20%；栲胶综合平均价格为每吨13296元，比2011年上涨68.75%；紫胶综合平均价格为每吨42607元，比2011年上涨148.47%。

二、 林业利用外资情况

2012年，我国林业利用外资项目个数为262个，实际利用外资规模5.18亿美元，比2011年减少69.53%，其中国外借款0.90亿美元，外商直接投资4.08亿美元，无偿援助0.20亿美元，分别占林业实际利用外资总规模的17.28%、78.85%和3.87%。林业实际利用外资金额占全国外商直接投资的0.46%。

三、 林业系统从业人员和劳动工资

截至2012年底，全国林业系统各种经济类型单位共计45060个，其中企业2271个，事业单位38525个，机关4264个。2012年林业系统年末人数共计161.55万人，比2011年减少2.50%。其中在岗职工126.24万人，离开本单位仍保留劳动关系人员28.64万人，其他从业人员6.67万人。在岗职工按所属行业分，木材及竹材采运企业、国有林场和林业工作站位居前三位，分别为42.26万人、35.95万人和11.01万人。林业系统在岗职工年平均工资达到28105元，比2011年增长19.03%（图5）。

分地区看，东北地区林业系统在岗职工年平均工资最低，仅为22154元，但比2011年增长26.80%，增速最快；东部地区林业系统在岗职工年平均工资最高，达到38685元；西部地区林业系统在岗职工年平均工资为32372元；中部地区林业系统在岗职工年平均工资为24254元。分行业看，林业工程技术与规划管理业年平均工资最高，为53488元，木竹家具制造业年平均工资最低，为12379元。

四、 2012年我国林业企业景气指数分析

2012年一季度林业企业景气指数为122.4，同比提高5.9，环比提高13.5，比全国企业同期景气指数127.3低4.9。二季度林业企业景气指数为133.2，同比提高14.3，环比提高10.8，比全国企业同期景气指数126.9高6.3。三季度林业企业景气指数为

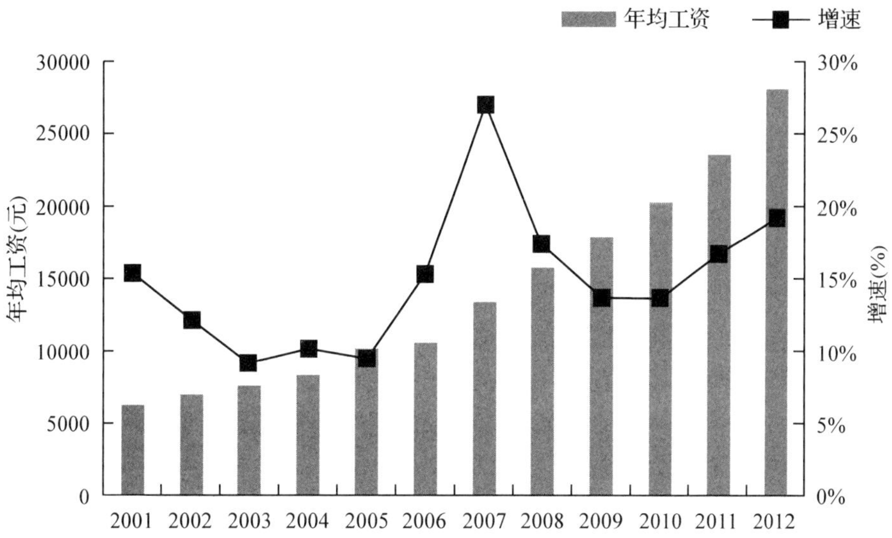

图5　林业系统在岗职工年平均工资与增长速度

128.3，同比增长10.8，环比减少4.9，比全国企业同期景气指数122.8高5.5。四季度林业企业景气指数为126.2，同比增长17.3，环比减少2.1，比全国企业同期景气指数124.4高1.8(图6)。

五、　主要林产品进出口贸易

2012年，受欧盟、日本市场需求不振和国内房地产市场调控的影响，我国传统的优势林产品如木家具、胶合板、纸产品等出口显著下滑，一些主要用于建筑业的针叶材进口也显著减少，林产品出口增速持续放缓，进口呈现负增长。但是受美国整体经济温和复苏的影响和带动，新兴市场国家的需求进一步企稳，整体向好迹象显著。根据海关统计数据汇总分析，2012年全国林产品进出口总值为1188.3亿美元，比2011年减少1.1%。其中，出口额575.7亿美元，比2011年增长5.0%；进口额612.6亿美元，比2011年减少6.3%。

1. 主要林产品进口情况

2012年原木进口量3789.3万立方米，金额72.5亿美元，分别比2011年减少10.5%和12.4%；锯材进口量2066.8万立方米，金额55.2亿美元，分别比2011年减少4.3%和3.5%；纸及纸板纸制品进口量325.4万吨，金额46.0亿美元，分别比2011年减少6.4%和9.0%；纸浆进口量1646.4万吨，金额110.4亿美元，分别比2011年增长14.0%和减少7.5%；木家具进口量636.8万件，金额6.0亿美元，分别比2011年增长15.8%和9.1%。

2. 主要林产品出口情况

2012年木家具出口量2.9亿件，金额183.3亿美元，分别比2011年减少0.7%和增长7.1%；纸及纸板纸制品出口量606.5万吨，金额109.8亿美元，分别比2011年

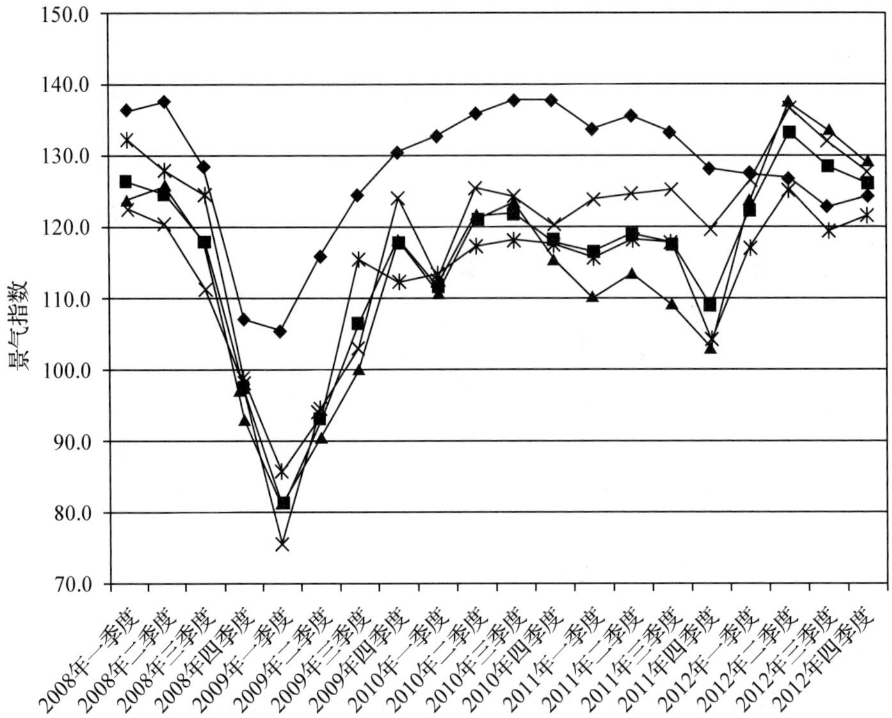

图 6　2012 年我国林业企业景气指数走势图

（—◆— 全国企业景气指数；—■— 林业企业景气指数；—×— 家具制造业；
—▲— 木材加工及木、竹、藤、棕、草企业；—✳— 造纸及纸制品业　）

增长 1.1% 和 6.3%；木制品出口金额 45.2 亿美元，比 2011 年增长 7.7%；胶合板出口量 1003.3 万立方米，金额 48.0 亿美元，分别比 2011 年增长 4.8% 和 10.5%。

六、 2012 年我国主要林产品进出口企业分析

2012 年我国木家具出口前 50 家企业的出口额为 418421.50 万美元，占全部木家具出口额的 22.83%；纸制品出口前 50 家企业的出口额为 388910.03 万美元，占全部纸制品出口额的 28.34%；胶合板出口前 50 家企业的出口额为 178672.08 万美元，占全部胶合板出口额的 37.45%；纤维板出口前 50 家企业的出口额为 89721.47 万美元，占全部纤维板出口额的 55.60%；木门窗出口前 50 家企业的出口额为 42856.78 万美元，占全部木门窗出口额的 58.13%；木地板出口前 50 家企业的出口额为 25115.63 万美元，占全部木地板出口额的 71.61%；单板出口前 50 家企业的出口额为 16089.13 万美元，占全部单板出口额的 68.63%；刨花板出口前 50 家企业的出口额为 4673.50 万美元，占全部刨花板出口额的 68.12%（表 1）。

表 1 2012 年我国主要林产品出口前 50 家企业出口数据

商品	单位	前 50 家企业出口数量	占全国出口数量比例(%)	前 50 家企业出口金额(万美元)	占全国出口金额比例(%)
木家具	吨			418421.50	22.83
纸制品	吨	3654560	48.20	388910.03	28.34
胶合板	万立方米	374	37.31	178672.08	37.45
纤维板	吨	1501138	54.08	89721.47	55.60
木门窗	吨	173542	50.37	42856.78	58.13
木地板	吨	168182	70.26	25115.63	71.61
单板	吨	81230	52.67	16089.13	68.63
刨花板	吨	92305	63.95	4673.50	68.12

2012 年我国原木进口前 50 家企业的进口额为 365888.21 万美元，占全部原木进口额的 50.46%；锯材进口前 50 家企业的进口额为 210800.04 万美元，占全部锯材进口额的 38.16%；胶合板进口前 50 家企业的进口额为 10062.89 万美元，占全部胶合板进口额的 84.19%；木片进口前 50 家企业的进口额为 133169.00 万美元，占全部木片进口额的 99.99%；纸浆进口前 50 家企业的进口额为 629672.70 万美元，占全部纸浆进口额的 57.64%(表 2)。

表 2 2012 年我国主要林产品进口前 50 家企业进口数据

商品	单位	前 50 家企业进口数量	占全国年进口数量比例(%)	前 50 家企业进口金额(万美元)	占全国进口金额比例(%)
原木	万立方米	2021	53.32	365888.21	50.46
锯材	万立方米	885	42.80	210800.04	38.16
胶合板	万立方米	15	83.61	10062.89	84.19
木片	吨	758	99.995	133169.00	99.99
纸浆	吨	921	56.21	629672.70	57.64

2012 年数据的背后

2012 年国民经济运行情况以及数据点评，国家统计局要到 2013 年 3 月初才能出来，上市公司报表 4 月才能公布，现在分析行业经济形势似乎略显早了一些。但从企业角度出发，年头岁尾正是安排新年工作的时期，根据 2012 年一年来的数据收集和行业形势分析，先行对林业产业作些梳理并粗略预测新年走势，仅供企业参考。

2012 年的远虑和近忧

国内外各权威单位比较倾向于预计 2012 年全年 GDP 增长 7.7% ~7.8%，各级业务主管部门最为关注的行业总量也许仍会呈增长势头。

2012 年我国外贸进出口同比增长 6.2%，较 2011 年增速回落 16.3%。在全球主要经济体中仍表现最好。外贸进出口没有实现年初预计目标主要有四方面原因：首先是由于外需的疲软、订单的下降。其次，国内生产成本的上涨导致我国出口产品的竞争优势减弱。国内生产成本的上涨，与劳动力成本的提升和人民币的升值相关。三是国际上贸易保护主义盛行，我国面临的外贸环境恶化。四是我国的内需走弱，进口的动力不足。例如，第 112 届广交会境外采购商与会比上届同期减少 10.26%；出口成交 326.8 亿美元，比上届下降 9.3%，出现采购商与成交额“双下滑”。

从企业反映林业产业忧大于喜。人造板企业面临较严重的困难，2012 年春季，连绵阴雨给原料短缺雪上加霜，下游产品销售不畅导致市场萎缩。行业中其他产品也在艰难中拼搏，许多企业停产关门，更多企业惨淡维持。楼市调控下家居零售业供大于求，这两年来，北京不时有家具建材城关门，东方家园北京市内的 5 家分店——西三旗店、来广营店、丽泽店、玉泉营店和吕营店全部暂停营业。2012 年 3 月，曾经位列北京八大灯饰城之一的八方龙灯饰城改弦更张，不再经营灯具，转卖花鸟鱼虫。此后又有兴隆家居建材城、金开利德家居卖场等不是停业就是转行。美国建材巨头家得宝关闭了在华所有七家建材门店，家得宝的退出直接宣布了行业的极度寒冷。

经济寒冷加剧了本行业的白热化竞争，产品低端化、拼价格、竞争低级化已到了无以复加的地步，有一个好案例供企业家参考：中国建材集团公司收购小建材百多家，使得水泥市场分额从 26% 升到 30%，市场价提升 10%。

林企频出奇招，逆水行舟困境突围

主流企业在困难环境中仍然斗志昂扬，办法仍比困难多。“大亚”等企业主营收入仍在增长，“圣象”几年前布局的控股美国销售渠道的举措现已显现威力，出口增量过千万平方米，给严冬带来春意；“大自然”正利用上市资金扩张门店、扩大品类，联合国际知名品牌并借助咨询公司研讨战略提升管理再造辉煌；生活家独特的企业文化为其扩张市场份额增力不少；“财纳福诺”屡出新精品出口增长两位数；“横林诸杰”不仅力保传统出口北美、欧洲、中东等市场，而且开发出南美如巴西秘鲁等新兴市场；“南浔精英”在行业流言中稳步前进；“书香门地”等以名优价高为特色的企业又有新业绩；“富得利”、“大卫”、“天格”都在努力前行；“南浔森林之星”徐伟大手笔投资8000万建800套公寓供员工安居，留住人才；“南京许柏林”前店后厂节省流通费用，让利于消费者迈出了新步伐；企业在横向冠军联盟，团购促销上屡出奇招。

南方林场金森公司成功上市；广东、广西几个刨花板加大进口生产线建设和投产，显示出人工林重点省(自治区)企业的坚强信心；传统渠道奋力前进，新兴(如电商等)渠道纷纷试水；木门、衣橱柜、壁纸此起彼伏；许多中小企业也各有奇招在困难中表现出众；企业纷纷加快转型升级步伐，培育以技术、品牌、质量、服务等为核心的竞争新优势，行业保持可持续发展，优胜者一定会在困境中突围。

2013 年经济回升 大有可望

通常比较权威的预测是2013年中国经济预计增长8%~8.2%，最乐观为8.6%。

国际经济略好于上年　2013年国际经济环境依然复杂多变。美国“财政悬崖”导致的财政政策调整会使美国经济受到一定冲击。欧元区“经济增长”与“财政紧缩”的两难选择导致欧洲经济存在较大不确定性。2012年，身处风暴眼的希腊举步维艰，几度濒临退出欧元区；法国黯然失去信用最高评级，西班牙、葡萄牙亦是风雨飘摇；有“欧洲经济发动机”之誉的德国，受重负拖累，增长步伐放缓。尽管欧盟峰会陆续通过了强化财政纪律、建立银行业单一监管机制等各项旨在重建经济与货币联盟的改革措施，但欧洲人在变革与复兴之路上依旧步履蹒跚。展望2013年，欧洲经济衰退将继续深化，欧洲的政治环境也将继续恶化，这可能导致欧元危机再次加剧。

日本巨额债务、增税措施和内需不足使经济难有起色。全球经济低迷，能源原材料新增需求放缓，巴西、俄罗斯和南非等资源出口国受到冲击。

与此同时，全球充裕的流动性将对国际大宗商品价格走势起到推波助澜的作用，全球通胀风险有所抬头。可以预见的是，美国作为世界上最大的货币储备国，将继续走在印钞这条不归路上。美国开动印钞机来解决“财政悬崖”，将导致新兴市场国家热钱涌入，全球流动性泛滥将引发大宗商品价格上涨和进一步通胀，我国的货币政策也会受其影响。通胀也会波及我们，据悉，进口地板材从2012年9月起涨价，“番龙眼”

每立方米涨300元左右。

另一方面，2013年全球经济有利因素也逐渐增多，世界经济增长速度预计比2012年略有改善。美国房地产市场持续好转，页岩气大规模开发导致能源成本降低带动相关产业投资增长，美国经济仍会继续复苏。德国等国捍卫欧元和欧元区的立场坚决，欧洲央行推出“直接货币交易计划”有利于稳定欧洲金融市场，使欧债危机对欧洲经济和世界经济的冲击得到缓解，欧洲经济2013年表现可望略好于2012年。预计2013年世界经济增长3.5%左右，略高于2012年3.3%的水平(图1、图2)。

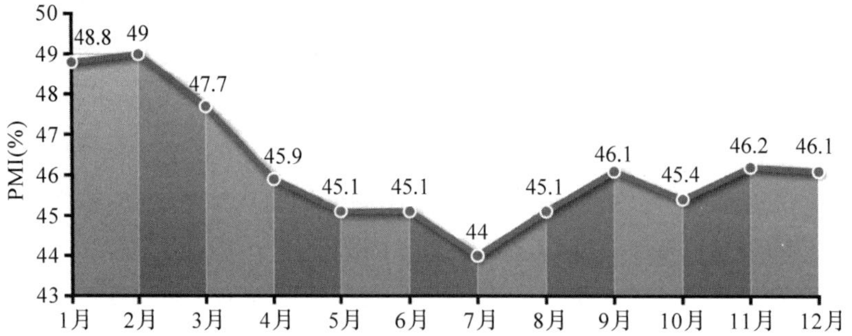

图1 欧元区制造业2012年PMI走势

（资料来源：中宏统计数据库）

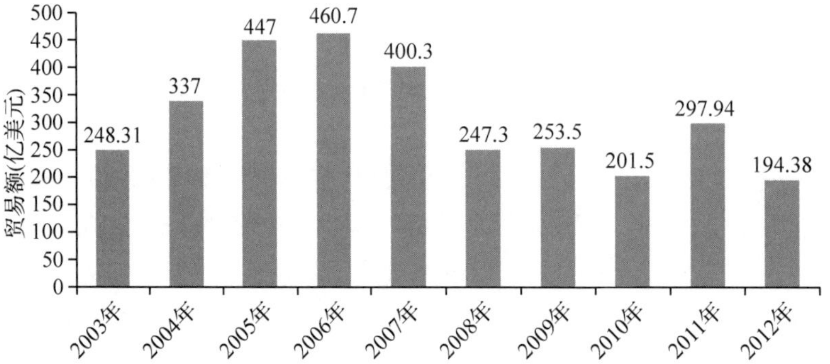

图2 巴西贸易顺差走势

（资料来源：中宏统计数据库）

国内长期积累的结构性矛盾以及经济周期性减速问题相互交织，使经济运行中出现了一些突出问题，主要表现在工业企业经营困难、局部地区金融风险显现、稳定房地产投资和稳定房价面临两难选择、制造业缺乏新增长点等方面(图3、图4)。

但是，我们经济回升的有利条件也很多。2013年，“十八大”确定的我国未来经济社会发展新思路将进一步激发全国上下改革开放和加快发展的热情，新领导人下决心继续摸着石头过河，将改革作为最大红利，将城镇化作为经济增长的抓手，稳增长系列政策的效果将进一步显现，有利于推动我国经济继续保持平稳较快增长。固定资产投资在2012年三、四季度一直在稳定上涨。由于近期大量新项目上马，基础设施投资将获得新的动力。同时受益于住房销售回暖，消费支出仍保持活力。经济结构调整的

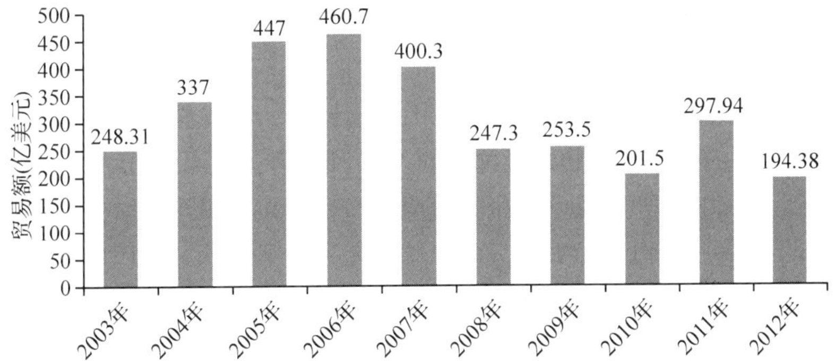

图3　中国制造业采购经理指数走势

（资料来源：中宏统计数据库）

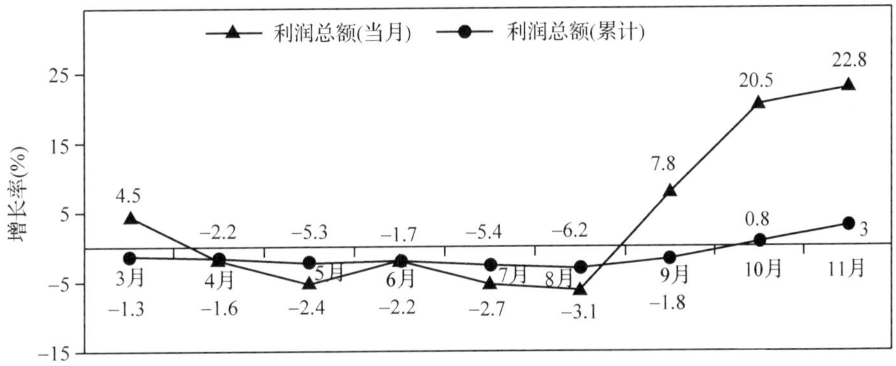

图4　2012 年全国规模以上工业企业利润同比增长走势

（资料来源：中宏统计数据库）

积极效应正在显现。如果内生因素中技术创新动力、结构优化动力及市场化可持续发展动力逐步增强，即便经济增速放缓，也无须担忧。2008～2012 年，全国共开工建设城镇保障性住房和棚户区改造住房超过 3000 万套，基本建成 1700 万套以上，13 年城镇保障性安居工程建设的任务是基本建成 460 万套、新开工 600 万套。

转型“阵痛”还将延续　PMI 指数回升温和，特别是新订单指数回升乏力，行业普遍回升态势尚未形成、波动性较大，说明经济回升基础还不稳，仍需要通过扩大国内需求进一步巩固。数据显示，2012 年 12 月新订单指数为 51.2%，同上月持平。2012 年 12 月新出口订单指数为 50%，较上月回落 0.2%。

在分析人士看来，2013 年我国出口大幅回升可能性并不大，中国经济增长动力已无法寄希望于出口。2013 年全球经济弱势增长态势仍难以根本性改变。

目前我国扩大内需的政策空间仍然较大，货币政策方面，由于存款准备金率仍然保持在 20% 的高位，高于 1985～2012 年平均值 8% 左右，预期 2013 年对冲压力将明显减轻，存款准备金率仍有较大下降空间。从财政政策来看，2012 年我国财政赤字率仅为 1.5% 左右，加上地方政府融资平台债务，积极的财政政策空间仍然较大。近年来，结构性减税一直是积极财政政策的重要内容（中国社会科学院等单位建议我国年减税规模至少应达到6000亿元）。扶持小微企业的系列减税政策2013年继续有效。“新非公36条”细则的政策效应将充分调动民间投资积极性。

几年来，我国城乡居民收入增长明显加快，特别是酝酿多年的收入分配体制改革总体方案有望出台，将有助于提高居民收入水平和改善居民收入分配结构，为扩大消费奠定坚实的收入基础。近年来我国消费金融快速发展拓宽了消费市场空间，激发了居民消费热情，日益成为促进我国经济发展和转型的重要手段。

中国社会科学院社会学研究所发布《社会心态蓝皮书》，指出社会的总体信任指标在2012年进一步下降，已经跌破及格线。在2013年开局之际，企业应该重视市场关键信号，加强诚信，慎出奇招，抓好管理，夯实基础，多出正招。抓准消费者真实需求，扩大市场份额，争取新的发展。

2006～2012年我国林业产业发展状况分析

2006～2012年，7年中我国林业产业尽管受到国际金融危机的冲击及国内地震、泥石流、冰冻等各种自然灾害的影响，但在党和政府以及林业部门的领导下，深入贯彻党的十八大精神，以科学发展观为指导，积极落实党和国家关于发展林业产业的方针政策，使林业产业保持较快发展的强劲势头，林业产业总产值规模不断扩大，主要林产品产量多数有不同程度的增长，森林公园旅游实现接待游客人数与直接旅游收入双增长。

一、林业产业总产值规模不断扩大，一、二、三产业结构更加优化

据国家林业局统计，2011年全国林业产业总产值（按现价计算，下同）达到3.95万亿元（总计为39450.91亿元），比2011年的3.06万亿元（总计为30596.73亿元）增长28.94%，比2005年的8458.74亿元增长3.66倍，平均每年增长24.6%。

分产业来说，2012年全国林业第一、二、三产业产值分别为13748.52亿元、20898.30亿元和4804.09亿元（图1），与2011年相比，分别增长24.35%、25.23%和68.44%；各产业产值占林业产业总产值的比重，分别为34.85%、52.97%和12.18%。

林业三次产业产值的结构在逐步调整，一、二、三次产业的结构比，从2005年的51.5∶41.2∶7.3调整到2011年的36.1∶54.6∶9.3和2012年的34.85∶52.97∶12.18，这说明产业结构更加优化、合理。

二、主要产品产量多数有不同程度的增长

据统计，2012年全国木材、锯材和竹材产量分别达到8174.87万立方米、5568.19万立方米和16.44亿根（总计为164412万根），与2011年相比，分别增长0.36%、24.84%和6.81%；与2005年相比，分别增长47.02%、2.11倍和42.75%，平均每年分别增长5.7%、17.6%和6.1%（表1）。

2012年全国人造板产量达到2.23亿立方米（总计为22335.79万立方米），比2011年增长6.77%，比2005年增长2.49倍，平均每年增长19.6%。其中"三板"产量（包括胶合板、纤维板和刨花板）2012年达到1.91亿立方米（总计为19131.07万立方米），与2011年相比，增长6.34%；与2005年相比，增长2.71倍，平均每年增长20.6%（表2）。具体来源：

①胶合板产量2012年达到10981.17万立方米，比2011年增长11.26%，比2005年增长3.37倍，平均每年增长23.4%。

②纤维板产量2012年达到5800.35万立方米，比2011年增长4.28%，比2005年增长1.82倍，平均每年增长15.9%。

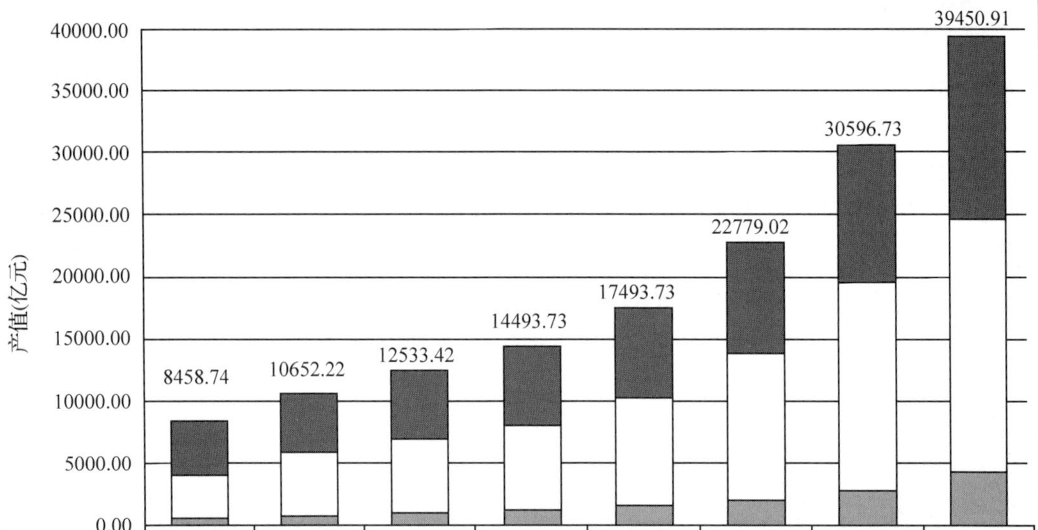

	2005年	2006年	2007年	2008年	2009年	2010年	2011年	2012年
■第一产业	4355.56	4708.82	5546.21	6358.82	7225.26	8895.21	11056.19	13748.52
□第二产业	3486.54	5198.40	6038.92	6838.25	8717.92	11876.95	16688.40	20898.30
■第三产业	616.64	745.00	953.29	1209.34	1550.55	2008.86	2852.14	4804.09

图1　2005～2012年全国林业产业总产值(按现价计算)及各产业产值

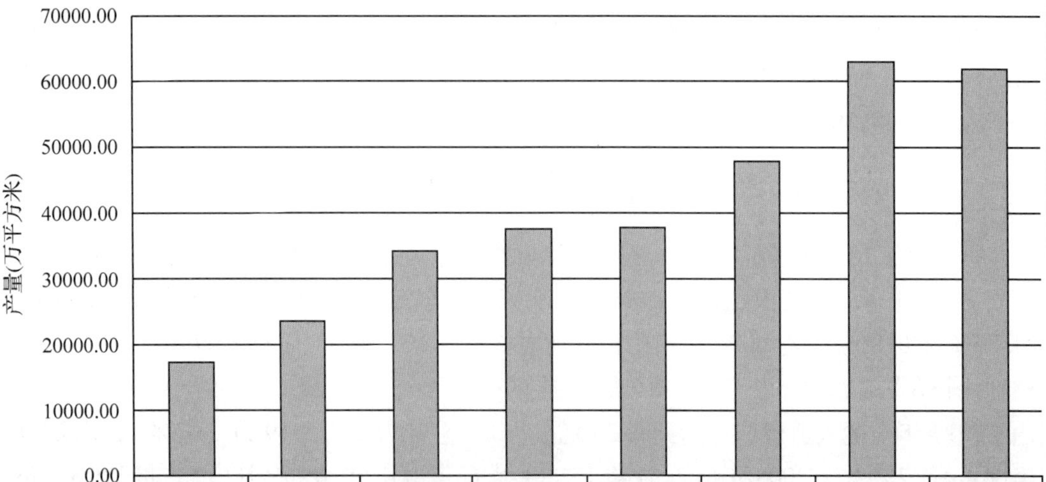

	2005年	2006年	2007年	2008年	2009年	2010年	2011年	2012年
■地板产量	17322.79	23398.99	34343.25	37689.43	37753.20	47917.15	62908.25	60430.54

图2　2005～2012年全国木、竹地板产量

③刨花板产量2012年达到2349.55万立方米，比2011年下降8.20%，比2005年增长4.08倍，平均每年增长22.2%。

2012年全国木、竹地板产量达到6.04亿平方米(总计为60430.54万平方米)，比2011年首次下降3.94%，比2005年增长2.49倍，平均每年增长19.5%(图2)。其中，江苏和浙江二省木、竹地板产量均超过1亿平方米，分别达到1.44亿平方米(总计为14388.82万平方米)和1.19亿平方米(总计为11904.93万平方米)。这两个省的木、竹地板产量为2.63亿平方米(总计为26293.75万平方米)，占全国木、竹地板产量的43.51%。

2012年全国经济林产品产量达到1.42亿吨(总计为14249.31万吨)，比2011年增长6.50%，比2005年增长54.40%，平均每年增长6.4%(图3)。其中干果产量为987.32万吨，比2011年增长6.47%。

2012年全国松香产量达到109.18万吨(总计为1091832吨)，比2011年下降12.01%，比2005年增长79.99%，平均每年增长8.8%(图4)。

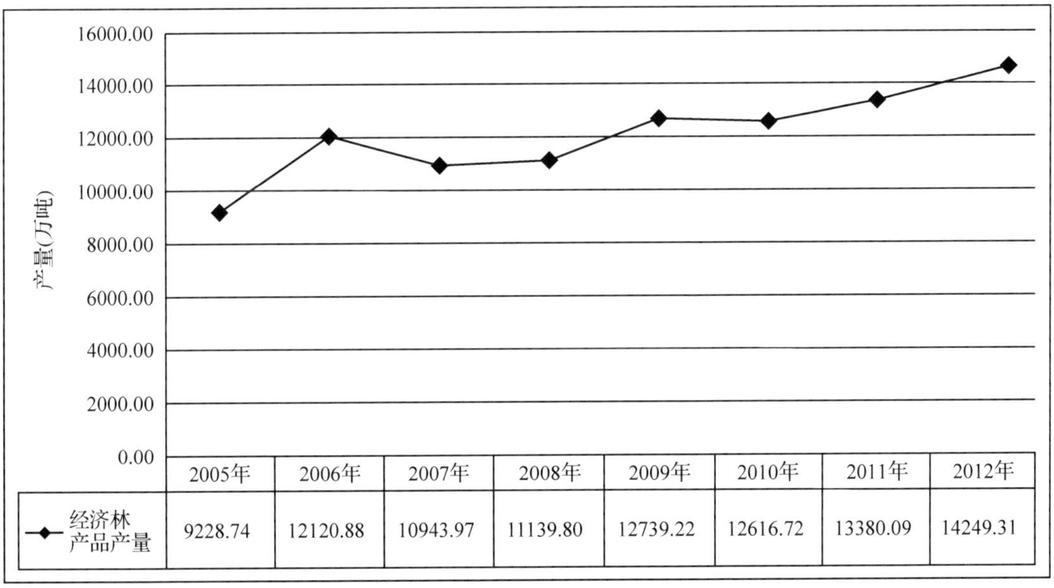

图3 2005~2012年全国经济林产品产量

三、森林公园旅游实现接待游客人数与直接旅游收入“双增长”

到2012年末，全国森林公园数量达到2855处(包括国家森林旅游区1处)，比2011年增加108处，增长3.93%，比2005年增加927处，增长48.08%；2012年全国森林公园接待游客人数达到5.48亿人次，比2011年的4.68亿人次增长17.09%，比2005年的1.74亿人次增长2.15倍，平均每年增长17.8%；2012年全国森林公园以门票为主的直接旅游收入达到453.30亿元，比2011年的376.42亿元增长20.42%，比2005年的83.98亿元增长4.40倍，平均每年增长27.2%(表3)。

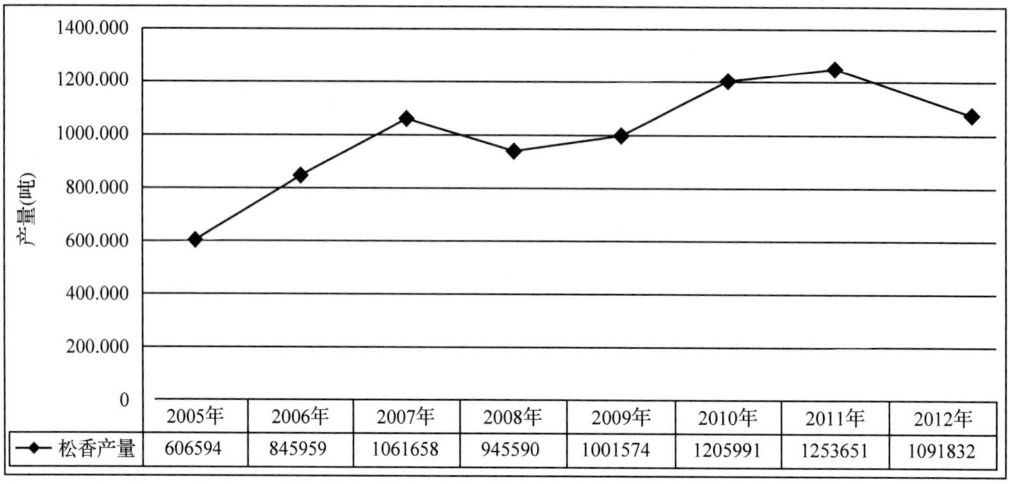

图 4　2005 ~ 2012 年全国松香产量

表 1　2005 ~ 2012 年全国木材、锯材、竹材产量

产品名称	2005 年	2006 年	2007 年	2008 年	2009 年	2010 年	2011 年	2012 年
木材产量（万立方米）	5560. 31	6611. 65	6976. 65	8108. 34	7068. 29	8089. 62	8145. 92	8174. 87
锯材产量（万立方米）	1790. 29	2486. 46	2829. 10	2840. 95	3229. 77	3722. 63	4460. 25	5568. 19
竹材产量（万根）	115174	131176	139761	126. 220	135650	143008	153929	164412

表 2　2005 ~ 2012 年全国人造板及其中“三板”产量　万立方米

产品名称	2005 年	2006 年	2007 年	2008 年	2009 年	2010 年	2011 年	2012 年
人造板产量	6392. 89	7428. 56	8838. 58	9409. 95	11546. 65	15. 360. 83	20919. 29	22335. 79
其中：“三板”产量	5151. 61	6038. 64	7120. 48	7589. 65	9370. 80	12758. 40	17991. 14	19131. 07
胶合板产量	2514. 97	2728. 78	3561. 56	3540. 86	4451. 24	7139. 66	9869. 63	10981. 17
纤维板产量	2060. 56	2466. 60	2729. 85	2906. 56	3488. 56	4354. 54	5562. 12	5800. 35
刨花板产量	576. 08	843. 26	829. 07	1142. 23	11431. 00	1264. 20	2559. 39	2349. 55

表 3　2005 ~ 2012 年全国森林公园数量、接待游客人数及直接旅游收入

指标 年度	全国森林公园数量(处)	全国森林公园接待游客人数(亿人次)	全国森林公园直接旅游收入(亿元)
2005 年	1928	1. 74	83. 98
2006 年	2067	2. 13	118. 29
2007 年	2151	2. 49	157. 98
2008 年	2277	2. 74	187. 11
2009 年	2458	3. 33	226. 14
2010 年	2583	3. 96	294. 94
2011 年	2747	4. 68	376. 42
2012 年	2855	5. 48	453. 30

注：本文图表是根据国家林业局有关统计资料加工整理制作的。

第二部分

指南研究制定的支撑报告

中国林业新兴产业发展形势分析

2010年10月18日，国务院下发了《关于加快培育和发展战略性新兴产业的决定》，提出了现阶段重点扶持发展节能环保、新一代信息技术、生物、高端制造业、新能源、新材料和新能源汽车等7个行业。2012年2月评审通过的《国家战略性新兴产业分类目录》，明确将林业生物质能源、生物医药、生物材料等林业新兴产业纳入国家战略性新兴产业发展范围。

林业新兴产业是以重大技术突破和重大发展需求为基础，对林业和社会发展具有重大引领带动作用，知识技术密集、物质资源消耗少、成长潜力大、综合效益好的林业产业。《林业“十二五”规划》(以下简称《规划》)在加快发展林业产业体系中，提出要发展林业战略性新兴产业，加快生物质能源林基地建设，积极培育林业生物产业、新能源产业和新材料产业。加快林业战略性新兴产业发展既是兴林富民、改善民生、全面建设小康社会的必然选择，也是推进林业产业结构升级、加快经济发展方式转变、促进绿色增长、壮大绿色经济的重大举措，对增强我国林业产业国际竞争力、维护能源和粮食安全、建设“两型”社会和兴林富民意义重大。

一、 我国林业战略性新兴产业发展现状与特点

按照《规划》的要求，中国林业产业未来5～10年的发展思路是加快发展兴林富民产业，大力提升传统产业，积极扶持战略性新兴产业，推动由林业产业大国向林业产业强国的转变。林业战略性新兴产业中的“战略性”指的是这些产业对经济和社会发展以及国家安全具有全局性的影响和极强的拉动效应；“新”指的是相对于现在的经济发展阶段，这些产业的产品服务或者组织形式是以前没有的；而“兴”就是指刚刚崭露头角，未来可能会高速增长规模扩大对经济发展有主导作用的产业。《规划》中提到的发展林业战略性新兴产业，涉及生物产业、新能源产业和新材料三大产业。

(一)林业生物产业方面

林业生物产业是以森林生物资源为基础，建立在生命科学和生物技术创新与突破基础上的新兴产业和高技术产业。林业生物产业主要包括以生物技术为基础的林木(竹藤、花卉)品种及森林资源培育产业；基于林业生物资源的生物质能源、生物质材料和绿色化学品产业；以国土生态安全为目标的生态生物治理产业；以提高资源利用水平和降低环境污染为目标的林业生物制造产业；以及服务于生物医药和资源培育的林业生物制剂产业。林业生物产业是生物产业的重要组成部分。

发展林业生物产业，有利于国土生态安全、能源安全和粮食安全，促进山区经济

结构调整和农民增收，充分体现了“三生态”林业发展战略思想。“十二五”期间，国家将重点推进抗逆、抗虫、高产和优质基因的林木、竹藤品种等产业化，发展适用于树木的生物农药、生物肥料、植物生长调节剂等制剂产业，大力发展生物基产品。

我国林业生物产业的发展在生物资源方面优势明显，据第七次全国森林资源清查结果，我国森林面积、蓄积和生长量保持了递增态势，其中人工林保存面积6168.84万公顷，人工林蓄积19.61亿立方米，人工林面积居世界首位。此外，我国林业还有丰富的能源油料植物、沙生灌木和非木质森林资源，这些都将为生物能源和生物制造工业的发展提供资源保障。其次，生物产业发展有巨大的市场潜力。我国经济的高速发展和人民生活水平的日益提高拉动了消费需求，重要林业生物产品如基因工程林木、生物质能源、生物质材料、林源生物制剂等国内消费市场巨大，而且随着经济的不断发展，国内市场对林业生物产品的需求还会越来越大。与此同时，我国林业科研机构和高校有一批生物技术研究人员，通过参与国家攻关、生物技术专项等基础性和战略高技术研究，培养和造就了一批高层次的林业生物高技术人才，随着基因工程、细胞工程、酶工程等生物技术的快速发展。在国家科技支撑等重大计划的支持下，我国林业生物技术在毛竹基因组学、林木生物育种、林业生物质能源、林业生物质材料和林业生物制剂等方面取得了重大进展。

(二)新能源产业方面

林业生物质是指以木本和草本植物为主的生物质，主要包括林木(含薪炭林、灌木林、经济林或能源林和抚育间伐林等)、林业“三剩物”(森林采伐剩余物、伐区造林剩余物和木材加工剩余物)、林副产品及废弃物(油料树种果实、果壳、果核等)、木制品废弃物和草本植物等。而林业生物质能源则是指林业生物质本身所固定和贮藏的化学能，这种化学能由太阳能转化而形成。林业生物质能源具有可再生性、环保性和地区适宜性等优点，通常可采用直接燃烧。热化学转换、生物转化和液化等技术加以利用，并重点发展气化发电、供热、燃料乙醇和生物柴油

“十二五”期间，国家将开发麻风树、无患子、黄连木、文冠果、光皮树等生物质能源树种，建设林业生物质能源原料林基地，开发生物质高效能转化供热技术、发电技术、定向热解气化技术和液化油提炼技术，建设一批生物电站。

我国林业生物质能源的发展虽起步较晚，但近几年发展迅速。比如，在生物柴油方面，我国的部分成果已达到国际先进水平；四川长江造林局与四川大学、四川林业科学研究院采用微乳化复合剂合成的B－20型小桐子生物柴油在成都公交公司的柴油公交汽车上使用运行情况良好；还有河北武安正和生物能源公司、湖南省林业科学研究院等都利用相应树种制取出了生物柴油。再如在林业生物质燃料发电方面，我国也已有部分技术较为成熟，并开展了很多示范项目；如国家电网在山东、河北、江苏和黑龙江等多省份建立了生物质发电示范项目；内蒙古现已投资建立了一座以灌木林资源为主要原料、年发电量达1.6亿千瓦时的林业生物质热电厂。

我国大力发展林业生物质能源有着优越的条件，市场潜力巨大。我国有5400多万公顷宜林荒山荒地和近1亿公顷的盐碱地、沙地和矿山、油田复垦地，经过开发和改

良，都可发展林业生物质能源。特别是科尔沁沙地、毛乌素沙地、浑善达克沙地和呼伦贝尔沙地，总面积达1030万公顷，可大规模培育能源灌木林基地，一次种植多年平茬，实现修复生态、生产木质燃料双赢。

据初步估算，我国现有4500多万公顷的灌木林、300多万公顷的薪炭林和采伐、造材及木材加工等林业剩余物，每年可提供生物量为3.3亿吨，折合标准煤2亿吨。如全部开发利用，能够减少目前1/10的化石能源消耗。我国现有600多种常见的木本燃料油植物，种植面积超过400万公顷，种子含油量在40%以上的植物有154种，果实产量在500万吨以上。大力开发和利用基于森林资源的林业生物质能源，对于保障能源安全、实现能源结构多元化、改善生态环境、推动林业两大体系建设、调整农村产业结构、建设社会主义新农村都具有十分重要的意义。

（三）新材料产业方面

新材料是在传统材料基础上发展起来的一种新概念，它是指新出现的或者已经在发展中，具有传统材料所不具备的优异性能和特殊功能的材料。林业新材料产业是指以松脂、木本油脂、木本纤维素等林木生物质为原料，建立一批生物基高分子新材料和绿色化学品、糖工程产品和新型碳质吸附材料规模化示范企业。

改革开放以来，我国林产化工业得到了迅速发展。松香、活性炭等以林木生物质为原料的主要林化产品的产量和出口量均居世界第一 。2012年，全国松香类产品产量141.00万吨，松节油类产品产量18.74万吨，樟脑产量1.14万吨，冰片925吨，栲胶类产品产量6926吨，紫胶类产品产量2494吨。我国有比较丰富的森林资源以及充足的松脂、芳香植物、木本油料、药用动植物等特色资源。加之近年来在生物质能源、生物质材料、活性炭植物提取物等方面实现了技术突破，新材料产业拥有明显的发展优势和潜力。同时随着经济的不断发展国际市场对生物基材料、松香、活性炭、生物农药等林化产品的需求将持续增加。

随着我国经济和社会的快速发展，能源和资源供给的巨大缺口，已成为我国经济与社会可持续发展的瓶颈。生物质材料替代石油、煤炭、矿产等不可再生资源，已成为世界基础原料领域的重大课题。生物质材料产业是以非食用的可再生生物质原料代替石化原料生产新材料的新兴产业。发展生物质材料，可替代部分木材，减少森林资源的消耗，保障国家木材安全。我国目前发展态势良好的生物质材料主要有：木塑复合材、生物质基塑料、麦秸板、稻草板、生物质基胶黏剂和生物质基陶瓷等。据不完全统计，目前，我国直接从事木塑复合材料研发、生产的企事业单位160多家，从业人员10余万人，木塑复合材料产品年产量达30万吨，年产值超过30亿元，产品在北京奥运场馆、上海世博会等国家重点工程中已经得到应用。

今后，要按照产业布局区域化、资源供给基地化、利用方向高值化、生产工艺清洁化、生产装备节能化、产品加工精深化的要求，通过创新和重大关键技术的突破，加快发展生物质能源转化利用、松脂资源精深加工、天然香料和生物新材料开发等产业，把新材料产业的开发利用培育成林业的支柱产业。

（四）战略性新兴产业特点

林业战略性新兴产业作为国民经济重要的基础产业，既有一般产业所具有的共性，同时又不同于其他产业而具有特殊性。其产业特点主要表现在以下几个方面：

第一，林业战略性新兴产业是资源可再生性产业。森林是一种可再生的资源，对森林资源进行科学、合理的培育和利用，将为林业战略性新兴产业的发展提供取之不尽的原料。林业战略性新兴产业的发展必须遵循森林资源科学保护、积极培育与合理利用的原则，在严格保护天然林资源的同时，大力发展人工林，发展非木质森林产品，对采伐木材、采伐剩余物、加工剩余物及林下森林资源进行增值加工利用，提高森林资源的综合利用效率，并通过森林可持续经营做到森林资源的消长平衡，长大于消，青山常在，永续利用。

第二，林业战略性新兴产业是多效复合型产业。林业战略性新兴产业是一种多效复合型产业，经济效益、社会效益和生态效益并存。从森林资源培育开始，产业链一直延伸到森林资源的深度加工利用，整个产业链形成了资源培育、资源加工与产业服务相互联结、相互制约、相互促进的相对完整的产业体系，在发展经济的同时，也对保护生态环境、改善林农生计等发挥着积极的作用。

第三，林业战略性新兴产业是多样性丰富的产业。丰富的生物多样性是推动林业生物产业繁荣发展的有利条件。在我国森林、湿地和荒漠化生态系统中，蕴含着丰富的野生动植物资源。同时，我国还拥有极为丰富的林药、森林食品等非木质资源。这些资源构成了我国林业战略性新兴产业发展的丰富的生物资源库和基因资源库。

第四，林业战略性新兴产业是环境友好型产业。森林生物资源的可再生、低碳循环以及对人类的亲和性特点，决定了林业战略性新兴产业独特的生态和谐、环境友好的基本特征，体现了科学发展观和绿色经济理念。

二、　林业战略性新兴产业的发展意义

战略性新兴产业一般具有很强的时代特征，它不仅顺应了国家在特定时期的发展导向，而且对其他产业具有很好的引领作用。特别是全球金融危机后，发展战略性新兴产业已成为世界主要国家抢占新一轮经济和科技发展制高点的重大战略。因此，培育林业战略性新兴产业发展具有重要意义。

（一）调整升级产业结构的现实需要

林业生物质能源、生物产业、生物材料等新兴产业，都是以非木质利用为主，是绿色环保、循环经济、可持续利用的产业。对于改变传统以木材利用为主的林业产业结构、促进产业升级意义重大。同时，林业新兴产业的发展，可以为其他加工制造业提供丰富的原材料，对促进整个国家战略性新兴产业发展，调整国民经济产业结构都具有重要意义。

（二）维护能源和粮食安全的必然选择

维护粮食安全和能源安全是我国的重大安全战略，是我国经济社会发展的根本保障。我国有木本粮油树种 200 多种，发展木本粮油的巨大潜力，对我国减少对食用油

进口依赖具有重要意义。同时，森林是仅次于煤炭、石油、天然气的第四大能源资源，且是可再生能源。我国种子含油量在40%以上的植物有154种，发展生物柴油也有巨大潜力。充分挖掘林业潜力，加快发展木本粮油和生物质能源等林业新兴产业，是我国维护粮食安全和能源安全的必然选择。

（三）促进绿色增长和壮大绿色经济的客观要求

木材是经济建设不可或缺、世界公认的三大传统原材料之一，而且是绿色的、环保的、可降解的原材料。森林是陆地上最大的碳储库和最经济的吸碳器，减少森林损毁、增加森林碳汇作为应对气候变化的有效途径，已经纳入国际规则。加快发展林业战略性新兴产业，不仅可以提供丰富的生态产品，而且可以为降低化石能源消耗、减少温室气体排放、应对气候变化作出新贡献。

（四）兴林富民的重要途径

我国林地资源丰富，林地面积是耕地的2.5倍。特别是实行集体林权制度改革后，林农经营积极性得到极大激发。加快林业新兴产业发展，将有利于带动原料基地建设，促进林下种植、森林休闲旅游等林下经济发展，将进一步提高林地的产出率，为山区农民脱贫致富提供有效途径。

三、 我国林业战略性新兴产业发展面临的主要问题

（一）自主创新能力薄弱，核心知识产权匮乏

在林业战略性新兴产业的关键技术和前沿技术方面，我国企业的自主创新能力比较薄弱，导致产业的核心竞争力不强；技术创新的支撑体系还很不完善，缺乏战略性新兴产业发展必需的前瞻性技术储备，特别是缺少拥有核心知识产权的创新成果。在整体技术水平、产品技术含量、精深加工产品、产品附加值等方面与发达国家还有差距。从统计数据看，在林业新兴产业方面，来自国外企业的竞争也在不断加剧。仅在生物质能源技术领域相关的中国专利申请中，专利申请量排名前10位的企业有6家是外国企业。如荷兰的壳牌公司23年前在中国就已开始提交生物质能源技术领域相关的专利申请。

（二）科技成果转化率低，缺乏科技服务体系

目前我国林业科技成果转化率大约在25%左右，与发达国家80%的转化率差距甚远。究其原因，主要是林业系统缺乏以科技中介机构为主体的社会化、网络化的科技服务体系，其结果就是大量企业难以获取所需的科技成果，而不少高等院校和研究机构的科技成果却找不到合适的推广渠道，使先进科技成果难以发挥社会效益，不利于林业战略性新兴产业的发展。国家林业局发布的《林业科学和技术“十二五”规划》，首次提出了“十二五”林业专利数量比“十一五”增加1倍、新兴产业产值达到3.5万亿元的目标。通过自主创新掌握知识产权，增强产业发展能力，已成为“十二五”林业战略性新兴产业发展的关键。

（三）资金投入不足，融资渠道狭窄

林业战略性新兴产业的顺利发展需要可靠的大量资金作为坚强后盾，但是林业科

技投入缺乏稳定、持续的增长及多元化的支持体系，资金投入的增加远不能适应产业快速发展的客观需求。此外，我国的风险投资机制不健全，民间投资不活跃，以及金融机构和民间对林业战略性新兴产业的市场前景、经济效益和盈利能力缺乏深入的了解，使得战略性新兴产业的融资渠道狭窄、融资规模偏小、融资机制不灵活。

（四）相关政策不完善，体制机制不健全

目前，我国有利于林业战略性新兴产业发展的创新创业、财政支持、税收优惠、出口补贴、政府采购、知识产权保护等相关政策还不完善。因此，林业新兴产业的发展会受其影响。况且，我国现有的一些体制机制与林业战略性新兴产业的发展不相匹配，地区、部门和行业之间相互分割的现象仍普遍存在，这在一定程度上也制约了发展合力的形成和新技术的推广、普及和应用。

（五）高科技人才缺乏，人才培养机制存在不足

尽管长期以来，我国政府非常重视对人才的培养，但是林业领域的高科技人才仍相当缺乏，成为制约产业发展的瓶颈。国际水平的科技创新团队匮乏，顶尖科学家和大师级人物不足，激励林业自主创新的人才评价制度和多元化考核评价体系需要构建。

四、加快我国林业战略性新兴产业发展的对策和措施

（一）增强自主创新能力，构建产学研结合创新体系

一是加强林业战略性新兴产业创新能力和科研条件基础设施建设，增加对公益类研究机构的支持，重点支持战略技术、共性技术研究中心和重点实验室，形成以市场需求为导向、企业为平台、院校为依托的产学研结合的产业创新体系。二是构建由企业、大学、科研机构或其他组织机构共建的技术创新战略联盟，切实解决我国新兴产业发展中的关键技术问题，引导创新要素向优势林业新兴产业企业集聚。三是切实保护自主知识产权，促进创新成果快速产业化，加快林业战略性新兴产业的升级和发展。

（二）完善科技服务体系，为产业发展搭建桥梁

科技中介机构以专业知识、专门技能为基础，与各类创新主体和要素市场建立紧密联系，是战略性新兴产业健康发展的必要保障。一是大力提高创新资源的配置效率，充分发挥科技中介机构的桥梁作用，政府层面需要不断完善以林业科技中介机构为主体的社会化、网络化的科技服务体系。二是积极吸纳社会力量，重点围绕林业企业技术创新咨询、技术创新成果转化、公共科技信息发布等方面发展林业科技中介机构。三是通过多种途径鼓励现有科技中介机构不断拓宽业务范围，进军林业新兴产业领域；同时提高服务水平，加速技术创新成果的商品化和市场化进程。

（三）加大林业生物产业发展的资金投入

一是加大政府对林业战略性新兴产业自主创新能力、研究开发、产业化前期等方面的投入。建议在国家林业工程投资中，要划出一定比例的资金用于科技支撑，在林业科研立项和研发经费的安排上，要对林业战略性新兴产业类项目给予倾斜；建议将林业战略性新兴产业列入国家林业重点工程，获得稳定的资金投入。二是完善资本市场，促进创业投资发展，引导社会资金投向林业战略性新兴产业。三是加大政策性银行对

林业战略性新兴产业的资金支持力度。

（四）加强发展林业生物产业的政策扶持

加强政府对发展林业战略性新兴产业的政策引导，进一步减轻林木生产、经营者负担，扩大林业信贷扶持政策，积极探索建立森林保险体系。一是政府部门需要完善有利于林业战略性新兴产业发展的政策体系，在科技成果转化、产学研结合、财政支持、税收优惠、政府采购、引进消化吸收再创新、知识产权保护、科技基础设施等方面提供良好的政策环境。二是鼓励符合条件的林业产业龙头企业通过债券市场发行各类债券类金融工具，募集生产经营所需资金。鼓励林区外的各类经济组织以多种形式投资基础性林业项目。三是鼓励各类担保机构开办林业融资担保业务，大力推行以专业合作组织为主体，由林业企业和林农自愿入会或出资组建的互助性担保体系。鼓励各类担保机构通过再担保、联合担保以及担保与保险相结合等多种方式，积极提供林业生产发展的融资担保服务。四是通过保费补贴等必要的政策手段引导保险公司、林业企业、林业专业合作组织、林农积极参与森林保险，扩大森林投保面积。

中国林业产业投资产业运营模式分析

一、 我国产业投资基金概念的界定和实践分析

（一）定义和基本情况

我国的产业投资基金，是一种主要对未上市企业直接提供资本支持，并从事资本经营与监督的集合投资制度，即由不确定数目投资者出资设立产业投资基金公司，委托产业投资基金管理人管理和运用基金资产，委托产业投资基金托管人托管基金资产，投资收益按投资者的出资股份共享，投资风险由投资者共担的制度或机构。根据不同的用途，产业基金可以划分为创业投资基金、企业重组基金和基础设施投资基金三类。

2008 年 8 月以后，大量产业投资基金纷纷设立，涉及行业涵盖农业、环保、文化、房地产、体育等诸多领域。为促进产业发展、有效拉动内需、完善金融市场发挥了重要作用。

（二）实践分析与启示

1. 政府支持是发展林业产业投资基金的先决条件

从国内其他产业投资基金的发展中，我们可以看出，政府在其中扮演了重要的角色，发挥了不可替代的作用。具体到林业而言，由于林业本身生产周期较长的特性，导致预期收益不稳定；且林业产业所需资金规模较大，林业企业综合发展水平较低，所以在发展林业产业投资基金时，政府应发挥主导作用，可参照其他行业产业投资基金的做法，作为基金发起人参与投资，发挥“种子基金”的作用。

2. 拓宽融资渠道，构建多元化的投资主体结构

产业投资基金作为一种长期资本，具有高风险的特征。我国目前以财政资金和银行信贷为主体的融资渠道与产业投资基金发展的特性不符，从长远来看，创业资本应主要来源于民间资金。在我国，应通过政策和制度的调整，积极拓宽产业基金的融资渠道，发展民间资本、养老金、金融机构、产业机构、外国资本和政府资金等共同参与的多元化的投资主体结构。

3. 寻找适合我国特点的林业产业投资基金的组织形式

有限合伙制之所以成为美国产业投资基金的主流形式，是因为其能有效地将资本与专业人才有机地结合起来，在明确划分责、权、利的基础上，提高了决策的专业水平，在激励和约束基金管理人行为的同时减轻了有限合伙人承担的风险和责任。在日本，产业投资基金以有限责任公司的形式存在，但这种组织形式由于只有董事会才有

决策权，不仅决策程序比较复杂，而且很容易被大股东所操纵。

我国第一批成立的产业投资基金之一——中比基金是以契约形式设立的。由于契约型基金在操作和管理上都比较简单，而且受到现有法律和规定的限制，因此对于产业基金刚刚起步或处于发展初期的国家而言应以契约型、封闭式的组织形式为主，随着相关法律法规的健全和市场机制的不断成熟，可以探索尝试以不同的公司形式设立。在其他国家，产业基金都是以各种不同的公司形式存在的，有限合伙制在美国发展很成功，但在我国法律中只有合伙形式的企业承担无限责任，并没有确定有限合伙企业的合法地位，因此当务之急是修改和制定相关法律，为产业投资基金的发展创造一个有力的经济法律环境。

二、 设立我国林业产业投资基金可行性分析

（一）设立我国林业产业投资基金的现实意义

产业投资基金起源于英国、成熟于美国。产业投资基金有别于证券投资基金，是指一种对未上市企业进行股权投资和提供管理服务的利益共享、风险共担的集合投资制度，即通过向多数投资者发行基金份额设立基金公司，由基金公司自认基金管理人或另行委托基金管理人管理基金资产，从事创业投资、企业重组和基础设施投资等。林业产业投资基金是指通过向社会中小投资者和机构投资者发行股票或受益证券，从而筹集一定的资金，由专业的机构管理，专门用于林业投资，以期获得良好的投资收益。我国设立林业产业投资基金对创新林业投融资方式、发展林业经济具有重要意义。

1. 弥补财政、金融信贷资金不足，缓解林业资金缺口

随着市场经济体制的建立，林业的投融资体制改革有了进一步的发展。利用外资和民间资金力度逐步增加，但相对于林业建设的巨大资金缺口来说，还是远远不够。而林业产业投资基金不仅为林业产业化经营提供了一种新的模式，可以有效缓解林业大规模开发资金需求与林农投资能力不足的矛盾、适应生物经济时代和中国现阶段林业产业转型与发展的客观要求，从根本上改变中国林业发展的落后格局，提升林业产业及其产品结构的层次和级别，推动林业的强势发展；也可以为具有增长潜力而又缺乏资金的企业提供金融支持，同时还可以为未上市的林业企业提供管理工作咨询服务，有利于林业企业做大做强。

2. 促进林业企业完善治理结构，提升管理水平

基金公司专业性的管理团队能够为企业提供信息咨询、管理、理财等多种服务，促进龙头企业完善经营管理，帮助龙头企业引进先进的技术、设备，进行产品的高、精、深加工，进一步延伸产业链条。同时，集中资金优势，为龙头企业的发展提供资金，促使龙头企业建立大规模、上档次的生产基地，降低成本，提高效益，增加市场占有率，增强辐射带动能力。之后，通过介入产权市场，对龙头企业进行资产重组，改善龙头企业的产权结构，优化资源配置，明晰产权，使龙头企业建立现代企业制度，真正成为市场经济的主体。最终，林业产业投资基金运用资本经营优势，以股权形式投资于未上市龙头企业，这些都是其它的纯资本性的投资所不具备的。

3. 优化林业产业结构，发挥林业产业规模化优势

林产品过剩，生产林产品比较效益下滑。这就提出了一个需要解决的问题：必须在保障林产品供应的前提下，对林产品的生产结构进行战略性调整，淘汰低质、市场滞销的产品，生产优质产品，从整体上提高林业的素质。由于林业产业投资基金的流向主要针对高新技术项目及相关产业，因此林业产业投资基金的成立不仅可以加快企业技术改造和技术开发，增加林产品的附加值，甚至对林产品生产及林业产业结构的调整都将发挥举足轻重的作用。同时，林业产业投资基金能将分散的林业经营统一起来，将闲散的资金集中，发挥资金集中的规模优势。一方面，林农以持股或购买证券的形式投资于林业产业投资基金，获得定期的收益；另一方面，除日常的林业生产外，分散经营的林农可以通过流通和服务等多种形式的合作进行加工、销售，从林业企业的生产经营中直接分享增值的利益。

4. 引导社会资本进入林业，推动林业资金的有效整合

通过设立林业产业投资基金可以促进林业产业化、科技化的进程，并增加林业产业的融资渠道，集中社会闲散资金，优化资本结构。

5. 降低林业投资管理风险，提高资金安全回收系数

一是有利于增强金融机构投资组合的多样性，进而分散风险。这主要体现在两个层面。首先，产业投资基金作为一种另类投资，主要投资于未上市企业，与传统投资相关度低，甚至呈现负相关，受利率等市场因素影响较小。其次，对林产品可持续的强劲需求，使林业产业投资基金呈现出较高的投资价值。从中长期来看，随着经济发展，购买力不断提升，大众对林产品的需求也必然增加。林业的产业化、现代化将是解决林产品供需矛盾的重要渠道。在这一过程中，蕴涵着大量的投资机会。

二是有助于金融机构改善盈利模式。金融机构在林业领域提供的产品服务种类有限，盈利模式单一。组建林业产业投资基金，投资于未上市优质涉林客户，有助于金融机构充分发掘盈利空间。金融机构不仅可以监督、指导林业企业运营，有效控制贷款风险，还可以分享企业利润，实现资本增值，从而在伴随客户成长过程中，享受债权、股权双重收益。

（二）建立我国林业产业投资基金的可行性

林业产业投资基金是以林业为投资对象，以追求较高的、稳定的收入为目标，广泛吸收公众闲散资金，以用于扶持林业发展。它不同于证券投资基金，它主要是通过资本市场、产权交易市场使投资基金在流动过程中获得发展，然后直接或再通过其对上下关联林业企业乃至千千万万林农及其林业合作组织间的作用，将所得资金投向林业生产或开发。它可以将多渠道引入的资金，投向林业高科技项目、林业产业化、林业市场体系、技术信息推广建设等方面，实现林业投资机制根本性的转变。从促进林业产业升级和改善林业投融资环境的现实需要看，目前我国发展林业产业投资基金有其客观的必要性和可行性。

1. 设立林业产业投资基金的现实需求

(1)林业发展需要大量的资金投入 从现代林业发展的进程来看，林业产业化是林业发展的必然趋势。目前，我国林业产业化快速发展，具有增长潜力的龙头企业的金融需求越来越大。而我国林业金融服务体系尚不完善，林业龙头企业融资的内在弱质性也对信贷投入产生影响，林业产业化金融支持出现缺位。与此同时，林业企业寻求资本投资的意识也日益增强，林业产业投资基金和林业企业有共同的诉求，合作基础更加牢固。

(2)林业龙头企业发展需要充足的资金支持 龙头企业是林业产业化的先锋，我国林业龙头企业的数量有限，对林业龙头企业的扶持力度不够。

(3)林业产业金融属性适合采用产业投资基金融资模式 林业产业经营的长周期、高风险及分散式小规模经营，需要依托产业投资基金来实现投资收益与风险匹配。

2. 创设林业产业投资基金的政策支持

中国人民银行、财政部、银监会、国家林业局等联合颁布的《关于做好集体林权制度改革与林业发展金融服务工作的指导意见》(以下简称《指导意见》)中指出：鼓励和支持各类投资基金投资林业种植等产业，支持组建林业产业投资基金。因此，国家对产业投资基金的支持和鼓励是显而易见的。虽然目前尚未提出组建林业产业投资基金的成熟思路，但从《指导意见》中可以看出，相关部门对组建林业产业投资基金是大力提倡的。由此可见，在国家大力推进集体林权制度改革的情况下，林业产业投资基金组建的时机已渐趋成熟。

3. 创设林业产业投资基金的资金充足

根据央行数据，截至2011年底，金融机构住户存款余额达到35.2万亿元，这说明潜在的投资需求依然很强，这为林业产业投资基金的资金来源提供了保证。林业产业投资基金所投向的林业市场稳定，有较强的发展潜力，有较理想且稳定的回报水平。所以只要适当地加以引导，这些资金就有可能被吸引到林业产业投资基金中来。

4. 国内外产业投资基金成功经验借鉴

2009年9月北京农业产业投资基金注册完毕，基金拟募集规模为10亿元。2010年1月，河南农业开发产业投资基金成立，基金总规模为48亿元。截至目前，我国已先后设立了12支农业产业投资基金，为我国设立林业产业投资基金提供了宝贵经验。

5. 林业项目的投资价值已经逐步显现

林业产业投资基金说到底，最终还是把资金投到具体的林业项目中去。因此，项目的收益性直接关系到基金的收益和效果。从林业产业来说，由于传统的企业管理、生产技术落后、产品技术含量低，加上国外林产品的冲击，使林业行业处于一种艰难的境地，林业产业发展较慢，给许多人的印象是林业产业的投资回收期长、风险大、收益率低。但是这同时也说明国内的林产品还有巨大的发展潜力，资金不足是制约林业发展的因素之一，同时也是主要的因素，技术、管理上的进步往往是和资金相关的。

从世界林业角度来看，许多林业发达国家，林产品的附加值是相当高的，如纸制品的生产加工业。随着我国林业投资政策改革和林业产业的发展，许多林产品也展露出良好的发展前景。我国的林业产业在项目发展上，有着充分的选择余地。林产工业，特别是具有创新生产能力的企业进行结构调整，向集团化、专业化、基地化方向发展，打出自己的品牌完全可能，而且林业产业完全有能力发展自己的竞争性和高收益性的产品，在收益上有着广阔的前景。林业产业投资基金在项目选择上有着可行的、广泛的发展空间。林业产业投资基金在投资初期可以选择一些投资效益明显、收效快的项目进行投资，作为林业产业投资基金的起步。

此外，近几年资本市场的快速发展为林业产业投资基金提供了生存空间的可能性。林业产业投资基金的生存和发展，其自身的保值和增值都需要在资本市场里得以实现。对于获得产业基金投资的林业企业来说，除了在主板和中小企业板直接上市以外，还可以通过境外上市、场外交易、买壳上市，或被大企业收购的方式融资，从而实现产业投资基金的退出和持续发展。我国林业产业处于发展初期，呈快速增长态势，这就给林业产业投资基金的发展提供了绝好的机遇，通过抢占该产业在我国的制高点，率先进行大规模产业化开发，产业投资基金必将获得丰厚回报。

三、 我国林业产业投资基金组建模式与推进策略

组建中国林业产业投资基金的目标是以国家林业产业政策为指引，以林业产业投资基金为资源整合平台，充分调动中央和地方的积极性，利用国际和国内两个市场，加快现代林业建设、提高林业综合生产能力和主要林产品加工有效供给为目标，以技术及体制创新为动力，以市场为导向，以林产品加工和以林产原料为本源的制造业及其他涉林产业和林产品生产基地建设项目为支撑，以推动林业和以林产品为原料的加工及制造业以及其他涉林产业的又好又快发展为宗旨，强力推动和促进目标地区林产品加工和以林产品为原料的制造业和新兴林业服务业，建设一批配套完善、产品竞争力强、成长性好的新兴涉林产业聚集区，打造具有全球竞争力、以大规模林业生产为本源的新兴产业集群，并以此带动所在地区林业的全面发展和林产品生产基地建设的不断高涨，有效提升林业产业及其产品的结构层级。

(一)林业产业投资基金主要发起人的确定

林业产业投资基金的发起人是以“基金的设立和组建为目的，并采取必要的措施和步骤来达到设立和组建基金目的的法人或自然人”。由于发起人在投资基金的发起和设立中起着关键的作用，为了保证林业产业投资基金的健康发展，必须对林业产业投资基金的发起人实行严格的资格认定，即只有具备了一定的条件，才能作为基金的发起人，才能申请设立和组建林业产业投资基金。

按照我国《产业投资基金试点管理办法(草案)》的规定，发起设立产业投资基金需要满足3个条件：一是基金投资方向符合国家产业政策。二是发起人必须具备3年以上产业投资或相关业务经验，在提出申请前3年内保持良好财务状况，未受到过主管机关或司法部门的重大处罚。三是法人作为发起人除产业基金管理公司和产业基金管理合伙公司外，每个发起人的实收资本不少于2亿元。

目前，国家林业局已经先后与国家开发银行、中国农业银行等大型金融机构签订

战略合作协议。因此，林业产业投资基金，主要发起人可以在中国农业银行、农业发展银行、国家开发银行等大型金融机构中选择，同时邀请国家林业局、财政部、社保基金单位共同出资。

（二）林业产业投资基金的资金来源与规模

1. 林业产业投资基金的资金来源

根据《产业投资基金试点管理办法（草案）》，产业投资基金的资金来源主要为特定机构投资者，该“特定机构投资者”包括国有企业、国家控股的商业银行、保险公司、信托投资公司、证券公司等金融机构，全国社保基金理事会等机构投资者。但是，结合我国林业产业发展的现状，我们认为，林业产业投资基金的资金来源应该多样化。

由于林业基础性投资基金需求量较大，建设周期长，因此必须加大政府投资力度。例如中央和地方各级政府、大型金融机构出资参与各项林业产业投资基金的设立，或政府在税收和贴息政策上给予优惠，以鼓励和扶植林业产业投资基金的发展。同时，吸收个人投资者的闲散资金进入林业产业投资基金，可以使社会资源得到重新配置。再者，从日本发展产业投资基金的成功经验来看，吸收国外资本参与，发展国际合作产业投资基金，是促进产业化发展的重要条件，在吸引外资的同时，也可以学习到国外的先进技术和管理经验。因此，林业产业投资基金的资金来源不应仅限于特定机构投资者，还应包括政府、个人、国外资本等。

资金来源多元化是国际产业投资基金的发展趋势，也是各国发展产业投资基金的重要经验。林业产业投资基金的发展也必然要借鉴国际经验，尽可能调动各方面的力量，扩大资金来源渠道，资金来源应以社会资金为主导，政府资金为引导，充分发挥机构投资者的力量。在林业产业投资基金发展的起步阶段，可以以国有林业企业集团、上市公司和非银行的金融机构及政府资金为主，作为发起人，向社会公开募集资金。

2. 林业产业投资基金的募集规模

对于产业投资基金来说，至少要有10个以上的投资项目才可能分散风险。一般来说，以单个项目需要资金2000万元计算，基金规模至少2亿元以上。由于我国目前产业基金尚处于试点阶段，前期发行的中比直接股权投资基金的总规模是1亿欧元，目前，我国发行的农业产业投资基金基本在10亿元水平，预计林业产业基金的初期规模也将大致不超过该数量级，问题在于林业产业的大多数项目属于资金密集型，在规模受限的前提下，将很难通过多元化的投资组合来分散项目风险。

作为投向营林业的林业项目投资，由于固定资产部分投资会比较大，单个项目需要的投资资金相比要大，因此总体规模要相对更大一些。根据国家的有关规定，法人作为发起人，除产业基金管理公司和产业基金管理合伙公司外，每个发起人的实收资本不少于2亿元；自然人作为发起人，每个发起人的个人净资产不少于100万元。

作为对林业产业投资基金，发起的基金总规模可参考农业产业投资基金设立，应不小于10亿元，否则资本规模过小，不能将产业发展提升到一定高度，难以形成具有国际竞争力的产业。另外，规模过小，在与外资的接轨过程中，难以募集大规模资金，不能真正控股，主导林业产业的发展。林业产业投资基金就是要通过其规模性的投资行为，提高我国现有林业企业的规模经济，获得企业的规模经济效益，从宏观角度将失衡的产业结构重组、整合，获得宏观经济收益，促进林业的整体发展。

（三）林业产业投资基金的募集与设立方式

1. 基金募集方式的比较与选择

产业投资基金的募集方式主要有两种：公募和私募。公募是指以公开形式（通常由管理机关规定招募说明书的内容、格式和披露方式）向法人和自然人发行基金证券募集基金；而私募是指以非公开形式向法人和自然人发出要约以募集基金，私募方式的产业基金是建立在投资者和基金经理间的相互了解和信任关系之上，基金运作环境较为宽松，较少受制于国家主管机关监管。

林业产业投资基金的资金募集究竟采用哪种形式，实际上是由它自身的特点决定的。具体来看：

一是林业产业投资基金的投资具有高风险性。由于公募的投资者主要是社会公众，他们的风险鉴别和承担能力一般较弱，而私募发行是面向特定的投资者，其风险鉴别和风险承担能力相对较高，从这一点来看，私募更有利于林业产业投资基金资金的筹集。二是作为一种长期股权投资，林业产业投资基金的投资期限一般都较长，要求资金具有长期性和稳定性。由于私募发行的流动性较差，使得私募发行的资金更具有长期性和稳定性，从而迎合了林业产业投资基金对资金的需求。三是从法律角度来看，按照我国最新修订的《证券法》，累计向超过200人的特定对象发行证券属于公募行为，必须向中国证监会或者国务院授权的部门申请发行核准。这样，采用公募形式来募集资金，势必会增加基金发行的时间和费用。

为了加快基金设立步伐和出于稳妥考虑，林业产业投资基金的首期资金募集以私募方式为宜，募集对象主要为具有丰富投资管理和资本运作经验的国有林业企业集团和金融机构，当基金运作一定时期并实现良好业绩之后，基金后续资金的募集可以探索个人投资者参与认购的公募方式，以适应我国投融资体制改革的需要，引导民间资金投向林业产业所急需的基础设施建设和未上市企业发展领域。同时，基金的首期资金募集可以实行承诺制，即投资者在基金募集阶段签署基金份额承诺书，在基金项目投资实施阶段，投资者再根据承诺书认购基金份额的比例落实承诺、分批到位，但首期出资额不得低于承诺总额的一定比例，否则，林业产业投资基金不能成立。投资者承诺资金到位后，须尽快向法定的验资机构申请验资，向工商管理机构申请注册并报主管机关备案。

2. 林业产业投资基金的设立方式及其区别

依据受益凭证是否可赎回或追加进行划分，产业投资基金可分为封闭式基金和开放式基金。开放式与封闭式基金各有利弊，但开放式基金是现今世界基金业发展的主流。封闭式基金和开放式基金的区别主要有：

（1）基金规模的可变性不同　封闭式基金均有明确的存续期限，在此期限内已发行的基金单位不能被赎回。在正常情况下，基金规模是固定不变的，虽然特殊情况下此类基金也可进行扩募，但扩募应具备严格的法定条件。而开放式基金所发行的基金单位是可赎回的，而且投资者在基金的存续期间内也可随意申购基金单位，导致基金的资金总额每日均不断变化。这是封闭式基金与开放式基金的根本差别。

(2)基金单位的买卖方式不同　封闭式基金发起设立时，投资者可以向基金管理公司或销售机构认购，当封闭式基金上市交易时，投资者又可委托券商在证券交易所按市价买卖。而投资者投资于开放式基金时，可以随时向基金管理公司或销售机构申购或赎回。

(3)基金单位的买卖价格形成方式不同　封闭式基金因在交易所上市，其买卖价格受市场供求关系影响较大。当市场供小于求时，基金单位买卖价格可能高于每份基金单位资产净值，反之则相反。而开放式基金的买卖价格是以基金单位的资产净值为基础计算的，可直接反映基金单位资产净值的高低。在基金的买卖费用方面，一般而言，买卖封闭式基金的费用要高于开放式基金，即投资者在买卖封闭式基金时与买卖上市股票一样，也要在价格之外付出一定比例的证券交易税和手续费；而开放式基金的投资者需缴纳的相关费用包含于基金价格之中。

(4)基金的投资策略不同　由于封闭式基金不能随时被赎回，其募集得到的资金可全部用于投资，这样基金管理公司可以制定长期的投资策略，取得长期经营绩效。而开放式基金则必须保留一部分现金，以便投资者随时赎回，而不能尽数地用于长期投资。

目前，在我国的经济金融背景下，产业投资基金还处于起步阶段，林业产业投资基金的设立方式以封闭式为宜。这是因为：一是中国产业投资基金所依托的证券市场不成熟，市场波动大，投机气氛浓厚，加之投资者不够成熟，其投资行为具有很大的盲目性。在这种背景下发展开放式基金，证券市场的波动、社会形势的变化，都会导致投资者冲动性撤资行为，从而影响基金的正常运作。二是林业产业投资基金的投资对象是林业，林业生产周期长，需要稳定的资金来源，而不是随时可以抽走的游资，而设立开放式投资基金，会造成资金的不稳定。三是我国缺乏开放式基金的运作经验与人力资源，现阶段应选择封闭式林业产业投资基金。但长期来看，开放式林业产业投资基金比封闭式产业投资基金具有更多的优势。从投资基金的发展趋势看，由于开放式产业投资基金对投资者较为有利，且发展规模不受限制，林业产业投资基金向开放式发展也是大势所趋。

(四)林业产业投资基金的组织与管理形式

1. 林业产业投资基金的组织形式

根据《产业投资基金试点管理办法(草案)》的规定，产业投资基金的组织形式可以分为公司制、契约制和合伙制或信托等形式。渤海产业投资基金以及早期的本土创业投资基金多采用公司制，而由于相关法规约束问题，信托形式能否为产业投资基金所用仍存争议(表1)。

表1 公司制、契约制、合伙制的优缺点对比

	基金条例	优点	缺点
公司制	按照《公司法》，通过设立投资公司来协调各出资人之间的关系，如国务院特批的中瑞产业投资基金、中国东盟中小企业投资基金、中国－比利时直接股权投资基金以及各种类型的创业投资公司等	设立方便；有完整的公司治理结构，管理体系成熟，各方面运作比较正规，各种配套法规相对健全	在公司层面和投资人层面存在双重征税；对于原有股东的再次出资需要通过公司增资的方式，若公司成立后而再次新增投资人，需要采取增加新股东的方式而比较繁琐，且会出现新旧股东利益不同的情况
契约制	通过契约形式来协调各投资人之间的关系，如近几年成立的渤海产业投资基金、中信信托推出的“中信锦绣一号股权投资基金信托计划”等	组织结构比较简单，可以避免双重征税	投资人与管理人之间是全面委托关系，投资人完全不介入管理。投资人感觉信息不对称，当投资人希望更多关注基金投资管理的情况时，往往不接受这种方式
合伙制	通过投资者与管理者的共同出资，形成合伙性质的组织来运作。如2007年6月29日成立的南海成长创业投资有限合伙企业。美国的私募股权基金组织形式也多以有限合伙制为主	组织形式灵活；可采取最有效的激励约束机制；税收不存在双重征税问题；设立方便；管理人也在基金中出资，权责明确	基金管理人(GP)在管理期限中如需要调整，操作不便。合伙企业法的各种配套法规相对不完善；被投资企业在国内IPO时，目前对有合伙制基金参与项目的上市审批尚存不透明不确定因素

目前，国外股权投资基金最为广泛的组织形式为合伙制，尽管我国已出台了《合伙企业法》，允许基金投资人以有限责任的方式加入合伙企业，但在设立林业产业投资基金的初期，我国的林业产业投资基金设立时不宜采用有限合伙制，只能在公司制和契约制中进行选择。如果按公司或有限合伙形式设立基金，既存在一定的法律障碍，也面临尚未成熟的市场环境。因此，林业产业投资基金以契约制基金形式设立较为稳妥。

2. 林业产业投资基金的管理形式

林业产业投资基金的管理模式主要有自我管理和委托管理两种管理模式。自我管理模式为设立新型基金而成立一家基金管理公司；委托管理模式是在基金设立后委托给现有的基金管理公司进行管理。我国已经设立的投资基金和国外早期的基金由于早期缺乏相应的基金管理公司大多采取第一种方式。但随着林业产业基金业的发展，会涌现出一批优秀的林业基金管理公司，委托给经验丰富的专业基金管理公司管理将成为林业产业投资基金管理模式的主流。国外不乏投资林业的成功经验，引进中外合资林业基金管理公司，不仅有利于提高林业基金的运营绩效，而且有利于提高基金管理水平。

建议在我国林业产业投资基金采取契约信托式为主、公司封闭型为辅的组织形式。在契约型组织形式下，林业产业投资基金实行委托管理，建立林业产业投资基金管理公司和专业管理团队，把基金的全部资产委托给基金管理公司进行投资管理。目前，我国已经具备林业部门和金融部门携手共同合作的可能，所以也就具备了利用金融机构在资金调度和运用的优势，并利用林业企业在行业内专家作用，共同管理林业产业投资基金的极大优势。

如图1所示，最初可以由一个或几个大型的企业、战略投资人或非银行的金融机构作为发起人，共同发起设立林业产业投资基金。同时，其他机构投资者，如证券公司，保险公司，可直接通过参与发起进行投资，也可在发起成立后，通过购买基金券

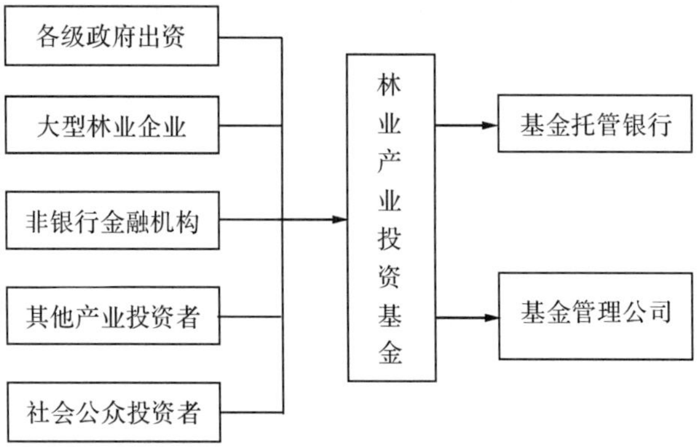

图1　我国林业产业投资基金组织形式

参与投资。发起人按认购比例募集到该基金总盘的一定比例的资金后，交由托管银行托管并成立基金管理公司，并发表公募说明书，向社会募集剩余的资金，此时社会公众投资者和机构投资者也就可通过购买基金券参与林业产业基金投资。

（五）林业产业投资基金的投资方向与流程

1. 林业产业投资基金的投资方向

林业产业投资基金的投向标准是为投资者减少和分散投资风险，确保基金资产的安全，并谋求长期稳定的投资收益。根据《产业投资基金暂行办法》的规定，投资于基金名称所体现的投资领域的比例不低于基金资产总值的60%。即林业产业投资基金设立之后，投资于林业领域的资金比例应不低于基金资产总值的60%。因此，在确定的林业投资大范围内，要根据收益性、风险性与流动性相结合的原则选择和组合投资项目，处理好短期收益和长期收益间的关系。

一般在林业投资中，营林投资的流动性小，收效慢，所以在这方面的初始投资比例不宜太大，应抓紧对林产加工、高技术、高附加值的项目的开发和扩展。主要的投资方向如下：①对林业产业内新技术、新科技的林业企业参股投资扶持；②作为一种资金的回投，直接投资参与发起的林业企业的优质林业项目，包括绿色产业项目、生态旅游产业项目等；③速生丰产林项目；④促进国际林业技术合作与综合开发。其中对一些规模较大、可分批投资项目宜采用滚动操作方式增加利润和降低风险。通过带动林业局部的发展，提高林业产业整体收益水平，再逐步向更深层次的林业进行投资。在自然保护区建设、生态旅游等方面，都可以在林业产业投资基金逐步成熟后，考虑进入这些领域。此外，由于林业项目的建设周期长，为了保证基金投资者的利益和投资积极性，林业产业投资基金的投向可重点考虑一些准上市公司的股权。基金管理公司可帮助这些公司完成上市前的准备工作，待其股票上市流通，企业经营获得进一步发展，股票升值后，再出售所拥有的股权，取得可观的投资收益。

由于林业项目具有投资周期长、投资强度高、一次性投资资金需求量巨大、资金回收期长等特征，因此需要解决林业产业投资基金的效益性与流动性的矛盾，借鉴美国产业投资基金的做法与我国1995年制定的《设立境外中国产业投资基金管理办法》的有关规定，根据我国林业建设发展的实际情况，将筹集到的资金的大部分用于林业的建设和发展，其余用于证券市场中股票、债券、其他基金的投资，这样可以部分地解决基金收益性和流动性之间的矛盾。并且随着我国资本市场的发展，以及人们对基金的认识的逐步深入，林业产业投资基金的特有优势将日益显现出来。

2. 林业产业投资基金的投资过程

(1)寻找和筛选投资项目　在项目选择时，要综合考虑管理团队的素质、产品市场的大小以及产品的独特性等因素，在受理企业所提供的投资申请书后，进行初步筛选，审查商业计划书，考察企业管理团队，最终确定投资项目。经过项目筛选环节，林业产业投资基金在众多申请项目中进行“大浪淘沙”，寻找到真正具有增长潜力的投资项目。

(2)投资项目评估与选择　经过项目初筛后，就进入投资评估阶段。林业产业投资基金管理人对所投资项目的市场潜力、盈利能力、风险大小、管理人员素质、人才储备等相关方面进行全方位考察，最重要的是对林业项目的潜在收益和风险进行可行性评估。项目评估完成后，基金管理人开始与投资项目方谈判，确定投资的财务条件(如投资金额、比例及投资的时间)与控制条件(如激励和约束)，并就相关问题达成最终协议，开始对投资运营与管理进行实质性的决策设计。

(3)投资的运营与监管　一套有效的项目监控机制将有助于降低企业家的道德风险与逆向选择，有助于林业产业投资基金控制风险。与其他股权投资不同的是，除了要进行项目监控外，还要提供一系列管理咨询服务，即增值服务。林业产业投资基金一般不介入所投资项目的具体业务，而是对企业经营管理中大的策略性或战略性问题提供管理咨询，以期企业能够按照预期目标发展，从而能够获取尽可能多的投资收益。

(六)林业产业投资基金退出方式选择

与风险投资基金及其他形式的投资基金不同，林业产业投资基金所投资的林业项目成长性相对较慢，基金退出投资所获得的资本利润也相对较低，而且由于基金所投资的项目或企业通常规模较大，退出的渠道就会相对较少一些，因此，需要建立起与林业产业投资基金运作相适应的退出机制。

一是在投资决策上尽可能选择具有上市前景的项目或企业进行投资，并通过专家管理，扶植和辅导所投资企业尽快上市，以便能通过证券交易市场回收和退出；二是充分利用已有的市场条件和资源，发展产权交易市场，将所投资项目或企业和股份转让给其他战略投资者持有。在我国目前战略投资者还不成熟的情况下，也可考虑向同行业或相关行业的上市公司转让基金所持股份，或者是通过“买壳”将投资项目作为优质资产注入上市公司，达到上市的目的，实现资本增值；三是在投资前与所投资的项目或企业达成回购协议，待所投资的项目或企业达到一定的收益水平后，由接受投资的企业或项目按照协议价格收购基金所占股份，既能达到基金的顺利增值退出，又可以让企业自主经营。

总之，林业产业投资基金可以以多种方式投入到项目的运作中去，同时也有相应的退出途径，但是选择何种进入和退出方式，要根据具体实际情况来决定。

木材安全战略问题探究

木材是国民经济建设的主要生产资料和人民生活不可缺少的生活资料，同时是天然环保和低能耗材料。随着人们生活水平的提高及生态环保意识的增强，人们的绿色支付意愿明显提升。对待木材消费，发达国家正在积极提倡“以木代塑”、“以木代钢”，大力推动“木文化”，不赞成一些发展中国家的木材节约代用主张，更多地倡导使用来自可持续经营森林的木材产品。木材资源问题越来越引起世界各国的高度重视和普遍关注，木材供给问题已由一般的经济问题逐步演变为资源战略问题，木材已逐渐成为保障国民经济健康稳定发展的重要的战略性资源。因此，与石油、粮食等资源一样，木材安全问题已开始引起很多发达国家的关注。

从资源禀赋结构考察，我国是一个森林资源稀缺型国家。随着经济社会的快速发展，城市化进程的不断推进，对木材需求呈现出刚性的增长态势。在国内木材供给能力有限的条件下，我国木材供需矛盾日益突出。据国家林业局预测，“十二五”期间，我国商品木材的总需求量将达到3.5亿立方米，而国内商品材供应仅能维持在2亿立方米左右，商品材供需缺口约为1.5亿立方米。伴随木材供需矛盾的不断升级，木材安全问题逐渐引起我国政府部门的高度重视。本文尝试对我国木材安全状态进行评价，在借鉴发达国家保障木材安全实践的基础上，提出了我国保障木材安全方面的政策建议。

一、 我国木材安全状态的定性判断

(一)森林资源总量不足，质量低下，木材自给能力弱

从森林资源总量上来看，据第七次全国森林资源清查结果显示，我国森林覆盖率只有全球平均水平的2/3，排在世界第139位。人均森林面积0.145公顷，不足世界人均占有量的1/4；人均森林蓄积10.151立方米，只有世界人均占有量的1/7。从森林资源林龄结构看，我国目前森林资源中成过熟林、近熟林、中龄林、幼龄林面积的比重分别为18%、14%、35%、33%，这一结构说明目前我国森林提供木材的能力还比较弱。就东北、内蒙古国有重点林区来讲，可采资源不足5000万立方米，且均分布在采伐难度很大、采运成本很高的地区。从森林资源的材种来看，我国木材供应的特点是小径材多、大径材少；针叶材多、阔叶材少；低质材多、珍贵材少。在今后相当长的一段时期内，国内对优质大径材，特别是珍贵阔叶材的需求依然需要国际市场供给。

(二)木材进口难度逐渐增大

出于生态环境的压力以及促进本国木材产业发展的考虑，世界主要木材出口国家

纷纷开始采取措施限制木材出口。例如，我国最大的进口木材来源国——俄罗斯，于2006年出台了提高原木出口关税草案，计划3年内将俄罗斯原木出口关税以每年30%的幅度提高；2007年7月1日起将出口关税上调到20%，每立方米不低于10欧元；从2008年4月起税率将提高至25%，不得低于每立方米15欧元。2008年底，俄罗斯方面曾宣布2009年将出口木材关税上调到80%以上，但是由于国际金融危机的影响，这一政策暂缓到2010年执行。拥有非洲“森林王国”之称的加蓬，也决定从2010年1月起禁止原木出口。马达加斯加政府颁布了禁止红木和其他珍贵木材出口的2010－141号法令。随着世界经济进入后金融危机时代，全球经济和贸易增速下滑，全球贸易保护主义将出现上升的趋势。在国际贸易保护主义不断增强的大背景下，可以预计国际木材贸易保护将会面临进一步升级的压力。在这种趋势下，今后我国进口木材资源的难度将进一步加大，将危及我国木材安全。

（三）木材产业发展层次低，资源利用效率不高

虽然我国木材产业在总量及规模上取得了很大的发展，但是在产业的技术水平及经营主体规模方面与发达国家相差甚远。主要体现在自主开发能力差，产品技术含量低，主要依靠低成本劳动力投入；产业布局分散，集聚竞争能力弱，企业平均规模小。由于缺乏自主知识产权，产品档次低，产品结构不合理，高附加值产品比重少，出口产品大多是贴牌生产，大多数企业只是作为原料和初级产品供应者。同时，由于缺乏自主国际销售渠道，我国木材企业只能获得微薄的利润。在低层次的木材产业发展模式下，我国木材产业工艺落后和设备陈旧的问题没有得到根本改变，木材干燥和防腐比重过小，加工精度低，产品合格率低，原材料消耗大，产品生命周期短，也浪费了大量木材。据专家统计，我国目前木材综合利用率和木材防腐比例分别为63%和3%左右，而发达国家已经达到80%和15%以上。

二、我国木材安全状态的实证评价

“安全”在汉语词典中的意思是没有危险、不受威胁、不出事故。其本质含义包括两个方面：一是预知、预测、分析危险；二是限制、控制、消除危险。也就是说，在研究安全的时候，所要研究的就是危险；要保证安全，就是要找到降低或消除危险的办法。结合上述安全的概念，木材安全可以理解如下：即指一国或地区通过各种手段降低或消除其生产、贸易、环境等方面的危险，以合理的价格提供能够保证其社会、政治、经济协调发展，特别是满足经济发展需求的充足木材资源。通过以上对我国森林资源禀赋、国际木材进口态势以及我国木材产业发展状态的定性分析，可以初步判断我国木材安全形势较为严峻。然而，要达到对我国木材安全状态的理性认识，还需进行相关实证分析。

（一）评价指标的选择

影响木材安全的因素非常多，包括经济因素、社会因素、政治因素、生态因素等。考虑到研究数据的可获取性，在尽量做到科学性与准确性的原则下，本文选取具有代表性的储采比、对外依存度、进口集中度、原木价格及单位GDP能耗等五项指标作为

评价木材安全的多要素基础评价指标体系。

1. 储采比

储采比是假设将来的产量继续保持在某年度的水平，那么，用该年年底的储量除以该年度的产量所得到的比值，是衡量木材资源储量的重要指标之一。本文的储采比是用年度活立木蓄积量与商品材采伐量的比值。储采比越高，说明可供开采的时间越长，能提供供给的时间也越长，从而增加木材供给的安全度。

2. 对外依存度

随着我国木材市场供需矛盾的不断升级，我国木材资源供给对于国际市场呈现出了较大的依赖。一国木材供给对国外市场的依赖可以用进口对外依存度来反映。对外依存度越大，说明满足木材消费中包含的从国外进口的木材越多，对进口木材的依赖程度越大，进而造成木材安全度降低。对外依存度可以用如下公式表示：

$$对外依存度 = \frac{进口量}{国内产量 - 出口量 + 进口量}$$

3. 进口集中度

进口集中度是指木材进口来源国或地区的集中程度。进口集中度越大，说明进口来源集中，对主要国家的进口依赖性较大，不利于木材安全的实现。本文的进口集中度指标用我国进口来源排名前五位国家的进口量占总进口量的比重来表示。

4. 木材价格

木材安全可以理解为一国或地区通过各种手段降低或消除其生产、贸易、环境等方面的危险，以合理的价格提供能够保证其社会、政治、经济协调发展，特别是满足经济发展需求的充足木材资源。其中，以合理的价格获取木材资源是木材安全的重要体现。在经济全球化的条件下，一国国内木材价格可以用进口木材价格来替代。木材价格越高，代表获取木材资源的代价越高，木材安全度越低。

5. 单位 GDP 能耗

在以生态建设为主的林业发展战略中，木材的供给肯定会受到生态环境变化的影响。也就是说，生态环境的改善会为木材供给的增加创造有力的外部环境，也会使林业主管部门放松对木材采伐的管理。相反，生态环境的恶化会给木材供给的增加带来不利的影响，会激励林业主管部门加强对木材采伐的约束。对于生态环境的变化，本文引用单位 GDP 能耗来间接反映。单位 GDP 能耗的提高，表明生态环境的恶化，相反，单位 GDP 能耗的减小，表明生态环境的改善。

（二）木材安全的具体评价

以上指标都可以从某一方面反映我国木材安全态势。考虑到这些单个指标之间具有一定的相关性，下面将采用主成分分析方法，通过将多个要素指标转变为互不相关的主成分多要素指标来对我国木材安全进行综合评价。根据其与木材安全的相关性，将储采比指标记为正值，而将对外依存度、进口集中度、木材价格、单位 GDP 能耗四项与木材安全呈现反作用的指标标记为负值，得到表 1。

表 1　1995～2009 我国木材安全评价指标

年度	储采比	对外依存度	进口集中度	价格	单位 GDP 能耗
1995	143. 36	－0. 233	－0. 65	－142. 64	－2. 16
1996	146. 99	－0. 295	－0. 58	－143. 71	－1. 95
1997	163. 68	－0. 333	－0. 62	－151. 72	－1. 74
1998	179. 05	－0. 383	－0. 60	－124. 21	－1. 57
1999	206. 34	－0. 506	－0. 69	－123. 19	－1. 49
2000	216. 74	－0. 551	－0. 46	－121. 63	－1. 40
2001	217. 78	－0. 609	－0. 63	－100. 45	－1. 31
2002	211. 15	－0. 639	－0. 69	－87. 87	－1. 26
2003	180. 00	－0. 631	－0. 70	－96. 13	－1. 29
2004	168. 64	－0. 627	－0. 78	－106. 59	－1. 27
2005	150. 75	－0. 629	－0. 82	－110. 44	－1. 23
2006	124. 33	－0. 599	－0. 79	－122. 21	－1. 16
2007	116. 83	－0. 612	－0. 80	－144. 24	－1. 06
2008	101. 61	－0. 623	－0. 85	－175. 26	－0. 92
2009	110. 50	－0. 682	－0. 82	－145. 64	－0. 89

数据来源：《中国林业发展报告》、《中国林业统计年鉴》、《中国经济年鉴》。

根据主成分综合评价值，可以将历年我国木材安全指标进行计算，得出我国木材安全的综合评价值，如表 2 和图 1 所示。

表 2　1995～2009 年我国木材资源安全综合评价值

年份	1995	1996	1997	1998	1999	2000	2001	2002	2003	2004	2005	2006	2007	2008	2009
木材安全系数	0. 189	0. 247	0. 130	0. 440	0. 393	0. 878	0. 690	0. 610	0. 317	－0. 013	－0. 262	－0. 503	－0. 805	－1. 329	－0. 981

如图 1 所示，我国木材安全度呈现倒 U 字型，从 1995 年开始上升，一直到 2000 年为转折点，进而在 2006 年为负值－0. 503，这说明在 2000 年后，我国木材安全形势越来越严峻，不安全的风险正在不断扩大。需要指出的是，尽管我国在 1998 年实施了天然林资源保护工程，使得我国国内木材供给出现了大幅度下降，但由于从 1999 年 1 月 1 日开始，我国对进口原木、锯材实施了零关税政策，推动了木材进口量的大幅度上涨。木材进口的大幅度增长抵消了国产材产量的下降。因此，我国木材安全的拐点并没有在 1998 年出现。2000 年之后，尽管国内木材储量在速生丰产用材林建设工程的带动下出现了恢复性增长，但由于材种、材质、材性等方面的限制，实际可满足市场需求的木材仍然非常有限，因此不得不依赖于国际优质木材的大量进口。同时，由于进口需求的大幅度增长，我国进口木材价格也开始出现快速上涨，使得我国利用国际木材的代价越来越高。在以上因素的共同作用下，我国木材安全度出现了不断下降的态势。

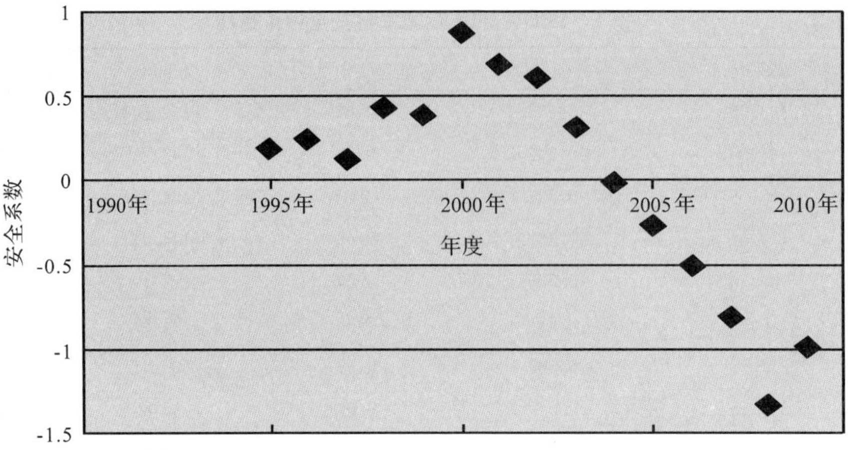

图 1　1995～2009 年我国木材资源安全综合评价值

三、　保障木材安全的国际实践

在国外，尤其是发达国家，木材安全问题受到了普遍的重视，已经形成了一系列保障木材安全的具体举措。总体来看，主要表现在发展人工用材林、废旧木材的循环利用、境外森林资源开发以及木材消费倡导等四个方面。

(一) 大力发展人工用材林

面对天然林资源的不断消减以及天然林资源的生态定位，世界上很多国家都通过积极发展人工用材林来满足国内不断增长的木材需求。为了鼓励人工用材林的发展，世界主要国家相继制定和实施了一系列推动人工用材林发展的激励政策。如，新西兰在 20 世纪 80 年代中期通过《造林鼓励法》，实施了人工林全面私营化计划，现在已经将 90% 以上的人工林进行了私营化；美国联邦政府在实行税收和贷款优惠的同时，激励私有林主营林积极性，对私有林实行保护政策，大力推进私有人工林发展；韩国山林厅采取造林补助及贷款制度，并对造林的林木所有者的所得税及继承税实施优惠措施。

在推进人工用材林发展过程中，人工用材林的环境管理问题越来越受到发达国家的重视。如，德国推出“近自然”的林业经营理念；新西兰制定了《人工林良好管理的环境认证国家标准》和《新西兰人工林操作环境规程》；美国制定了《可持续林业倡议》(SFI) 和《最佳经营指南》(BMP)。除了环境问题，人工用材林发展中的社会问题也开始受到国际组织的关注。如，森林管理委员会(FSC)制定了包括发展人工用材林在内的社会战略，其中提到核心社会价值包括原住居民的森林进入权、法律权利、平等权、文化权利等。联合国粮农组织(FAO)制定的《人工林可持续经营自愿性指南》强调，在不同地区发展人工林时，应尊重当地社区的价值观、生活习惯、传统知识、宗教价值和原住居民及少数民族的使用权、收益权，同时为当地社区提供技术、培训、就业机会和其他社会化服务。

(二) 废旧木材的循环利用

废旧木材主要包括城市回收垃圾里的废旧木材、建筑木材、电线杆、电缆辊、木板箱、废家具、废地板、木模板、包装材料、卫生筷等，一切可以找到的废弃或丢弃的木质材料。废旧木材又被称为“倒下的森林”，废旧木材的有效利用在满足木材需求方面具有很大的潜力。为了最大可能回收废旧木材，降低环境污染，促进森林资源可持续利用，发达国家纷纷制定相关法律法规，鼓励企业和社会回收利用，保护森林资源。20 世纪 90 年代，德国、日本、意大利、加拿大等国相继开展了废旧木材回收利用，废旧木材得到了广泛应用。如，日本有城市废木料收集处理专门法规，对回收废旧木材给予政策优惠和补贴。餐馆每购进 100 箱一次性木筷，下次购买必须返回 97 箱回收的一次性木筷。日本森林覆盖率 68%，废旧木材回收利用率却高达 82%。意大利和德国垃圾分类和废料回收管理系统比较健全，废旧木材很容易集中。德国每年产生废旧木材 800 万吨，通过废物循环公司回收后分为四类，一、二类卖给木材加工厂，制成木屑板、纤维板、家具或包装材料，三、四类作为工业燃料，卖给发电厂用于锅炉发电。

（三）鼓励境外森林资源开发

由于先天的森林资源禀赋优势以及后天开发利用不够，世界很多国家和地区的森林资源年生长量仍高于采伐量，森林资源亟待开发利用。如，俄罗斯的森林面积约 8 亿公顷，占世界的 20%，林木蓄积量超过 820 亿立方米，潜在利用量每年可达 5.5 亿多立方米，而目前俄每年只有 1.3 亿立方米木材被采伐。森林是一个复杂的生物系统，它的不断再生产，是其生命力的表现形式之一。对森林资源的合理采伐利用，可以刺激森林资源再生产系统不断吐故纳新、繁衍生息。正如《俄罗斯联邦林业经济发展进程报告》(2003~2010 年)中指出：“俄罗斯目前许多树木已经成材，如果不及时采伐，就会慢慢枯萎、病死，还致使其他树木生病，导致恶性循环。因此，政府应允许加大采伐力度，以避免不必要的森林资源浪费。”通过积极参与境外森林资源开发、合理利用国际木材资源，已成为部分发达国家保障国内木材安全的重要途径。如，韩国为了保障木材安全，积极鼓励开发境外森林资源，其具体的支持体系包括：设立专门机构促进境外森林资源开发；建立海外项目部制定长短期的应对措施；提高各政府部门之间的合作和联系；颁布支持境外森林资源开发的法律；对境外机构的基础设施建设提供财政支持，培养专业人才；建立稳定、安全的双边伙伴关系；选择目标国家时考虑森林资源的发展潜力，与主要国际组织和森林资源丰裕的国家建立关系网。

（四）积极倡导木材消费

需求可以创造供给。在保障木材安全方面，不能只强调供给的作用，还应重视需求对木材供给的积极影响。美国耶鲁大学经济系教授 Mark R. Rosenzweig 通过研究证实，只有人类对林产品需求愈来愈多，社会的木材才会产生越来越大的供给。同时，木材是天然的、环境友好型材料，木材消费是一种典型的低碳消费。挪威农业大学教授 Ann Kristin 和 Birger Solberg 通过比较木材和其他替代材料对环境以及温室气体排放量的影响，提出就温室气体排放而言，木材是比其他替代材料更好的选择。美国明尼苏达大学教授 Jim Bowyer，Dovetail Partners 也通过研究发现，与其他建筑材料相比，木材对环境的影响最低，并且通过研究证实，木材是当今社会最环保的良性材料，要重新定位消费思维模式，不是考虑如何减少木材使用，而是考虑如何在增加其生产和使用的同时确保森林的长期可持续性。在此背景下，发达国家通过制定鼓励性政策措施，积极倡导国内木材消费。例如，为了扩大国内木材消费，2005年德国政府颁布了《木材宪章》。该宪章为生产木材产品、加强木材的应用规定了具体的措施，主要包括提高对本国木材的需求，加强对木材与木制品的宣传；应用森林持续经营生产的木材，改善木材与木制品的形象，改进林业与木材工业的协作，保证与规范产品质量等。日本积极宣传和鼓励住宅建筑、学校等公共设施及加工制造业使用木材，提倡采用关于木材和木材利用的新的科学知识并开展技术开发，构筑具有日本特色的木文化。2010年10月，日本又通过了《公共建筑物等木材利用促进法》，要求政府和公共团体带头使用木材，以提高民众使用木材的积极性。

四、 保障我国木材安全的政策建议

(一)加强对人工用材林发展的政策扶持

在国内天然林的木材供给能力不断受到限制，以及国际木材供给不确定性不断增强的情况下，人工用材林将成为我国木材资源的供给主体。2000年以来，我国人工用材发展出现了快速的数量性扩张。从发展动力来讲，人工用材林的发展主要受到林业产业的快速增长所致，并没有得到太多的国家优惠政策扶持。随着林业产业发展波动性的出现，特别是在国家惠农政策不断深化的情况下，某些区域已经开始出现提前采伐木材或“退林还耕”的现象，农民的造林积极性受到了很大的挫伤。因此，在借鉴发达国家人工用材林发展经验的基础上，应尽快从国家层面加强对人工用材林的政策扶持力度，制定种树直补、良种补贴、林机购置补贴等。同时，林业发展注重“三分造、七分管”，在对造林提供补贴的同时，还要加强对人工用材林的抚育管理补贴，以解决人工用材林发展中所带来的生态环境问题。

(二)注重对废旧木材资源的循环利用

我国木材资源利用率仅为63%，其余均是以废旧木材的形式进入垃圾处理系统。尽管有些废旧木材得到回收，也往往好坏不分，直接运到小木材加工厂或做烧柴，造成大量废旧木材高值低用。在此情况下，在借鉴发达国家废旧木材资源利用经验的基础上，抓紧制定鼓励废旧木材回收利用的政策措施，建立废旧木材回收利用体系。我国应调整现行税收政策，对从事废旧木材回收利用的企业给予优惠；在经济较发达、城市密度高的地区，鼓励外企、民营等多元投资，建立废旧木材无害化处理系统，形成规模化的利用废旧木材生产人造板等相关产业；建立废旧木材回收、分拣、加工、销售循环体系和管理体系，促进新旧木材合理流动；规范回收渠道，在有条件的地区和大中城市周边地区培育木材旧货市场，开展废旧木材回收利用试点，实现废旧木材的高效循环利用。

(三)统筹规划境外森林资源开发

在我国木材资源供应日趋紧张的条件下，境外森林资源的开发和利用逐渐引起了国内木材贸易及加工企业的重视，很多企业已经开始了境外森林资源开发的进程。然而，由于我国政府部门对境外森林资源开发并没有系统性的规划以及缺乏专项的政策扶持，我国境外森林资源开发并不顺利。因此，在借鉴发达国家境外森林资源开发经验的基础上，应尽快统筹规划我国境外森林资源开发工作。如，对重大境外资源投资项目给予贷款贴息、风险基金等优惠政策，支持我国企业开展对外森林资源开发与合作。建议从我国大量外汇储备中提取一定比例用于设立海外森林资源合作开发专项基金，支持符合条件的企业“走出去”，建立海外森林资源培育基地；同时，建议由国务院牵头，国家林业局、发展改革委、财政部、商务部、外汇管理局、国家开发银行、进出口银行等组成国家境外森林资源开发领导小组，统一指挥，充分发挥各管理部门的优势，对境外森林资源开发实施有效的宏观调控。

(四)大力倡导木材消费

很多人认为，我国是一个少林国家，木材资源稀缺，应抑制木材消费，保护森林资源。我国政府也曾经出台政策措施，如提倡“以钢代木”、“以塑代木”。尽管我国长期想方设法节约木材，但并没有真正有效地保护森林资源。我国森林资源的保护和发展，实际上主要是靠严格的采伐控制和大量的投资造林，并没有注意用刺激木材消费的办法解决木材资源短缺问题。因此，在借鉴发达国家木材消费经验的基础上，应大力倡导我国木材消费。具体来讲，可以通过各种媒体，大力宣传木文化，让消费者对木材形成一个全新的认识；同时，由于木材是一种低碳型材料，在我国大力倡导低碳经济的宏观背景下，对于消费木材的企业和个人实施相应的绿色税收、绿色信贷等配套措施，以鼓励木材消费的增长；在政府采购方面，应尽快建立我国政府的绿色采购制度，制定木材及其制品政府采购的法律文件，以从政府层面带动社会的木材消费。

第三部分

中国林业产业的热门话题

关于森林标志产品体系建设的研究与思考

国家森林标志产品建设是现代林业规范化建设和发展的核心内容，是推动现代林业规范化、生态化健康发展的重要力量。近年来，在国家的高度重视和国家林业局党组的正确领导下，全国林业规范化建设取得了长足进步。然而，迄今为止，对中长期国家森林标志产品发展战略问题，我国尚未有全面系统的体系。为此，国家林业局和中国林业产业联合会组织相关单位的多位专家，从2012年开始，历经一年时间，对国家森林标志产品进行了深入研究。

根据国家林业局办公室关于印发《国家林业局落实加快发展现代农业　进一步增强农村发展活力若干意见有关政策措施分工方案的通知》(办发字[2013]34号)精神和2013年的重点工作安排，中国林业产业联合会配合落实的任务有“创建农业产业化示范基地，促进龙头企业集群发展”和“增加扶持农业产业化资金，支持龙头企业建设原料基地、节能减排、培育品牌”的问题等。联合会多次与计财司等司局进行沟通，经过广泛的调研，在征求有关领导意见后，拟定建设国家森林标志产品体系，并将国家森林标志产品体系建设作为促进龙头企业集群发展和品牌培育的重要抓手。满足全社会日益增长的对林产品多层次、多样化需求，完善我国林产品规范体系，提升我国林产品国际竞争力，提高林产品流通效率，促进兴林富民步伐，规范我国林产品市场，构建我国林产品可追溯体系，构筑我国林产品地理性保护体系，协助有关政府主管部门进行消耗型林产品的监管和市场准入途径管理，深入推动我国林业产业的品牌化建设进程，实现林业跨越式发展，助力美丽中国和生态文明建设。

一、　森林标志产品体系建设的背景

森林作为陆地生态系统的主体，具有调节气候、涵养水源、保护生物多样性等功能，对维持全球的生态平衡和改善人类的生存环境具有不可替代的作用。到目前为止，林业已经成为国际社会关注的焦点，成为经济社会可持续发展的关键，成为国家发展战略的重点。

改革开放以来，随着国民经济和社会的发展，中国林业产业从小变大，由弱渐强，已形成涉及国民经济第一产业、第二产业、第三产业的多个门类、涵盖范围广、产业链条长、产品种类多的复合产业群体，已成为国民经济的重要基础产业和极具潜力的朝阳产业，在维护国家生态安全、促进农民就业、带动农民增收、繁荣农村经济等方面，有着非常重要和十分特殊的作用。

据悉，2012 年，在全球经济危机等不利因素影响下，我国林业产业继续保持强劲发展势头。全年实现总产值 3.7 万亿元，增幅 21%，提前 3 年实现“十二五”规划提出的 3.5 万亿元目标；进出口贸易额达到 1200 亿美元，同比增长 3.4%。全国主要林产品产量持续增长，其中，木材产量达 8088 万立方米，人造板产量达 2.07 亿立方米，干鲜果品、木本油料等特色经济林产量达 1.46 亿吨。在 2012 年底召开的 2013 年全国林业厅局长会议上，国家林业局提出了实施林产品品牌战略、推动林业产业结构升级的发展战略，决定 2013 年从以下方面入手，提升林业产业发展水平。一是开展国家级林业重点企业、国家标准化示范企业、现代林业生态产业示范园区认定工作。二是培育形成林业产业集群，带动区域特色林业产业发展。三是支持有实力的企业与高等院校和科研院所组建林业产业技术创新战略联盟，推动林业产业结构升级。四是加大对油茶等木本油料产业和林业生物质能源产业扶持力度，支持发展森林旅游、花卉、竹藤、生物材料、生物制药等战略性新兴产业，全面推进木材战略储备基地建设。五是加强林产品质量监测，建立林产品信息预测预警系统和信息发布平台。

国家森林标志产品体系是一项以实现我国林业可持续生态发展为目标，以完善我国森林认证管理体系、建立我国自主性森林标志产品体系，是规避国际林产品贸易绿色壁垒，强化我国林产品生产加工企业国际竞争力的林业规范管理重要举措。

森林标志产品体系是林业产业体系建设的新内容、新课题，关联到林业产业链整个链条之中。国家森林标志产品体系的建立将会促进林业产业发展，进一步推进林下经济的发展，有效地延伸和完善林业产业链，发挥我国林业独特的产业优势、资源优势和区位优势，促进我国林业产业经济效益与生态效益最大化，创造林下经济发展的新的增长模式以及解决林农就业再就业。同时，对建设美丽中国，实现中国梦，进一步扩大我国林产品在国际市场的市场份额，参与国家竞争，增强林业产业的综合竞争力有着重要意义。

二、 森林标志产品体系的内涵、 建设内容及其功能

(一)森林标志产品体系的内涵

森林是林木、伴生植物、动物及其与环境的综合体，森林是可再生自然资源，是“地球之肺”，是“野生动植物的天堂”。“树叶蔽身，摘果为食”和“钻木取火，构木为巢”，生动描写了先民们是如何依靠森林来生存的，“宁可食无肉，不可居无竹”，充分反映了森林在人们精神生活中的特殊作用，森林文化历久弥新，具有传统文化和现代文化的品格与特征，显示出其独特的魅力和强大的生命力。

森林标志是用于商品上的具有源自森林和与森林产地相关的品质或声誉的标记，英文简称 FF。森林标志属于新型知识产权，是绿色、健康、生态产品品质特征和信誉的标志，是林业产业名优特品牌的传播载体和工具，是生态文化和森林形象的代表符号，是民生林业和林业社会化内涵的体现，是生态文明的重要组成部分。森林标志是森林区域性、长久性和群体性的统一，森林标志的价值是经济可行、有利于社会和环境良好、有利于人民健康生活等诸多价值的综合展现。

森林标志产品是生态产品的主体，具有森林特有的属性，是生态、绿色、安全、无污染、优质、健康、营养等特性的载体，是开发木本粮油、林下经济、森林旅游、竹藤、林药等林业产业的最终成果。森林标志产品更是国民经济供给和人民生活需要的重要组成部分。

森林标志产品体系建设是生态文明建设和发展民生林业的基础工程。森林标志产品体系建设，是以市场机制为手段，遵循可持续经营原则，通过建立森林标志产品产地监管、生产、加工、销售类企业的产销监管链、林业产业标准化示范基地建设、林产品流通体系建设、林产品品牌培育机制等主要途径，以达到提升全国林业产业群的综合竞争力，优化产业结构，塑造龙头企业，促进生态产品开发，加快形成林下经济产业群，更多地培育有综合竞争力的林业品牌，在提升企业可持续生产能力的同时，帮助消费者选择源自于森林、具有可持续性经营、生态环境良好、绿色、安全和健康元素富集的林产品。

（二）森林标志产品体系建设内容

具体建设内容主要包括：

①建设国家森林标志产品评价指标体系；

②将企业品牌战略管理纳入国家森林标志产品评价指标体系中；

③以建立国家森林标志产品概念及规范通则，实现森林标志产品认定/认证为突破口；

④建立森林标志产品可追溯体系；

⑤采取林超对接、产地认定/认证、产销监管链认定/认证、专营许可等多种方式，构建现代林产品流通体系；

⑥完善国家森林标志产品认定/认证体系，进而最终实现我国林业产业发展的规范化、规模化、生态化目标等。

⑦建立森林标志产品网上交易平台和网上信息发布平台；

⑧建立森林标志产品社会监督机制。

（三）森林标志产品体系的功能

（1）生态文明理念传播功能　森林标志的传播可以培育崇尚自然的文化，有助于向消费者传递构建人与自然平等、和谐共生的关系，树立热爱自然、尊重自然、顺应自然、保护自然的生态文明理念。

（2）品牌培育功能　森林标志作为森林生态产品集体特征的浓缩，是生态文化和森林形象的代表符号，是品牌塑造的核心要素之一。因此，森林标志具有品牌培育功能。

（3）食品安全保障功能　森林标志产品体系建设的最终目的是为消费者提供生态、绿色、安全、无污染、优质、健康、营养的生态产品，通过建立森林标志产品产地监管、生产、加工、销售类企业的产销监管链、林业产业标准化示范基地建设、林产品流通体系建设、林产品品牌培育机制等主要途径，进一步健全食品安全管理机制。

（4）标准化示范功能　森林标志产品体系建设的一项重要内容就是建立林业产业标准化示范基地，透过标准化示范基地的认定逐步提升森林标志产品标准化示范功能。

三、 森林标志产品体系建设的重要意义

(一)森林标志产品体系建设有利于传播生态文明理念，建设生态林业

党的十八大报告指出：面对资源约束趋紧、环境污染严重、生态系统退化的严峻形势，必须树立尊重自然、顺应自然、保护自然的生态文明理念，把生态文明建设放在突出地位，融入经济建设、政治建设、文化建设、社会建设各方面和全过程，努力建设美丽中国，实现中华民族永续发展。要加大自然生态系统和环境保护力度。要实施重大生态修复工程，增强生态产品生产能力，推进荒漠化、石漠化、水土流失综合治理，要千方百计增加居民收入。林业作为国民经济的重要组成部分，林业系统担负着生态文明建设与林农增收的双重重任。

建设生态文明是林业的总目标，发展生态林业和民生林业是林业的总任务，建设生态文明，是关系人民福祉、关乎民族未来的长远大计。把生态文明建设放在突出地位，融入经济建设、政治建设、文化建设、社会建设各方面和全过程，努力建设美丽中国，实现中华民族永续发展。森林标志产品体系建设对于建立生态文化氛围，传播生态文明理念，服务生态林业建设，开发森林生态产品具有重要意义。

(二)森林标志产品体系建设有利于推进“商标富农”工程进度，加快实现林农增收目标

生物多样性被称为人类未来的财富，森林具有丰富的生物多样性，林业拥有成千上万种动植物资源，是一个巨大的物种库、资源库、能源库、基因库，是发展生物产业取之不竭、用之不尽的原料基地，其中许多为我国所特有，利用价值和开发潜力十分巨大，必将成为未来推动经济发展的重要力量。随着生物技术的不断进步，生物医药、生物材料、生物能源等高新产业快速发展，森林资源已经成为当前推动经济发展的重要力量。许多成功实践表明，一类基因就能引发一场绿色革命，一个物种就能办成一个新兴产业，一种资源就能左右一个国家或地区的经济命脉。

国家森林标志产品体系建设的主旨就是充分利用我国丰富的森林资源，开发森林生态产品，培育林产品品牌，提升我国林业产业的综合竞争力；同时，更有利于繁荣区域经济。通过挖掘区域森林特有资源，建设林业产业标准化示范基地、示范县，形成一根翠竹撑起一方经济，一个树种办成了一大产业，用一处景观带来了一片繁荣的局面，必将对带动区域经济走可持续发展之路，促进林农增收，发展民生林业产生深远的影响。

(三)森林标志产品体系建设有利于发展区域特色经济，促进林业产业集群发展

在市场竞争越来越激烈的形势下，各类林业企业充分认识到规模效益、聚集效应对提高企业竞争力的重要性，大规模和较大规模的龙头企业群体正在崛起，成为千家万户分散经营的农户与大市场联系起来的桥梁和纽带，在引导生产、延长产业链、科

技示范、促进林产品深加工、提高附加值、提高农民增收方面发挥着越来越重要的作用。

随着国家森林标志产品体系建设的不断深入，森林标志给林农、林企及社会带来的经济效益和社会效益会逐步显现出来，规模效益逐渐凸显，龙头企业的辐射力和带动力日益突出。首先，森林标志将为林产品加工提供一个“森林标志＋龙头企业＋林农”的经营模式，提高林产品市场化组织能力，对于区域的特色林业产业来说，“森林标志＋龙头企业＋林农”的林业产业化经营模式可以是共同的森林标志下有几个龙头企业，每个龙头企业有单独的商标，形成林产品加工的多龙头带动机制。因此，这种模式比较好地将政府资源、企业资源和林农资源（区域的特色森林资源）优化组合起来，是一个具有强大生命力的模式。在我国林业生产较为松散，林农的经营方式规模难度高，参与国内外市场竞争能力弱的情况下，森林标志将分散的林农以森林标志为纽带、以龙头企业为通道连接到市场，使林农可以分享生产和销售的整个市场的利益。其次，森林标志将提高我国林产品的竞争力，进而提升林产品的品牌化程度。森林标志产品与森林、特定的区域相关联，独特森林资源和区域优势在市场上具有比较强的“比较优势”，甚至会形成“绝对优势”。森林标志不仅可以提高产品在国内市场的竞争力和价格水平，而且可以提高在国际市场上的竞争力和价格水平。

因此，建设森林标志产品体系对加快林业产业集群发展，实施林业产业品牌化发展战略，以特色品牌，构建“森林标志＋龙头企业＋林农”产业化、品牌化发展模式具有重要意义。

（四）森林标志产品体系建设对国家标准化示范企业、现代林业生态产业示范园区提供强有力的支撑

随着国际、国内市场的细化，中国林业产业分工也随之转变，区域化和专业化的特点日趋明显。特别是近几年，立足当地经济条件和自然资源优势，积极推进特色林业产业的发展，形成了若干个区域特色突出的林业产业集群和产业带，如中东部地区已经成为人造板生产中心，东北地区已成为森林食品和森林药材的主产区，东南沿海已成为花卉产业的主要基地，西北地区已成为经济林产品的生产基地，西南地区已成为森林旅游的胜地。同时，新兴产业已形成区域优势产业。森林标志产品体系是我国自主的森林标准化管理体系，该体系的建立有利于促进我国现行的林业相关标准的落实与完善，通过强化国民绿色经济意识，提升品牌战略管理能力，推进森林标志产品的标准化生产与认证，建立林产品市场流通体系，最终形成集约化、专业化、标准化、品牌化的现代林业产业发展体系，为提高林农集约经营水平、培育壮大龙头企业、提高农产品流通效率、推进生态文明建设提供强有力的体系支撑。

（五）森林标志产品体系建设有利于推动建立林产品质量安全追溯系统，提升林产品质量安全水平

近年来出现的“毒牛奶”、“毒茶油”、“毒地板”等诚信危机事件，再加上假冒伪劣的林产品在市场上的流通，直接影响到了消费者的身心健康，严重影响了林产品市场

形象，林业企业为了自身的发展，扩大产品的知名度，给消费者传递可信赖的品牌形象，不得不申请无公害产地认证、有机产品认证。森林标志产品体系的建设为我国林企发展提供了一个新的突破口，通过实施原料产地和产销监管链可追溯体系的标准化认定认证工作的开展，让林产品贴上森林标志，使林产品拥有了三个证：一是身份证，森林标志是用于商品上的具有源自森林和与森林产地相关的品质或声誉的标记，证明其属性是来源于森林，是绿色生态产品；二是健康证，森林标志产品代表着绿色、安全、无污染、优质、健康和营养，选择森林标志产品就是选择健康绿色，消费者可以以此作为参照，放心选购森林标志产品；三是标准证，森林标志规范了林业企业产品应该具备的基本属性，规范了林产品来源应该符合可持续利用的原则。

森林标志为优质林产品打上了生态健康的标记，为消费者区分林产品质量优劣提供了有效依据。森林标志产品体系为企业提供了生产参考标准，这对于进一步规范企业行为，提高林产品安全生产质量，规范林产品市场都有着积极的意义。森林标志产品体系建设能够更好地结合以提高林农经济收入、保障林产品消费者利益、提高林产品质量及强化林业产业生态化健康发展为中心，深入推进林业产业品牌化、林产品产销可追溯化，不断加强林业在经济、政治、文化、社会、生态文明建设的引领作用。

（六）森林标志产品体系建设是林业产业企业群共同的呼声，是应对国际绿色贸易壁垒的迫切需要

绿色贸易壁垒是新贸易保护主义与环境保护运动相结合的产物。全球自然资源匮乏，生态环境恶化，为绿色贸易壁垒的出现提供了契机。工业技术的迅猛发展，促进了经济的增长、社会的进步和人类生活的改善，但同时也对人类赖以生存的环境造成了一定的破坏，而且这种破坏有进一步恶化的趋势，使经济和人类社会的持续发展受到严重影响。环境问题目前引起全球的关注，各国政府、社会社团和民众已逐步认识到在全球范围内保护人类生存环境的严重性和紧迫性，“加强环境管理”已经成为当今世界各国经济干预的潮流之一。与此相适应，同国际贸易有关的环境保护法规、标准、绿色标志等绿色贸易制度正在逐步形成，而有些国家特别是发达国家制定的贸易制度的内容又过于严格、苛刻，从而使林产品国际贸易的发展受到诸多限制。

我国林业产业所面临的出口形势越来越严峻，美国、欧盟等发达国家和地区相继出台了防止非法采伐、非法贸易的限制政策，如美国出台的《雷斯法案修正案》及2013年开始实施的森林执法、施政与贸易行动计划（FLEGT）等。其次，国际贸易中的绿色壁垒进一步高筑，除已有的美国、欧盟等发达国家和地区贸易绿色壁垒，美国《复合木制品甲醛排放国家标准》2012年出台，该标准将与最近通过的关于硬木胶合、刨花板和中密度纤维板等产品的加州标准相匹配，使相关林产品进入美国的环保要求更加严格。此外，主要原木出口国特别是热带雨林地区承受着越来越重的国际环境保护压力，正在通过采伐者义务、提高原木出口关税、直接减少原木出口的措施不同程度地限制着原木出口。这些国际绿色贸易壁垒给我国外向型林业企业造成经济损失逐年递增，绿色贸易壁垒给企业制造的压力越来越大，对我国林产品贸易的影响日趋严重。

因此，饱受国际绿色贸易贸易壁垒限制的林业企业共同呼吁我国应尽快建立应对国际绿色贸易壁垒机制。森林标志产品体系是我国自主的森林标准化管理体系，该体系的建立有利于加强生态环境教育，强化国民绿色经济意识，建立国际品牌战略，推进森林标志产品的生产与认证，建立林产品市场准入机制，建立林产品出口绿色贸易壁垒信息收集和预警机制，进一步充分发挥林业行业协会的作用，促进我国应对国际绿色贸易壁垒机制的形成与发展。

综上所述，我国林业发展当前承担着满足保障粮食安全、国土生态安全的国家需求，也承担着满足提高林农收入、实现林农收入翻倍的社会需要，同时还承担着“美丽中国”的建设需求，诸多的需求要求我国林业必须进一步深化开发。森林标志产品体系的建设与实施是迎合当前我国的国家需求、社会需求及建设需求，是一项以实现我国林业可持续生态发展为目标，以完善我国森林认证管理体系、建立我国自主性森林标志产品体系、规避国际林产品贸易绿色壁垒，强化我国林产品生产加工企业国际竞争力为己任的林业规范管理重要举措。

四、　国家森林标志产品体系建设所面临的主要问题

（一）政府主导职能未得到充分发挥，森林标志产品体系建设的外部环境亟待解决

近几年来，各级政府对林业产业的重视程度逐渐提高，尽管如此，各级政府仍然把林业划归农业的一部分，在各级政府的规划中林业所受的关注程度较低，区域特色经济的发展规划缺乏对特色林业资源的有力支持，如对林业企业的扶持力度不够，对林业特色资源利用及新兴林业产业缺乏正确的引导和有力的政策支持，缺乏对林业品牌保护意识及有效的保护措施，致使部分林产品的生产者和经营者随意侵害林产品商标，假冒和侵权现象突出，严重损害了名牌林产品的市场形象。此外，一些政府部门不重视保护当地的自然资源，致使污染和破坏现象较为严重。因此，各级政府应重视森林标志产品体系建设，并给予森林标志产品体系建设更多的资金扶持和政策支持。

（二）行业协会的“服务”职能有待强化，协会的会员优势未得到充分利用

按照过去的看法，行业协会主要应在行业自律性管理方面发挥作用，自律性是行业协会的最基本属性，自律则是行业协会最重要的职能。在当前的形势下，自律职能已经成为我国行业协会的传统职能，行业协会的职能需要赋予更多的内涵。

现代社会中，为了建立一个有限的公共服务型政府，必须使社会治理结构朝着多元化的方向发展，这就意味着一部分原来属于政府的组织会从政府中剥离出来，属于政府的职能向市场组织和第三部门转移。目前我国第三部门组织中，类别较多的是行业协会和学会，行业协会在我国经济生活领域中发挥着越来越重要的作用，行业协会就是承接部分政府职能的最基本载体，诸如行业标准制定、同业竞争规范、行业对外经济技术交流及反倾销应诉等职能，都可以通过行业协会来完成。行业协会的充分发

展是市场经济成熟的一个重要标志，也是政府职能转变的一个重要指标。但在我国目前行业协会的发展中，行业协会也面临着政府与行业协会的职能边界模糊，自我服务意识较强，社会公共服务意识较差，行业协会的基本能力较弱，行业协会在职能履行的意愿、能力和效果方面不尽如人意，行业协会的“服务”职能发挥不到位，协会的会员优势未得到充分利用等较为突出的问题。

(三)林业产业化程度较低，龙头企业的示范作用有待加强

林业产业不同于其它行业，林业企业要适应生态建设和经济发展的需要，必须形成以森林资源培育为基础，以精深加工和林地开发为带动，以科技进步为支撑的林业产业发展新格局，改变单纯卖原木或者半成品的局面，而是要通过精深加工、多层次开发，不断提高产品附加值，才能充分利用资源，为企业创造最大效益。

但是，当前我国的大部分企业处于简单的加工，深加工严重不足，资源浪费严重，一些企业厂房设备简易，生产工艺落后，产品技术含量低，许多产品属建筑装填粗加工品，质量参差不齐，附加值低，竞争力不强，林产品加工工业发展水平低，林业产业化程度低。同时，由于龙头企业数量不足，区域的资源优势没有形成培育、生产、深加工、销售一条龙的可持续发展的经营模式，由于资金、技术和管理等各方面的原因，大部分林业企业上规模、上档次、创名牌的不多。因此，很难形成具有规模的示范区、示范县。

(四)我国林业企业自我保护意识淡薄，绿色贸易壁垒已成为林产品贸易的最大障碍

随着全球经济一体化和贸易自由化进程的加快，绿色贸易壁垒的制约作用表现得越来越明显。绿色革命、绿色运动蓬勃发展的今天，各国可持续发展及贸易保护的需要等环境问题与贸易措施结合起来，导致了绿色壁垒的产生。各国均开始建立本国自主的认证体系，以规避这种非关税壁垒，提高本国林产品生产加工企业竞争力。

面对国际贸易保护主义的新动态，我国外向型的林业企业对这些动态尚能有一定的掌握与了解，很多企业缺乏自我保护意识，给未来的国际贸易活动埋下隐患。

此外，我国已经成为最大的林产品进口国与消耗国，尚未建立应对国际绿色贸易壁垒的有效机制，与此同时，我国自主的贸易技术壁垒尚处于初级阶段，林业行业尤为突出，缺乏保护我国林产品生产加工企业，提升我国林产品在国际社会的整体竞争力，我国林产品绿色贸易壁垒长效机制尚未建立。

五、 森林标志产品体系建设的对策与建议

(一)森林标志产品体系建设需要政府引导

政府在森林标志产品体系的建设中发挥着重要作用，应坚持“企业为主，市场导向、政府推动”的方针，充分发挥政府主导职能，为森林标志产品体系建设营造健康的外部环境。

1. 林业各级主管部门领导必须高度重视，森林标志产品体系建设是林业产业化发展的“生命线”，是农民增收致富的“保证线”

各级政府要做好林业产业发展规划，并把森林标志产品体系建设纳入当地经济发展规划中，因地制宜地确定政府重点扶持的行业和龙头企业，为森林标志产品体系建设提供政策支持。按照部门联合、共同推进的原则，建立工作协商机制，定期召开会议，研究解决森林标志产品体系建设，林产品品牌培育过程中的重大问题，组织开展联合行动，指导各地落实工作。各地、各部门依据职责分工，加强对森林标志产品体系建设的监督和管理。各地要在地方政府的统一领导下，结合本地实际，切实加大森林标志产品体系建设及名优特品牌培育工作的落实力度，提高工作效率。

2. 各级林业主管部门要突出产业政策的约束和引导作用

加大对森林标志产品体系建设支持力度，把森林标志产品开发和林产品品牌培育与保护纳入政府重点工作任务之中，进一步提高区域森林特色资源利用意识，积极组织有条件的林产品生产经营企业申请特色林产品项目，加快落实林产品认定认证和标识管理工作，加大政府职能部门执法力度，严厉打击假冒林产品品牌和虚假广告等违法行为，严厉查处林产品经营中的不正当竞争行为，创造公平竞争的市场秩序，为品牌林产品的生存和发展创造良好的市场环境。

完善林业产业政策，结合行业特点和实际，进一步细化产业政策，发挥产业政策的约束作用。通过森林标志产品体系建设和林产品品牌评定来严格落实产业政策，从生产源头控制新增产能，不符合体系要求的，加强辅导力度，推行产业退出机制。加强政策支持和引导，鼓励企业联合重组，逐步提高行业集中度和聚集度，引导企业实施技术创新，鼓励企业通过技术进步提升产品质量。

3. 各级林业主管部门要各司其职，进一步完善市场流通体系

各级林业主管部门要不断强化综合服务职能，合理规划特色产业布局，建立市场调控机制，充分发挥价格对林业生产和林农增收的激励作用，健全重要林产品市场监测预警机制，加强和完善林产品信息统计发布制度，建立市场调控效果评估制度，建立林产品与超市对接机制，加快我国林产品流通速率，协助林农、林企寻找产品流出渠道。加快建立新型林产品交易市场，支持建立林产品交易市场和人才、资金、技术、产权等林业要素市场，鼓励开展林产品电子商务，争取森林标志产品进入政府采购目录。加强市场信息收集与发布，提供林业企业抵御市场风险的能力，建立健全林产品市场流通体系。

（二）森林标志产品体系建设需要行业规范

中国林业产业联合会作为林业产业发展中的“助手与参谋”和“桥梁与纽带”，为了深入落实中央一号文件、全国林业厅局长会议精神，针对林业企业群体的呼声与需求，实施我国林业产品名优特品牌战略，积极开展全国林业特色区域经济示范县建设，实施国家级名牌林产品的评比和认定工程，推动我国自主的森林标志产品体系建设，规范林产品市场流通体系，使之在引导生产、延长产业链、科技示范、促进林产品深加工、提高附加值、提高农民增收方面发挥着重要的作用，促进林业产业可持续发展。

1. 建设国家森林标志产品体系是林业产业体系建设的重要抓手，需要成立专门的管理分会，实施监督与管理职能

建设森林标志产品体系首先迎合了企业的市场需求，提升了我国林产品品牌价值，促进了林农增收致富，规范了林产品市场流通体系，是一件“利国、利民、利企”的好事情。这就需要我们进一步发挥行业协会优势，按照“公平、公正、公开”的工作原则，全面构建“行业规范、企业拥护、消费者支持”的森林标志产品体系。同时，建设森林标志产品体系又是企业的市场流通管理机制，通过规范化的标准提升企业的管理水平，加强林产品的品牌化建设。

林业产业链条长，跨度大，为了便于协调，实现归口管理，我们建议应该成立中国林业产业联合会林产品流通分会，分会的主要任务如下：

①拟定行业的发展方向和战略，拟定行业的发展规划；

②提出行业的技术经济政策并参与有关活动；

③组织拟定森林标志产品体系认定标准，对森林标志产品认定质量进行监督；

④开展国家森林标志产品体系建设，负责国家森林标志产品的品牌策划、产品推广、市场宣传等工作，拓展林产品的市场销售渠道；

⑤组织实施林产品品牌培育战略，培育并促进林产品品牌建设，开展林产品生产、销售企业和流通网点品牌的评价工作；

⑥服务于我国林业产业的流通领域，制定林产品流通市场运行发展规划，加快林产品流通市场的健康发展，培育形成产业集群，带动区域特色产业发展；

⑦开展林产品流通领域的调研工作，向政府主管部门提出相应的政策等支持性建议，帮助企业争取出口退税、税收减免、贴息贷款等优惠政策；

⑧组织开展林产品流通环节管理和监管工作，提供市场供求信息，平衡市场供求关系；

⑨开展林产品市场流通信息收集和统计分析工作，建立市场流通信息化交易平台；负责全国优质林产品交易平台的规划建设工作，参与举办各种形式的名特优林产品交易博览会；

⑩加强林业产业示范基地建设，加强林产品流通市场的自律性监管，配合政府部门进一步规范林产品市场秩序；

⑪负责组织林产品企业和超市、专营店、批发市场等之间开展经贸交流和双向合作活动；

⑫负责组织林产品流通领域的人才进行技术、管理、法规等方面的培训，组建我国林产品生产、销售、流通领域专家团队；

⑬维护林产品生产企业和生产者的合法权益，特别是作为低端产品生产者的林农的利益。

2. 编制森林标志产品评价指标体系，是森林标志产品体系建设的重要保证

编制森林标志产品评价指标体系是森林标志产品体系建设的基础工作，而林业不同于其他的行业，林业产业涉及国民经济一、二、三产业的多个门类且涵盖范围广、

产业链条长、产品种类多的复合产业群体，标准化过程的难度是显而易见的。国外实践经验表明，首先编制国家森林标志产品体系通则，让这个通则成为森林标志产品评价指标体系总的纲领，在这个纲领下，进一步细化相关的标准是可行的。依据规范标准，对于提出申报的森林或在我国有经济行为的森林企业的资质、管理、生产卫生、社会贡献，以及其所申报产品的产地、价值、生态意义等进行评估，为森林或森林企业的产品提供市场认可的森林标志产品认证服务。希望尽快立项，组建森林标志产品评价指标体系编制组。

(三)森林标志产品体系建设需要企业参与

1. 林业龙头企业在培育林产品品牌过程中的作用日益突出

林业产业化龙头企业是指以林产品加工或流通为主，通过各种利益联结机制与林农相联系，带动林农进入市场，使林产品生产、加工、销售有机结合、相互促进，在规模和经营指标上达到规定标准并经政府有关部门认定的企业。培育龙头企业是发展林业产业化经营的关键。当前我国林业发生阶段性变化的大背景来看，无论是产业化经营的发展还是林业产业结构的调整，都面临着一系列的新问题，龙头企业带动在其中的作用显得更加重要。

在新形势下，谁来充当林业结构调整的带头人、领头雁？广大林农无疑是林业结构调整的主体和基础，但是仅仅靠林农的自发行为是不够的；结构调整从本质上讲是市场行为，从全局来看产业化经营的龙头企业，包括合作组织，应当在林业产业化发展中充分发挥骨干和中坚的作用。

龙头企业经济实力、竞争能力的强弱和产业牵动能力的大小，直接决定着产业化经营的规模和成效。而龙头企业竞争能力的强弱和产业牵动能力的大小关键在于自主创新。在一定意义上，技术创新是林业产业化的灵魂所在，林业科技开发和应用的水平直接决定着林业产业化的水平；市场需求是第一需求，得市场则得天下，没有市场，产业、企业无法生存更无从发展，在很大程度上龙头企业市场开拓力度的强弱直接关系到林产品品牌培育的成败；而制度创新是激发企业活力和调动要素生产力的最重要因素之一，对森林标志产品体系建设起着至关重要的作用。

2. 应筹建独立的第三方机构，实施森林标志产品认定认可工作

第三方认证机构，是指具有可靠的执行认证制度的必要能力，并在认证过程中能够客观、公正、独立地从事认证活动的机构。即认证机构是独立于制造厂、销售商和使用者(消费者)的、具有独立的法人资格的第三方机构，故称认证为第三方认证，认证机构为第三方认证机构。

建立认证认可机制是森林标志产品体系建设的根本保证。独立的第三方认证认定机构是森林标志产品体系认定认可实施的主体，这个独立的第三方机构应由有意愿参与的林业龙头企业共同倡议组建，确保森林标志产品体系建设顺利开展。

3. 打造林产品市场流通机制

实现生产与流通的规模经济，通过品牌营销机制的建立，帮助企业降低生产成本，提高生产效率，实施森林标志的宣传推广工作，从包装、广告宣传、促销及其他营销

沟通方面实施统一的活动策划与推广。

通过森林标志产品体系的建立与实施，从国家层面宣传与推广森林标志产品，通过森林标志来进行文化的融合，实现品牌联盟及品牌延伸，变同行是“冤家”为“亲家”，实现共赢。强化绿色营销对企业发展的长远意义，培养消费者绿色消费意识，带动绿色消费，扩大企业占领市场和扩大市场销路，建立长效林产品品牌营销机制。

（四）森林标志产品体系建设需要社会监督

积极推动林业产业相关行业协会和社会组织充分发挥职能优势，完善行业自律，不断强化与政府、企业与社会的纽带桥梁作用，为实施森林标志产品评估与认定效果提供有效支持。鼓励和支持各相关协会和社会组织加强行业自律建设，制定行业自律行为公约，督促会员加强品牌建设。充分利用广播、电视、报刊、互联网等各种媒体，广泛宣传和普及森林标志知识，宣传节约能源、保护生态的环保理念。建立森林标志产品网上交易平台及认定认证信息发布平台，发挥新闻媒体和社会大众的监督作用，大力开展相关法律法规和标准的宣传教育，深入开展绿色消费宣传志愿服务活动，鼓励社会各界积极参与，营造全社会共同推动绿色消费局面的形成。

六、 结论与展望

打造森林标志产品的过程就是实现林产品增值的过程，是促进传统林业向现代林业转变的重要手段、是优化林业产业结构的有效途径、是提高林产品质量安全水平和竞争力的迫切要求和实现林业增效农民增收的重要措施。

森林标志产品体系建设以实现我国林业可持续生态发展为目标，对加强森林标志产品的产地监管，推动林业产业标准化示范性基地建设，促进民生林业发展，加快名优特林产品品牌建设进程等具有重要意义。建设森林标志产品体系，为全社会提供具有绿色、安全、无污染、优质、健康、营养特性的森林标志产品，是我国推进现代林业建设发达的林业产业体系的重要内容，是实现绿色增长的有效途径，是生态文明建设的必然要求。

森林标志产品体系建设与实施将发出我国林业行业自己的声音，为在国际上争取话语权奠定坚实的基础，我国自主性森林标志产品体系完善与发展，必将有利于规避国际林产品贸易绿色壁垒，强化我国林产品生产加工企业国际竞争力。

中国红木消费指南*

现时红木市场热闹非凡，广大消费者都对红木产生了浓厚的兴趣。但是，大部分人对红木的历史、文化、材质、资源、产地及红木制品的质量与选购犹如雾里看花，并不十分了解。为帮助解开广大消费者的疑问，特编制《中国红木消费指南》。

这是一本全面介绍红木基础知识的通俗读物，从红木文化、红木资源、红木行业概况、红木制品制作技术、红木制品选购、使用、维护以及红木消费市场等各个环节进行了阐述，最后对消费者权益和法规做了说明。

本指南倡导珍惜与培育红木资源，传承与发展传统工艺，铸造与创新红木精品。衷心希望《中国红木消费指南》的推出，能有助于推进红木消费市场的健康发展，为红木制品的生产、消费和市场培育提供前瞻性的科学指导。

1 红木文化

1.1 “红木”一词的来源

“红木”一词的来源，历史上没有明确的说法，且“红木”名称出现较紫檀、花梨、乌木等为晚。明代张燮《东西洋考》中介绍苏木时，引《大明一统志》曰：苏木，一名“多那”，俗名“红木”。从而看出“红木”一词在明代就已出现。至清代乾隆中期，收藏界与文物界所指的“大红酸枝”或“老挝大红酸枝”即交趾黄檀，被称为“红木”(或称“老红木”)，且被广泛使用。清末古玩收藏家赵汝珍《古玩指南》中描述：“凡木之红色者，均可谓之红木。惟世俗所谓红木者，乃系木之一种，专名词东西非指红色木言也”。因此，在清代“红木”概念明确而单一。

改革开放后，我国南北市场上“红木”有了更宽泛的含义，“红木”成为约定俗成的集合名词，不再单指一种木材。当时红木制品用材树种名称混乱，众说纷纭，那么究竟哪些木材属于红木？为了维护红木市场秩序，规范红木市场发展，红木国家标准应运而生。《红木》(GB/T 18107－2000)国标规定了5属8类33种木材属于红木。

1.2 红木主要家庭成员历史

1.2.1 降香黄檀

在我国历史上，降香黄檀(俗称海南黄花梨)先后有多个不同的称呼，从留存下来的古代文献及近代相关著述中，可以看到诸多名字，如：花榈、榈木、花梨、花黎木、

---

* 注：《中国红木消费指南》由中国林产工业协会和中国消费者协会于2013年3月联合发布。指南由中国林业科学研究院木材工业研究所和中国林产工业协会红木分会共同编制。中国林产工业公司为项目独家支持单位。

老花梨、黄花梨、海南黄檀、降香黄檀。

唐代陈藏器的《本草拾遗》称之为“榈木”；明代李时珍的《本草纲目》和清代屈大均的《广东新语》称“花榈”；宋代赵汝适《诸番志》、明代黄省曾《西洋朝贡典录》及明清的广东海南地方志均有“花梨”“花黎木”的论述；著名学者梁思成在考察古代建筑和研究明清家具时，发现明代所用“花梨”木与近代所用的“新花梨”并不是同一种木材，为了区别这两种相近而价值不同的木材，便将明代所用的“花梨”木加了一个“黄”字，“黄花梨”流传开来；林学家成俊卿(1980 年)所著的《中国热带及亚热带木材》，认为古时被称为“花梨”的植物，其学名应为 *Dalbergia odorifera*(降香黄檀)。

降香黄檀在明代被广泛应用，较为考究的家具多用降香黄檀制成，尤其在明末清初是降香黄檀家具制作的鼎盛时期，现存世较多。降香黄檀家具的制作以苏作为代表，明代在苏州居住的文人们纷纷参与造园艺术和家具的设计制作，与民间的能工巧匠一道钻研、总结，将降香黄檀的木质特色与工艺相结合，形成了明式家具“雅致”的品性。

1.2.2 檀香紫檀

紫檀纹理细腻，材质坚固，手抚之如玉。紫气东来，在中国人的色彩观中，紫色象征着尊贵，故紫檀因其落落不凡的气质为行家所喜爱。

在我国有大量与紫檀相关的文学作品，这些作品反映了人们与紫檀相关的精神生活。“紫檀”一词最早出现于晋崔豹《古今注》说：“紫旃木，出扶南、林邑，色紫赤，亦谓紫檀也”。这里的紫檀为檀香木中颜色稍深的一种，与现在的紫檀木无关。随着“紫檀”名称的出现，此后历代的史书、笔记、诗歌及药典等典籍中，均可见关于紫檀的记载，有专家认为这些“紫檀”并不是《红木》(GB/T18107 - 2000)所指的紫檀木，也有专家认为在唐代紫檀就大量进入我国，就是现在所规定的紫檀木。不管这些观点如何，并不影响人们对于紫檀属植物的研究，紫檀属植物有很多种，但明清家具所使用的紫檀木只有一种，即檀香紫檀(俗称小叶紫檀)。

紫檀木在清代被大量使用。自明代末期隆庆、万历年间开放海禁后，紫檀木为皇家所重视，派官赴南洋采办。到清初，当时紫檀木的绝大多数尽汇集于中国，清代所用紫檀木几乎全部为明代所采。

1.2.3 交趾黄檀

交趾黄檀，多被称为酸枝木、大红酸枝或老红木。史料记载：清乾隆年间，一种新的木料进入了清宫，这种木料称为海梅木，而以海梅木制成的家具则称为红木家具，如乾隆四十一年内务府造办处的陈设库贮对当年旧存的红木家具及海梅木有详细记载。而我们今天耳熟能详的酸枝木与海梅木实为同物异称，从目前所能看到的档案及文献记载来看，被称为酸枝木的家具比红木以及海梅木出现得更晚，在光绪时期开始登堂入室，成为富户人家的陈设家具，在中国家具史上占有着重要的一席之地。

交趾黄檀是降香黄檀、檀香紫檀等日渐匮乏后的替代品，在清代乾隆时期出现，道光年间被广泛使用。

1.3 红木制品文化

明代隆庆、万历年间，国家开放海禁，来自东南亚等地区的大量红木进入我国，这些木材主要用于制作红木家具、屏风、乐器、宗教器具、文房清玩、生活用具、葬具、兵器、佩饰件儿及把玩件儿等红木制品。同时，红木也应用于门、窗、装修及包括宫殿、园林、寺庙和塔刹等的木结构建筑。

红木制品作为一种器物，不仅仅是单纯的日用品和陈设品，它除了满足人们的生活所需外，还具有丰富的文化内涵。通过红木制品种类、造型和纹饰的变化，我们可以深刻认识历史的发展过程和习俗。

1.3.1 红木家具

红木家具是从我国古代家具逐步发展演变而成。红木家具兴盛于明清两代，此时社会稳定，经济繁荣，贸易发达，大量红木从南洋诸国进入中国，促进了传统家具的发展。同时，一批能工巧匠、文人墨客，乃至帝王将相都热衷家具工艺的研究和家具审美的探求，从而形成了明清家具独特的风格和韵味。下面我们重点就红木家具发展过程中形成的不同风格特点进行介绍。

1.3.1.1 明式家具

明代宫廷家具在永乐、宣德时开始进入辉煌时期，由于家具的制作年代主要在明代，故称“明式家具”。降香黄檀、檀香紫檀等红木被大量用于制作明式家具。明式家具的特点：木材坚硬、纹理优美、造型简练、比例适度、结构严谨、做工精细、装饰适度、繁简相宜。

1.3.1.2 清式家具

清式家具经历了300年的发展历史，于康熙后期经雍正、乾隆到嘉庆时期是清式家具发展的鼎盛时期。紫檀木、红酸枝木以及花梨木等红木被大量用于制作清式家具。清式家具和明式家具相比，整体不像明式家具那样以朴素大方和优美舒适为标准，而是繁纹重饰、奢靡豪华。但从另一个角度来看，清式家具展现了富丽、豪华、稳重和威严的效果。清式家具和明式家具并驾齐驱，是中国家具艺术中的精品。

1.3.1.3 三大流派家具

红木家具的产地主要有苏州、广州和北京，被称为代表红木家具的三大名作。

(1)苏作家具　用料惜木如金，格调大方、简练，造型优美，线条流畅、比例适度。以俊秀著称，精于选材等特点，博得世人的赞赏。进入清代以后，随着社会风气的变化，苏作家具也开始向富丽、豪华方向转变。

(2)广作家具　用料粗大充裕，讲求木性一致，一般不加漆饰，木质完全裸露，使人一看便有实实在在、一目了然之感，装饰花纹的雕刻风格，在一定程度上受西方建筑雕刻的影响。

(3)京作家具　清代帝都(现在的北京城)上层社会家具的流派。造型上，多借鉴广作家具浑厚端庄；工艺、线条上，则借鉴了苏作家具的灵秀、精巧；用料上，京作较广作考究而且小巧，比苏作又实在；装饰上，力求华丽，纹饰题材更为广泛。

1.3.1.4 海派家具

清末至民国时期，中国传统家具受到西方文化的直接影响，上海开始出现中西合璧式的海派家具。海派家具吸取西方家具的形式和特征，在装饰工艺上添加西化的元素，创造出独具个性的家具流派风格。海派家具注重家具的实用性，强化家具使用的功能性。

1.3.1.5 现代红木家具

新中国成立后，特别是改革开放之后，随着社会经济的快速发展，国民收入显著提高，红木制品开始由宫廷进入普通百姓家，通过结合现代设计元素及需求，出现了现代红木家具。

现代红木家具以传统工艺和实用功能为主，注重产品款式、工艺和结构的创新，兼具明、清家具艺术特色。

1.3.2 屏风

屏风可用于挡风、遮障和装饰，起源于西周，当时称为“邸”或“扆”。早期的屏风以象征权力的功能和挡风的功能为主。到明清时期，用红木材质的屏风越来越多，做工和装饰更加精美华丽，品种更为繁多，在原有的座屏、曲屏和插屏等式样的基础上，还出现仅作装饰的挂屏。

现代人购买红木屏风更关注屏风在“挡风水”、“聚财气”以及“做靠山”等方面的文化寓意。

1.3.3 乐器

文献及古物证明红木在乐器中占有重要的一席之地。唐诗宋词中多次涉及紫檀琵琶，唐人张籍《宫词》中描述一个女子执紫檀琵琶弹拨的场面：“黄金捍拨紫檀槽，弦索初张调更高。尽理昨来新上曲，内官帘外送樱桃。”孟浩然《凉州词》也涉及紫檀琵琶，诗云：“浑成紫檀金屑文，作得琵琶声入云。胡地迢迢三万里，那堪马上送明君。”宋词中也多谈到紫檀琵琶，描写更加细腻，欧阳修《木兰花》描写一位女子弹琵琶的神态：“春葱指甲轻拢捻，五彩条垂双袖卷。雪香浓透紫檀槽，胡语急随红玉腕。”

1973 年新疆吐鲁番市阿斯塔那 206 号墓出土一把唐朝的木质五弦琴及琴儿，现存于新疆维吾尔自治区博物馆。五弦琴是在一块琴形的木板上绘五条线表示琴弦，并点绘弦马。琴儿面分成五块，每块之间用绿松石分隔，其中第四块为鸡翅木。日本正仓院所藏唐代文物中，一支五弦古琵琶，正面有紫檀拨，用来保护弦拨之处，其工艺与造型十分完美。

1.3.4 宗教器具

红木与宗教有很深的渊源，红木乃珍贵树种，用于制作佛像等宗教神像，表达了信徒的崇高信仰和尊重。红木制作宗教器具主要包括：佛像、佛龛、佛塔、佛座、钵、数珠(也称“念珠”、“佛珠”)、锡杖、供奉塔、神牌、神印、经架及香炉(香薰)等。

1.3.5 文房清玩

红木材质的文房清玩包括：笔用类(笔格、笔挂、笔筒、笔插物、笔床、笔船、笔屏、笔帘、笔匣、笔篓等)；墨用类(墨床、墨盒、墨缸、墨屏、墨匣等)；纸用类(镇尺、裁刀、剪刀、界尺、毡垫、剑筒等)；砚用类、印用类、书画类、水器类、调色类和辅助类等。

1.3.6 生活用具

用红木制作的生活用具种类繁多，包括：梳妆具(梳妆盒、首饰盒、珠宝盒、镜座、镜台等)、餐具、酒具、茶具、烟具、赌具、棋牌具、钟表具、扇具、花鸟鱼虫具等。

1.3.7 其它

红木制品出现在人们生活的方方面面，算具、度量衡具、车船具、药具、葬具、兵器、佩饰件儿及把玩件儿等。

1.3.8 红木制品装饰纹饰

图纹，就是图案纹饰，其形式以民间民俗祥瑞为特征，具有丰富的精神内涵。图纹在不同的历史时期具有不同的风格特点，有趋于图案化的，也有趋于写实的。这些吉祥图片使人产生联想，萌发美好的祈望，产生吉祥观念。吉祥图案为红木家具传承繁荣，为中国的传统文化增辉添彩。

1.3.8.1 寓教于乐的人物形图纹

人物图纹常常包括：历代流传着的神话故事人物、美育生活的戏曲人物、民间传说的八仙、寓意长寿的寿星、和合二仙、民间以福星相称的天官等。

1.3.8.2 祥瑞辟邪的龙凤狮图纹

龙纹，最早是作为图腾崇拜而出现的，以象征祖先、神化和夸大自己氏族的力量。

凤纹，凤为古代传说的神鸟，百鸟之首。

人们常以狮表示吉祥祝福，官运亨通、飞黄腾达或者事事如意。

1.3.8.3 福禄祥瑞的动物家畜图纹

鹿，常表示为福禄长久，在多种场合用来表达祝寿、祈寿的主题，如鹿和寿星图案常表示祝人们长寿。因鹿与禄谐音，因而在吉祥图纹中，鹿表示“禄”，一百头鹿的图纹称“百禄”；鹿和蝙蝠在一起称为“福禄双全”或“福禄长久”。鹿和路又谐音，两只鹿的图案称“路路顺利”。鹿又谐音“陆(六)”与鹤纹的结合称“六合同春”或“鹿鹤同春”。

猴是灵长类动物，善攀援。作为吉祥物来说，猴与“侯”谐音，常见的图纹有猴向树上挂印，表示“封候挂印”，母猴背上面小猴，喻意“辈辈封侯”。

常见的动物纹饰还包括马、牛、羊、龟、大象等。

1.3.8.4 福寿平安的蝙鹤飞蝶图纹

蝙蝠纹，蝠与福谐音，蝙蝠即成为吉祥物。福，是幸福如意的统称，故蝙蝠纹样应用极广，如双福、五福图案、福寿双全、福在眼前等。

鹤，民间寓意羽族的长寿鸟，称为仙禽，一品鸟。如一只鹤立水潮和山石上的图纹表示“一品当朝”、“福山吉水”；有日出时的仙鹤飞翔，表示“指日高升”；与松树配合称“松鹤长春”、“鹤寿松龄”；与龟配合，为“龟鹤齐龄”、“龟鹤延年”。

蝴蝶，因蝶与“耋”谐音，故表示长寿。

喜鹊，古时候称“神女”。两只喜鹊相对表示“喜相逢”或“双喜”；喜鹊踏梅梢，表示“喜上眉梢”；喜鹊与桂圆表示“喜报三元”。

1.3.8.5 喜庆纳吉的山水及花草鱼虫图纹

常见的山水、树、石及花卉纹饰有：山水乡居、田园风光、庭院小景、楼台亭阁、松树、柏树、牡丹、荷花、灵芝、竹、梅、兰花、桂花、石榴花、桃花、西洋花等纹饰。

1.3.8.6 吉祥如意的器物形图纹

有盘常、方胜、如意、古钱、瓶、暗八仙、八宝及文房四宝等。

1.3.8.7 福禄寿喜的文字及祥云图纹

文字多以喜、寿、富、万或回字形成其图纹；云纹在思想观念中常被认为祥瑞之气，大多象征高升和如意，应用较广，多为陪衬图案，形式有：四合云、如意云、朵云和流云等。

1.4 红木文化传承与创新

1.4.1 红木文化传承

中国人对红木之爱，原因不尽一致，概括起来可包括以下六个方面：

(1) 历史性　中国古典家具有千余年的悠久历史，明清家具是我国红木家具发展的巅峰，明清家具的装饰堪称我国家具装饰之经典，其艺术成就在世界家具界享有盛誉。明代家具追求神态韵律，造型古朴典雅，清代家具注重体态，富丽华贵。

(2) 民族性　中国人自古以来对艺术品的审美追求较之西方人则更注重艺术品载体本身的质量。而载体质量的优劣往往又与稀有、名贵、美观和光润等视觉、触觉、乃至味觉等人所能全方位感受认知的价值有关。中国人自古以来有爱木、爱玉的传统，喜欢回归自然。“金、木、水、火、土”五行是中国古代的一种物质观，多用于哲学、中医学和占卜方面。从古代的木结构、木家具到各种工艺品，均雕刻着精美的图案，优质的木材经反复打磨后手感如玉。

(3) 思想性　明清家具是刻在红木上的文化，反映了中国人的“儒家之道”、“稳重与平和”、“天人合一”和“天圆地方”的理念。

(4) 科学性　结构严谨，设计合理，符合人体工程学，如椅子背“S”曲线，让人坐着舒服。由于木材很硬重，基本无法使用钉子，所以根据木材特性产生了一系列制作工艺和表现形式。其中，最主要的是榫卯结构，即靠榫头和卯眼相结合，将木头一块一块紧密衔接。正是先人的榫卯结构，构筑了中国传统家具的基本框架，并以此独立于世界家具之林，应该说“榫卯结构”是中国传统家具的灵魂。

(5) 艺术性　家具的线条和结构加上精美的木材纹理和花纹，与中国水墨画和书法的线条艺术相吻合，符合中国人的审美情趣。每件红木制品具有变幻莫测的唯一性自然美。栩栩如生的雕刻图案赋予家具生命力，使之具有很高的艺术性和观赏性。

(6) 实用性　红木家具为人类生活必须用品之一，多具有一定的实用功能。

总之，中国人对红木文化有很深的情缘。因为她是中华民族文化的象征，人们热衷于购买和收藏红木制品，大到购置各种红木家具，小至各种小的工艺品，如小盒、挂件及手串，这不仅表明人们喜爱红木、喜爱中华文化、崇拜自然及回归自然，而且是修养和身份地位的象征。

1.4.2　红木文化创新发展

事物的发展是连贯性的，既要正视传统、保护传统和传承传统，又要在此基础上努力开拓创新。当今时代已跨入了21世纪，21世纪的红木文化应具有相应的符号，历史也赋予了我们这样的使命。红木制品在造型和使用功能上创新，把古典与现代的时尚元素相结合，在追求人与自然完美结合的基础上，力求与现代文化相结合，从精神、本质和观念上加以提升与转变，反映这个时代人们生活的全貌。我们应在传承和弘扬祖先遗留下来的文化及工艺精髓时，努力营造现代人的红木文化。

2　红木资源

2.1　红木概念

2000年8月1日国家质量技术监督局正式实施了国家标准《红木》(GB/T 18107－2000)。该标准明确规定了红木定义：

紫檀属、黄檀属、柿属、崖豆属及铁刀木属树种的心材，其密度、结构和材色(以在大气中变深的材色进行红木分类)符合《红木》标准规定的四个必备条件的木材。此外，上述5属中本标准未列入的其它树种的心材，其密度、结构和材色符合本标准的也可称为红木。

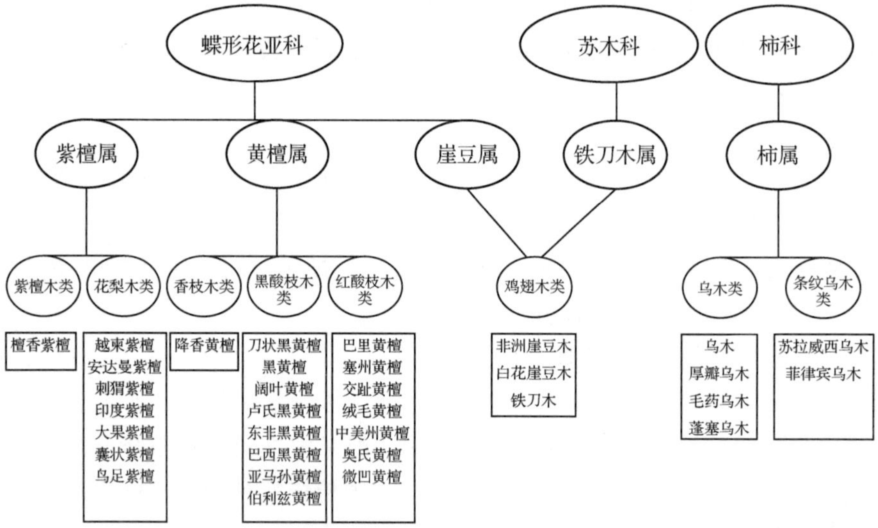

图1　红木图谱

2.2　红木分类及特性

红木包含紫檀木类、花梨木类、香枝木类、黑酸枝木类、红酸枝木类、乌木类、条纹乌木类和鸡翅木类共八大类，分别隶属于紫檀属、黄檀属、柿属、崖豆属及铁刀木属共五个属。

(1)紫檀木类　紫檀属 *Pterocarpus* 树种；木材结构甚细至细，平均管孔弦向直径不大于160微米；木材含水率12%时气干密度大于1.00克/立方厘米；心材材色红紫，久则转为黑紫色。

(2)花梨木类　紫檀属 *Pterocarpus* 树种；木材结构甚细至细，平均管孔弦向直径不大于200微米；木材含水率12%时气干密度大于0.76克/立方厘米；心材材色红褐至紫红，常带深色条纹。

(3)香枝木类　黄檀属 *Dalbergia* 树种；木材结构甚细至细，平均管孔弦向直径不大于120微米；木材含水率12%时气干密度大于0.80克/立方厘米；心材辛辣香气浓郁，材色红褐。

(4)黑酸枝木类　黄檀属 *Dalbergia* 树种；木材结构甚细至细，平均管孔弦向直径不大于200微米；木材含水率12%时气干密度大于0.85克/立方厘米；心材材色栗褐色，常带黑条纹。

(5)红酸枝木类　黄檀属 *Dalbergia* 树种；木材结构甚细至细，平均管孔弦向直径不大于200微米；木材含水率12%时气干密度大于0.85克/立方厘米；心材材色红褐至紫红。

(6)乌木类　柿属 *Diospyros* 树种；木材结构甚细至细，平均管孔弦向直径不大于150微米；木材含水率12%时气干密度大于0.90克/立方厘米；心材材色乌黑。

(7)条纹乌木类　柿属 *Diospyros* 树种；木材结构甚细至细，平均管孔弦向直径不大于150微米；木材含水率12%时气干密度大于0.90克/立方厘米；心材材色黑或栗褐，间有浅色条纹。

(8)鸡翅木类　崖豆属 *Millettia* 和铁刀木属 *Cassia* 树种；木材结构甚细至细，平均管孔弦向直径不大于200微米；木材含水率12%时气干密度大于0.80克/立方厘米；心材材色是黑褐或栗褐，弦面上有鸡翅花纹。

2.3　红木资源分布

全球红木资源主要分布在东南亚、非洲及中南美洲(表1)。其中紫檀木类 *Pterocarpus* spp. 的檀香紫檀 *P. santalinus* 主要来自印度；花梨木类 *Pterocarpus* spp. 中的印度紫檀 *P. indicus*、大果紫檀 *P. macarocarpuss* 及乌足紫檀 *P. pedatus* 等主要来源于东南亚，刺猬紫檀 *P. erinaceus* 等主要来源于非洲；香枝木类 *Dalbergia* spp. 的降香黄檀 *D. odorifera* 产自我国海南；黑酸枝木类 *Dalbergia* spp. 中的卢氏黑黄檀 *D. louvelii* 主要来自非洲马达加斯加，东非黑黄檀 *D. melanoxylon* 主要来自东非，阔叶黄檀 *D. latifolia* 主要来自印度和印度尼西亚；红酸枝木类 *Dalbergia* spp. 中的奥氏黄檀 *D. oliveri* 和交趾黄檀 *D. cochinchinensis* 主要来自中南半岛，微凹黄檀 *D. retusa* 主要来源于中美洲；鸡翅木类 *Millettia* spp. /*Cassia* spp. 主要来源东南亚和非洲；条纹乌木类 *Diospyros* spp. 主要来自东南亚，如印度尼西亚的苏拉威西岛，也有来自巴布亚新几内亚。

表1　红木资源分布

中文名	拉丁学名	主产地
一、紫檀木(类)	*Pterocarpus* spp.	
1. 檀香紫檀	*Pterocarpus santalinus*	印度半岛东南部东高止山脉南段安得拉邦(Andhra Pradesh)区域，尼泊尔、缅甸、泰国、柬埔寨和我国华南等地引种栽培
二、花梨木(类)	*Pterocarpus* spp.	
2. 越柬紫檀	*Pterocarpus cambodianus*	越南、柬埔寨及泰国等地区
3. 安达曼紫檀	*Pterocarpus dalbergioides*	印度安达曼群岛
4. 刺猬紫檀	*Pterocarpus erinaceus*	热带非洲
5. 印度紫檀	*Pterocarpus indicus*	印度、缅甸、菲律宾、巴布亚新几内亚、马来西亚及印度尼西亚，我国广东、广西、海南及云南等地引种栽培
6. 大果紫檀	*Pterocarpus macrocarpus*	缅甸、泰国及老挝
7. 囊状紫檀	*Pterocarpus marsupium*	印度
8. 鸟足紫檀	*Pterocarpus pedatus*	东南亚中南半岛
三、香枝木(类)	*Dalbergia* spp.	
9. 降香黄檀	*Dalbergia odorifera*	我国海南岛西部和西南部，生长于海拔600米以下的低山丘陵和台地，适应花岗岩风化物上发育的褐色砖红壤和平原上的微酸性红土。华南地区以及福建等地引种栽培
四、黑酸枝木(类)	*Dalbergia* spp.	
10. 刀状黑黄檀	*Dalbergia cultrate*	缅甸
11. 黑黄檀	*Dalbergia fusca*	东南亚及中国云南
12. 阔叶黄檀	*Dalbergia latifolia*	印度、印度尼西亚的爪哇
13. 卢氏黑黄檀	*Dalbergia louvelii*	非洲的马达加斯加
14. 东非黑黄檀	*Dalbergia melanoxylon*	非洲东部
15. 巴西黑黄檀	*Dalbergia nigra*	巴西
16. 亚马孙黄檀	*Dalbergia spruceana*	巴西
17. 伯利兹黄檀	*Dalbergia stevensonii*	伯利兹
五、红酸枝木(类)	*Dalbergia* spp.	
18. 巴里黄檀	*Dalbergia bariensis*	东南亚
19. 赛州黄檀	*Dalbergia cearensis*	巴西
20. 交趾黄檀	*Dalbergia cochinchinensis*	泰国、越南和柬埔寨
21. 绒毛黄檀	*Dalbergia frulescens* var. *tomentosa*	巴西
22. 中美洲黄檀	*Dalbergia granadillo*	墨西哥等中美洲
23. 奥氏黄檀	*Dalbergia oliveri*	缅甸、泰国、越南和老挝
24. 微凹黄檀	*Dalbergia retusa*	中美洲

（续）

中文名	拉丁学名	主产地
六、乌木(类)	*Diospyros* spp.	
25. 乌木	*Diospyros ebenum*	斯里兰卡及印度南部
26. 厚瓣乌木	*Diospyros crassiflora*	热带西非
27. 毛药乌木	*Diospyros pilosanthera*	菲律宾
28. 蓬塞乌木	*Diospyros poncei*	菲律宾
七、条纹乌木(类)	*Diospyros* spp.	
29. 苏拉威西乌木	*Diospyros celebica*	印度尼西亚苏拉威西岛
30. 菲律宾乌木	*Diospyros philippensis*	菲律宾
八、鸡翅木(类)	*Millettia* spp. /*Cassia* spp.	
31. 非洲崖豆木	*Millettia laurentii*	非洲刚果盆地
32. 白花崖豆木	*Millettia leucantha* (*M. pendula*)	缅甸和泰国
33. 铁刀木	*Cassia siamea*	东南亚，我国云南、广东普遍引种栽培

2.4 红木资源贸易分析

红木木材生长缓慢，资源奇缺，且呈逐年剧减趋势，目前有些树种已濒临灭绝。我国红木资源主要依靠进口，随着国际环保呼声的日益高涨，红木原产地国家相继采取更加严格的出口限制政策，因而我国红木进口渠道日益狭窄。

根据《濒危野生动植物种国际贸易公约》(CITES 公约)等国际公约，一些濒危野生动植物已经被明令禁止贸易或限制贸易。CITES 公约中列入附录Ⅰ的物种禁止贸易，列入附录Ⅱ的物种须有进出口许可证或者再出口证明书，方可进行贸易，列入附录Ⅲ的物种须有缔约国(成员国)出具进出口许可证和原产地证明，才可进行贸易。截至 2012 年 10 月，33 种红木树种中已有 5 种被列入 CITES 公约管制，其中巴西黑黄檀被列入附录Ⅰ，檀香紫檀被列入附录Ⅱ，伯利兹黄檀、微凹黄檀和卢氏黑黄檀(俗称大叶紫檀)被列入附录Ⅲ。

目前从东南亚、非洲和中南美洲等红木原产地合法开采木材并出口到其他国家只能通过两种方式：一种方式是制成家具实物或制成家具半成品木料，通过合法途径运输到购买国；另一种方式是选择当地有合法开采权的木材公司出口到购买国，合法开采指的是有当地合法的开采指标、木材流动指标及出口指标。

全国海关数据(表 2)表明，2012 年 1 ~ 6 月我国红木进口 41.808 万立方米，同比增加 19.6 万立方米，增长 88.7%。其中，红木原木进口 38.1 万立方米，同比增加 18.8 万立方米，增长 97.4%；红木原木进口额为 43563.3 万美元，同比增长 76.08%。红木锯材进口 3.6 万立方米，同比增长 28.28%。在进口单价上，红木原木进口单价较上一年同期下降了 10.8%，而锯材则上涨了 10%。

表2 2012年1~6月我国红木进口情况表

	2012年1~6月		2011年1~6月		增减数量		增减(%)	
	进口量(立方米)	进口额(万美元)	进口量(立方米)	进口额(万美元)	进口量(立方米)	进口额(万美元)	进口量	进口额
进口原木合计	18907027	373024.9	20750564	391870.4	-1843537	-18845.5	-8.88	-4.81
珍贵阔叶	1924605	100044.8	651052	41280.7	1273553	58764.1	195.61	142.35
红木	380977	43563.2	193000	24740.6	187977	18822.6	97.40	76.08
进口锯材合计	10139076	266121.8	9984854	261855.7	154222	4266.1	1.54	1.63
珍贵阔叶	1381651	64450.1	436941	23946.4	944710	40503.7	216.21	169.14
红木	35831	5504.4	27932	3900.6	7899	1603.8	28.28	41.12

从2010年1月至2012年3月，我国以一般贸易方式共进口红木商品约63.5万立方米，总值46.95亿元人民币，涉及15个关区。其中，黄埔、深圳、广州和上海分列进口数量前4位，4个关区进口量约占全国进口总量的95%。各关区进口红木具体数据见表3。

表3 2010年1月至2012年3月我国各关区进口红木情况

关区	进口额(万元人民币)	进口数量(立方米)	平均单价(元/立方米)
黄埔	361838.61	470799.05	7685.63
深圳	44316.90	57007.08	7773.93
广州	15697.73	39176.16	4006.96
上海	22485.87	35913.72	6261.08
拱北	9870.53	17309.71	5702.31
江门	1758.79	3680.69	4778.42
南京	2577.35	3620.88	7118.02
厦门	6033.28	2760.65	21854.56
南宁	1667.08	1231.16	13540.73
天津	1058.1	1042.01	10154.41
宁波	813.21	972.69	8360.46
青岛	708.86	889.89	7965.70
大连	245.47	304.15	8070.69
汕头	376.49	158.56	23744.32
福州	53.71	98.47	5454.45
总计	469501.98	634964.87	7394.14

注：按进口数量高低排序。

3　红木行业发展

3.1　红木行业发展现状

我国持续快速发展的经济环境，为传承与创新中华民族优秀文化提供了良好的契机。红木资源稀缺且短期不可再生，红木制品具有较高的艺术欣赏性和实用性，传统文化内涵丰富，保值、增值的效应稳定而显著，成为消费者和投资者所青睐的新目标。

良好的发展环境使得红木企业蓬勃发展。在全国范围内已形成北京、浙江、上海、江苏、广东、广西、福建和河北等主要红木产业集群；同时，诸如山东、云南、河南和四川等红木企业集散地也快速发展壮大。据不完全统计，我国红木行业年产值约500亿元，生产企业约有2万家，其中浙江东阳红木企业约2000家，江苏常熟、苏州和南通共约1100家，广东深圳和大涌约900家，广西凭祥约1200家，福建仙游约3000家，我国红木企业区域具体分布如图2所示。

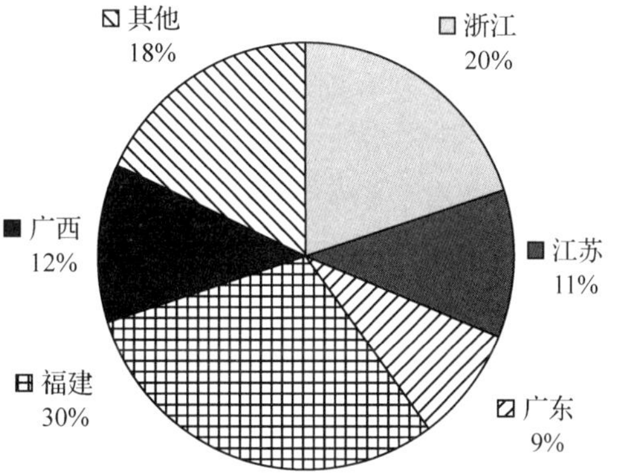

图2　我国红木企业分布图

与此同时，红木行业中材料和用工成本不断上涨。材料上涨源于红木资源本身的匮乏以及投资者大批竞相购买或囤积木材；用工成本上涨源于红木企业现有规模的急剧扩大以及企业数量的大幅增加，企业对熟练技术工匠需求矛盾加剧。在此过程中，一部分参与红木原料囤积的红木企业及投资者没赶上高点抛售，最终被套住；一部分企业对传统红木制作工艺这道门槛的低估，导致了这些红木企业过早退出红木市场。红木行业经历了此番风暴洗礼后，已经步入了洗牌阶段，优胜劣汰已成趋势。

3.2　红木行业发展趋势

每个时代的文化，与其社会经济都有着密切的联系，红木是中国传统文化体现在实物上的最丰富的载体之一。红木不仅反映了中国的传统文化，也体现了当代经济高速发展和对文化的传承与创新。当今我国已进入社会经济快速发展的时期，同时红木行业也迈入了发展新阶段。

3.2.1　红木资源可持续发展

在对现有红木资源利用方面，红木企业由简单粗放型开始向现代集约型转变，逐渐惜材重艺、因材适用和材尽其用。在红木资源供给方面，国内林业主管部门加大对红木资源培育的引导和投入，林业科研部门加强对红木资源的引种试验与研究，增强红木资源的可再生能力。位于广西凭祥的中国林业科学研究院热带林业实验中心已对降香黄檀(俗称海南黄花梨)从原产地海南省进行引种试验，引种效果良好，并已在广西崇左地区进行推广种植。在国外，红木资源产地国纷纷采取保护措施，目前印度在实施限制红木采伐政策的同时，大量种植红木树种，以达到红木资源的可持续利用。

一些国内红木企业也开始尝试“走出去”战略，参与原产国红木树种的种植等资源补偿活动，与原材料国家共同推动红木产业的可持续发展。

3.2.2　红木制品加工工艺不断创新

红木制品尽显不同时代的文化特征。对于现代人而言，红木制品集历史文化、实用功能以及艺术美感于一体，是设计文化、木材文化、工艺文化和历史文化的综合体。中国传统文化在新的时代仍然表现出强大的生命力，所以传统工艺在发展过程中必然会衍生出新的形式。红木制品应融合现代元素，跟上时代发展的趋势，同时立足当下社会需求，在传统文化中寻找创新的灵魂与本质。

3.2.3　红木企业发展与管理模式不断创新

红木企业开始注重走精品定制化路线，以实现材尽其用，艺尽其精的目标。发掘红木自身巨大的社会、经济和文化品牌价值，树立将文化与艺术赋于红木制品，永世传承中国文化艺术的精品意识。促进红木行业向规模化、品牌化的方向发展。

红木企业尝试走出“所有权与经营权不能分离”的思想误区。由于部分企业所有者并未接受过专门的企业管理的训练，当企业不断发展壮大时，会觉得心有余而力不足。此时，专业人员参与企业管理的合理机制，实现了所有权和经营管理权逐步分离，推动了现代化企业的发展之路。

3.2.4　红木消费者日趋理性

“旧时王谢堂前燕，飞入寻常百姓家”，红木制品已由宫廷御用品变成普通百姓可及的生活物品，消费需求将大幅增加。随着红木市场的不断规范、红木知识的广泛普及以及大众品鉴意识的逐渐增强，红木消费者会变得成熟和理性。

4　红木技术

4.1　红木干燥技术

4.1.1　干燥目的

木材是典型的多孔性有机高分子材料，具有干缩湿胀的特性。当它所处的环境湿度高于木材含水率时，木材吸湿，尺寸增大；相反，环境湿度低于木材含水率时，木材水分散失，尺寸减小。木材干缩特性对木制品质量影响很大，由于木材为各向异性材料，干缩时各方向的干缩率不同，常见红木木材的干缩率见表4。湿的木材或者未干燥好的木材，在正常情况下水分要散失，必然要收缩，由于收缩不均匀而引起木材开裂、翘曲变形等缺陷，直接影响制品质量。所以，正确进行红木木材干燥是保证红木制品质量的关键。

4.1.2 干燥原理

木材干燥就是在热力作用下木材中的水分以蒸发或沸腾的汽化方式由木材中排出的过程。在控制好可接受的干燥缺陷前提下，采用适当的干燥工艺，在不同含水率阶段采用不同的温湿度，使木材中的水分由内部向外部移动，至木材表面蒸发后再由一定风速的气流带走并排出的过程。

表4 常用的红木木材干缩率

项目 / 树种	生材至气干干缩率(%)			生材至绝干干缩率(%)		
	弦向	径向	体积	弦向	径向	体积
刺猬紫檀	7.4	3.5	8.8			
越柬紫檀						10.4
印度紫檀	2.2	1.4		5.4	3.2	
大果紫檀	5.1	3.4				
囊状紫檀	6.1	3.4				
乌足紫檀						10.5
黑黄檀	4.9~5.1	2.3~2.9	7.4~8	8.2~8.5	3.9~4.8	12.3~13.4
阔叶黄檀	6.4	2.9		5.8	2.7	8.5
卢氏黑黄檀				6.7	3.7	10.5
东非黑黄檀						7.6
巴西黑黄檀				4.6	2.9	8.5
巴里黄檀						8.9
交趾黄檀						8.2
微凹黄檀				4.6	2.9	
苏拉威西乌木				7.8	6.2	
铁刀木	5.5	3.4	8.7	9.2	5.7	14.6
非洲崖豆木				9.1	5.9	19.5

4.1.3 干燥方法

目前红木干燥方法很多，主要包括：常规窑干、蜡煮干燥、太阳能干燥、高频与微波干燥(也称电介质干燥)和真空干燥等。这里主要介绍一下红木制品加工中经常用到的常规窑干和蜡煮干燥方法。

4.1.3.1 常规窑干

窑干是在特制的设备、具有保温隔热性能的建筑或金属容器内进行，它能灵活调节和控制干燥介质的温度、湿度和循环气流的速度。常规窑干是以饱和蒸汽(热油和炉气)为热源的顶风机直联型周期式强制循环干燥，技术工艺成熟，应用范围广泛。干燥容量一般为20~200立方米，内置的风机与耐高温、高湿的电机直联，气流循环速度多为1~2米/秒。配置半自动或全自动控制设备，设备操作简单，温湿度调节灵活，使用、安装和维修方便。

窑干一般分为预热阶段、干燥阶段、中间处理、终了处理和冷却共五个阶段。

4.1.3.2 蜡煮干燥

蜡煮干燥就是把蜡放在特定的容器中煮溶并保持一定的温度，将开料之后的木材或家具部件完全浸泡在处于熔融状态的液态蜡中熬煮。由于蜡液具有疏水性，且石蜡液体的沸点比水的沸点高，木材可在高于100℃的蜡溶液中加热，使木材中的水分在沸腾的状况下快速蒸发，从而实现木材干燥。

4.1.4 含水率测定

因为我国各地气候差异，不同季节的温湿度也不同，导致各地的平衡含水率不同。木材干燥的最终含水率要根据木制品使用地区的平衡含水率来确定，这样才能有效避免木制品受使用地区的温度和湿度变化所引起的木材胀缩、翘曲和开裂等缺陷的发生，保证产品质量。

木材中水分的含量叫做含水率，用木材中水分的重量与湿木材重量之比的百分率表示。

$$\text{木材含水率} = \frac{\text{湿木材重} - \text{绝干木材重}}{\text{湿木材重}}$$

我国主要城市木材平衡含水率平均值见表5。

表5 我国主要城市木材平衡含水率年平均值 %

城 市	平衡含水率	城 市	平衡含水率	城 市	平衡含水率
北京	11.4	乌鲁木齐	12.1	合肥	14.8
哈尔滨	13.6	银川	11.8	武汉	15.4
长春	13.3	西安	14.3	杭州	16.5
沈阳	13.4	兰州	11.3	温州	17.3
大连	13.0	西宁	11.5	南昌	16.0
呼和浩特	11.2	成都	16.0	长沙	16.5
天津	12.2	重庆	15.9	福州	15.6
太原	11.7	拉萨	8.6	南宁	15.4
石家庄	11.8	贵阳	15.4	桂林	14.4
济南	11.7	昆明	13.5	广州	15.1
青岛	14.4	上海	16.0	海口	17.3
郑州	12.4	南京	14.9	台北	16.4

4.2 红木家具加工技术

随着红木市场的繁荣发展，红木家具受到消费者热捧，占据着红木制品重要的一席之地，那么其主要制作工艺包括哪些？可能消费者尚不完全清楚。下面就拼板技术、榫卯结构等做简单介绍，以便购买者对红木家具加工工艺有初步了解。

4.2.1 拼板技术

制作大型家具，用料较宽，一块板不够用时，常用数块板拼接。但用于拼接的各块板料材性不同、纹理不一，容易出现翘裂或变形现象。为了使拼缝处保持平整光洁，必须采取适当的措施处理拼缝。

常用的拼接技术有“龙凤榫”、“穿带榫”以及“框内装板”。“龙凤榫”是在板面纵向断面上起槽，另一面做出相应的榫舌，把榫舌插进槽口。“穿带榫”是首先将板条严缝，再横开数道通槽，然后在穿带的一面做出与槽口断面相应的榫销，将穿带的一头对准槽口向里推，使板条固定在穿带上。“框内装板”是在四框内侧打槽，将板心的四边镶入边槽。拼板时要注意木材纹理一致，花纹接近。

拼缝越少，代表用料越大，价格越高，收藏价值越高。例如檀香紫檀素有“十檀九空”的说法，说明檀香紫檀木材出材率低，因此制作家具时拼接较多，独板家具可谓难得。

4.2.2 榫卯结构

榫卯结构是中国几千年来木工工匠的聪明才智在生产实践中积累起来的经典之作。榫卯结构设计之科学，加工工艺之精湛，榫卯结合之严密，成为流传至今的独特技艺。但是随着红木企业的规模扩张和市场迅速扩大，一些企业投机取巧，将榫卯结构简单化，改用胶黏剂方式增加构件间的连接强度，由此带来的产品使用寿命缩短、易开裂变形以及居室环境问题，严重影响了红木制品的实用性和收藏性。

红木家具大部分继承了明清家具的传统工艺，全凭榫卯结构把各种部件组装在一起，组成一件件精美的家具。对于红木家具来说，榫卯结构加工如何是判断红木家具质量问题的关键之一。

“寸榫寸眼”是木工的最基本要求，榫眼与榫头位置准确不许错位，伸缩缝精细，松紧合适无破损，能自由活动。红木家具榫卯结构复杂，种类繁多。

4.3 红木家具表面装饰技术

4.3.1 雕刻装饰

红木雕刻方法可以分为纯手工雕刻、电脑机器雕刻和手工与机雕相结合雕刻。采用的雕刻手法有：毛雕、圆雕、平雕、镂雕、浮雕、透雕等，一般很少采用单一手法，多采用两种或三种以上的综合雕。

(1) 毛雕　也叫凹雕，是在平板或图案表面用粗细或深浅不同的曲线来表现各种图案。

(2) 圆雕　立体的圆形雕刻，也称全雕。

(3) 平雕　即所雕花纹与雕刻品表面保持一定高度或深度。

(4) 镂雕　指在花纹的里侧镂空，它与透雕的区别在于不是前后透空，而是在花纹的底部左右透空。

(5) 浮雕　其图案纹路有明显的深浅、高低变化，分浅浮雕、中浮雕、高浮雕3种。

(6) 透雕　保留凸出的物像部分，而将背景部分进行局部或全部镂空，透雕有一面做和两面做之别。

4.3.2 镶嵌装饰

红木家具经过镶嵌装饰后，会进一步增加家具的美感，提高家具的品位。镶，特指以物相配合；嵌，是把东西卡在空隙里。镶嵌，又名“百宝嵌”，分两种形式，一种为平嵌，另一种为凸嵌。家具的镶嵌材料种类繁多，有嵌金属、嵌木、嵌石、嵌骨、嵌瓷、嵌螺钿、嵌竹和嵌象牙等。

4.3.3　涂饰

很多消费者在购买红木家具时，往往只注重家具的用材、木工、款式及雕刻装饰题材，而忽略了红木家具的外观漆饰。精美的红木家具既是日用品又是工艺品，对涂饰有较高的要求。红木家具涂饰主要有擦漆和烫蜡工艺，俗有“南漆北蜡”之说，因在北方天气干燥，多采用烫蜡，但南方的家具也有不少烫蜡的，北方的家具也有许多擦漆的。消费者可根据自己的喜好选择。

4.3.3.1　擦漆

擦漆，又叫髹漆或揩漆，作为一种传统手工艺，在我国有着悠久的历史，堪称“国粹”。红木家具使用的漆是生漆经加工而成，是环保材料且具有极强的附着力、抗酸碱和耐腐蚀性能，对家具具有很好的保护作用，并能产生良好的装饰效果。

4.3.3.2　烫蜡

烫蜡工艺是中国的传统工艺。烫蜡不仅可以使木材本身色调更鲜明，而且会在木材表面形成保护膜，对家具具有较好的保护润泽作用，产生“天然去雕饰，清水出芙蓉”的美感。

传统的烫蜡工艺分烫蜡、起蜡、擦蜡（或打蜡）三大步骤。单纯的擦蜡只能起到美化作用，而烫蜡工艺使木材的吃蜡量大大增加。

4.4　红木家具生产流程

传统的红木家具基本以手工制作为主，需要的周期比较长，而且红木家具的制作工序非常繁琐，从木材原料到成品之间需要很多道工序。图 3 所示为简化的红木家具生产工艺流程。

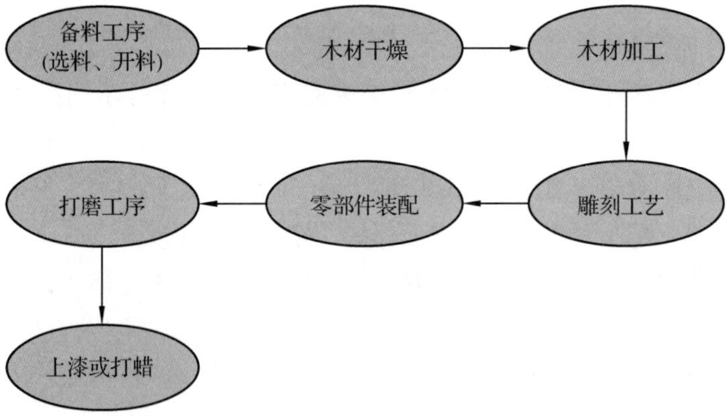

图 3　红木家具生产工艺流程

4.4.1　备料

红木原料一般通过木材市场或国外进口进行采购，采购的原料有原木或方材，但外形多不规则，根据要生产的家具结构，对选购的木材按照径级或缺陷进行筛选。将原料进行合理的横截与纵解，然后按开料单的要求锯成相应的部件。开料可以长短搭配，综合利用，减少浪费，节约红木资源。

4.4.2 木材干燥

厚度不同的板材通过分类，分别进入干燥窑进行干燥。一般厚的板材需要干燥40天左右，薄的板材需15天左右，直到将木板干燥至水分含量为8%~12%。目前很多红木家具厂都有比较好的干燥方法，但是干燥过程最少也不能低于10天，因为一定要控制好木材与家具使用地区湿度保持平衡，制成的家具成品日后才不易开裂和变形。

4.4.3 木材加工

对干燥后的木材进行压刨刨削，使其达到设计要求的厚度尺寸，根据图纸要求的尺寸与角度进行长度截取、开榫、打眼、铣型、裁口、开槽、起线以及异形部件的加工等零部件加工。

4.4.4 雕刻工艺

根据指定的图样及木工规定的尺寸，画出准确的手工图，进行雕刻，当前的雕刻工艺普遍都是先以电脑雕刻打底，再辅以手工雕刻润色。

4.4.5 零部件装配

将前期加工及雕刻好的零部件按照图纸进行组装。在组装的过程中，一定要准确地掌握好榫卯的紧密配合，保证接口的吻合。

4.4.6 打磨

用专用的刮磨工具对家具表面凹凸不平的地方和各种线条等进行刮平、刮顺，再用砂纸磨光，最后将打磨后的家具表面进行清理。

4.4.7 擦漆或烫蜡

擦漆或烫蜡是红木家具制作工艺的最后一个流程，一般南方制作的红木家具擦漆的比较多，北方则习惯烫蜡。

5 红木制品选购

5.1 红木制品的分类

参考《红木》(GB/T 18107－2000)及相关标准规范，红木制品可分为广义的红木制品与全红木制品。

广义的红木制品是指产品的所有零部件(装饰件、配件除外)，均采用《红木》(GB/T 18107－2000)标准中规定的同一类红木材料(允许采用少量的边材，但产品正视面用材应无边材，其他部位部件表面的边材面积应不超过该部件表面积的1/10)加工制成的家具、地板、门、窗、工艺品等木制品。

全红木制品是指产品的所有零部件(装饰件、配件除外)，均采用《红木》(GB/T 18107－2000)标准中规定的同一类红木材料(不含边材)加工制成的家具、地板、门、窗、工艺品等木制品。

这里特别讲述目前市场上热销的红木家具分类

(1)按设计造型分类　传统红木家具(明式家具、清式家具为主)、现代红木家具

(2)按制作流派分类　苏作家具、广作家具、京作家具、海派家具

(3)按主要用材分类　紫檀木家具、花梨木家具、香枝木家具、黑酸枝木家具、红酸枝木家具、乌木家具、条纹乌木家具和鸡翅木家具。

(4)按使用功能分类　桌案类、椅类、凳类、床类、柜(橱)类、架类、沙发类和茶几类等。

(5)按使用场合分类　卧房类、客厅类、餐厅类、书房类和办公类等。

5.2 产品命名、标识和产品保证文件

5.2.1 产品命名

红木制品应按主要用材的木材名称进行命名，命名由以下四部分组成并顺序排列。

木材名称中文名	用材拉丁文属名	产品件数	产品品种

名称示例1：香枝木 *Dalbergia* spp. 三件套皇宫椅

名称示例2：黑酸枝木 *Dalbergia* spp. 七件套餐桌椅

5.2.2 产品标识

产品标识至少包括以下内容：产品名称、型号规格；执行标准编号；检验合格证明、生产日期；生产企业名称、地址和电话；持久性厂标。

5.2.3 产品质量明示卡

产品质量明示卡应明示的内容至少包括：产品执行标准；产品分类；产品名称；产品型号、规格；生产日期；产品适用范围；产品主要用材；产品涂饰工艺；产品装饰工艺；安全提示；产品保修；产品交付方信息(生产企业或经销商信息)。

5.2.4 产品使用说明书

产品使用说明书，是生产企业各种家具产品或分类家具产品的通用说明书。说明书的内容至少应包括：产品名称、型号规格、执行标准编号；主要原辅材料、涂料、黏合剂的名称、等级；主要技术性能参数、使用方法、注意事项、保养方法；有害物质限量的控制指标；产品保修内容(保修期不少于两年)。

5.2.5 产品合格证

产品合格证一件(产品)一证，应包括下列内容：产品名称、合格证编号；产品执行的标准编号；产品检验结论；产品检验日期、出厂日期、检验员盖章(可以检验员代号表示)；生产企业名称。

5.3 如何选购红木制品

随着国民经济的发展和人民生活水平的提高，红木制品以其实用性、艺术性、增值性、环保性及传承性等受到越来越多的关注和喜爱，消费者崇尚红木制品之风兴起。建议消费者在购买时可以从以下几个方面关注和把握，从而选购到理想的红木制品。

(1)看材质特征、关注产地　应了解红木类别，选择自己想购买的类别。各类红木材质都具有不同的特征，观察木材纹理、花纹和拼接缝等。同样的树种，花纹不同或用料不同时，价格迥异，例如降香黄檀自身“鬼脸”般的花纹使它更具价值；拼接缝越少，代表用料越大，价格越高，收藏价值越高。

另外，一些家具个别部件带有明显缺陷，也会使家具的价值大打折扣，尤其是出现在比较明显的部位，像颜色差别、裂缝或树节。反之，如果一件家具各个部件材料都特别好，即使造型相同，价格也会高很多。

此外，还应了解红木原料产地及红木制品制作产地信息。不同产地的红木原料在颜色、纹理、气味上都有区别。又因我国地域辽阔，各地平衡含水率不同，消费者需要了解所购买的红木制品是否符合使用地区的平衡含水率，否则在使用过程中可能会出现开裂和翘曲。

(2)看制作工艺　行内有一个约定俗成的说法叫“三分料、七分工”，制作工艺占七成之多，可见工艺对产品价值的影响之大。

应关注造型是否优美，整体比例是否均衡，线条是否流畅，表面是否平整，装饰是否得体，是否符合您的审美需求等；榫卯结合是否牢固，榫头与榫眼间缝隙是否合适，接口是否严密和洁净，看结构部件是否用螺丝钉代替榫结构等；雕刻是否层次清晰，图饰是否生动逼真；镶嵌表面接口是否精细结实，镶嵌是否完整光洁等，关注擦漆和烫蜡工艺等。

(3)关注红木制品价格　应慎重对待红木制品的价格，消费者往往容易受廉价的诱惑。消费者务必注意，不要因小失大。有些消费者想买花梨木家具，却因贪图价格便宜买的是亚花梨木(不属于红木)的家具。因此，在购买之前应多做比较，不但要比价格，还要选择自己喜爱的款式、造型、材色、花纹和加工质量。

(4)选择品牌和商家　选择品牌，就相当于选择了保障。品牌是企业对社会的一种承诺，真正注重品牌的企业，不仅在用材质量上有保证，在工艺水准上也有保障，企业在销售产品的过程中不会随便欺骗消费者，其服务和售后体系也相对比较完善。所以，再次提醒广大消费者，购买红木制品一定要选择正规的厂家、知名的品牌和注重诚信的卖场。

(5)签订正规购买合同　红木制品产品正规销售合同中应提及产品质量明示卡、产品使用说明书和产品合格证等产品保证文件。

5.4　红木简易识别及红木鉴定

5.4.1　红木的简易识别

红木的简易识别方法主要包括看、闻、问和水浸。

看：观察木材的新切面，尤其是横切面和弦切面，木材的大部分特征都可以在这两个切面观察。如果将新切面用水润湿或用刮刀刮磨，观察效果更清晰。

闻：不同种类的木材有各自的特殊气味，就像不同香水具有不同类型的香味。

问：询问木材的产地、密度和含水率信息。

水浸：紫檀木和花梨木用水浸泡一段时间后，会在液面形成一层蓝绿色的荧光。

八类红木的简易识别：

(1)紫檀木　木纹不明显，新切面色泽为橘红色，久则变深紫色，几乎看不出年轮纹，波痕不明显，无香气或有很微弱的香气，鬃眼(管孔)极细，呈绞丝状如牛毛，其木屑水溶液呈灰绿色，用紫外灯照射液面有蓝紫色的荧光现象，密度较大，入水即沉。

(2)香枝木 味道上，香枝木具有一种特有的辛辣香味；纹理上，香枝木在生长过程中容易产生的节疤，在木材表面形成不规则涡旋纹理，人称“鬼脸”花纹；材色和结构上，香枝木色泽红褐或黄润、材质细腻、纹理柔美。

(3)红酸枝木 心材新切面色泽为黄褐色、浅红褐色或红褐色，久置颜色紫红色、紫褐色至黑褐色，深色条纹明显，有时可见黑色带状条纹，即俗称的“黑筋”。新切面具有酸香味，质地致密。

(4)黑酸枝木 心材新切面色泽为橘红色，久则变深紫色或玫瑰紫，带有深浅相间的条纹。闻之有酸味。有些树种与檀香紫檀(俗称小叶紫檀)外观有相似之处，但木屑水溶液用紫外灯照射没有蓝紫色的荧光现象。

(5)花梨木类 与亚花梨木的最大区别在于密度，花梨木的密度必须大于0.76克/立方厘米，亚花梨木则是指紫檀属中密度小于0.76克/立方厘米的其他木材。花梨木类具有荧光反应。

(6)乌木类 心材全部黑色而重，具有金属光泽，无酸臭味。

(7)条纹乌木类 心材黑或栗褐色，带黑色及栗褐色条纹，波痕未见。

(8)鸡翅木类 弦面上有明显的鸡翅花纹，无酸臭味。

但是，需要注意的是，由于木材自身的变异性及木材鉴定的复杂性(表6)，要科学准确地识别木材，还应由权威部门进行检测。

表6 红木易混淆树种

树种	易混淆树种
紫檀木类	杂色豆、阔变豆、卢氏黑黄檀、蚁木、胶漆树、小叶红豆、交趾黄檀、印度紫檀
香枝木类	海南黄檀、刺猬紫檀、安氏紫檀、黄连木
花梨木类	缅茄、甘巴豆、大甘巴豆、缅红漆、古夷苏木、木荚豆、安哥拉紫檀、非洲紫檀
黑酸枝木类	毛榄仁树、相思树
红酸枝木类	阔变豆、铁木豆、胶漆树
乌木类	风车木、东非黑黄檀、阴沉木
条纹乌木类	紫油木、普通木材(描绘条纹)
鸡翅木类	毛榄仁树、紫双龙瓣豆、大膜瓣豆、甘兰豆、黄苹婆

5.4.2 红木的鉴定方法

红木鉴定方法主要包括宏观鉴定方法和微观鉴定方法。

红木宏观鉴定方法主要是采用肉眼或10倍放大镜观察木材。了解木材横切面宏观解剖特征及外部表观特征。从横切面主要观察木材的心边材、生长轮、导管、射线及轴向薄壁细胞的大小和排列方式，同时从木材的材色、气味、纹理、结构、花纹和木材的密度及硬度来综合判断是何种木材(图4)。此法简单易行，主要用于生产现场、海关和质检等执法部门。但是要准确识别树种，特别是鉴定进口热带木材有一定困难，不够准确。

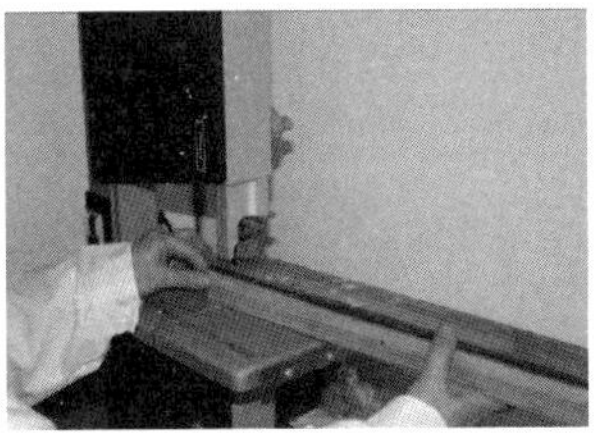

锯木样

按照纹理切取试样

木材切片置于载玻片上

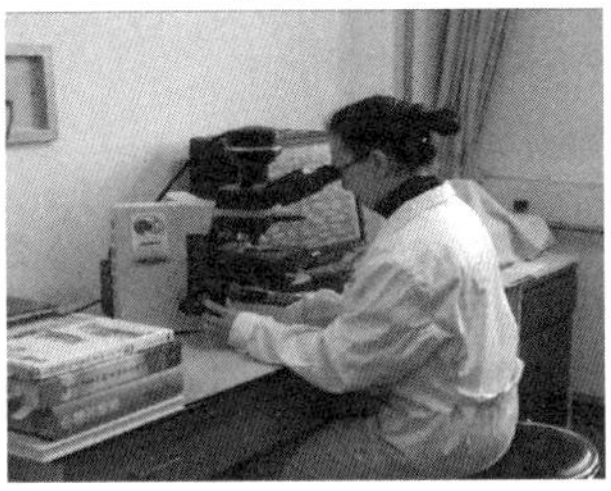

在显微镜下观察切片特征

与标本馆正确定名切片比对

与标本馆正确定名标本比对

图4　木材鉴定流程图

红木微观鉴定方法首先从送检的木样上锯出小块试样，然后按照木材纹理切取试样，大小约为2厘米×2厘米×2厘米。给试样刻好记号，放到盛有热水、乙醇－甘油或乙二胺的容器中，再放到60℃的烘箱中，软化并排出试样中的空气。当试样沉底时，可以用刀片试削一下，如不太硬，即可取出后准备切片。将软化好的试样放在滑走切片机上切出厚度为15～20微米的横切面、径切面和弦切面三个切片，再经染色、脱水、透明和封片(固定)等流程制成光学显微切片。将切片置于光学显微镜下观察其内部的解剖特征。

红木微观鉴定主要是在3个切面(横切面、径切面和弦切面)上观察木材内部结构。横切面主要观察导管及轴向薄壁组织类型和排列、射线宽度、纤维大小及厚度等；径切面主要观察导管的穿孔类型及管间纹孔式、导管和射线间纹孔式以及射线类型；弦切面主要观察射线类型、高度、宽度等特征。

为了木材鉴定的准确性，特别是在鉴定难辨认或有争议的木材时，必须将宏观和微观识别有机结合起来，缺一不可。初步判断的结果，必须与经正确定名的木材标本及其切片综合比对，然后再由复核人员审核，方可做出定论。

附录Ⅰ提供红木行业协会及鉴定机构的联系方式，消费者可以打电话咨询或进一步请鉴定机构进行鉴定。

5.5　注意事项

对于一般消费者来说，购买红木制品是一笔不小的开支，为此，购买红木制品一定要注意以下事项。

(1)在签订红木制品合同时，要标明是“全红木制品”，还是主要部件是红木制品，并由厂家提供相应的用材检测报告。

(2)合同上必须注明是哪一类红木(如紫檀木、香枝木、花梨木等)，而不能写笼统的名称“红木”。

（3）向商家索要产品保证文件：质量明示卡、使用说明书及产品合格证。

（4）了解厂家的名称、地址、联系人和电话信息，以便发生质量问题能及时联系解决。

6　红木制品使用与维护

6.1　使用范围

红木制品可适用于家庭、办公室、宾馆、商务、休闲区、高档会所及其它场所。

6.2　使用环境

红木制品使用环境条件：建议室内温度保持在 15～25℃、相对湿度保持在55%~75%的环境中。在这种条件下，木材的胀缩性小，油漆耐久性高，家具尺寸稳定性好。北方地区干燥季节可盆栽绿色植物以增加湿度。

6.3　维护与保养

红木制品尤其是红木家具因其木质坚韧和经久耐用而备受推崇，但这些由珍贵木材制成的高档家具应合理使用，妥善保养，方能延长使用寿命，实现其收藏与增值的目的。

人类养生要以人的脾气性格不同而定，家具的保养也要顺应木材的脾气，即红木的木性。“顺应木性”是家具使用和保养的宗旨和理念，下面从红木家具的维护和保养方面介绍一些注意事项和基本常识，供消费者参考借鉴。

（1）摆放平稳，距墙有隙。红木家具应放置平稳，若地面不平，需要将腿垫实，以保护其榫卯结构；另外与墙壁要保持至少 1 厘米左右的距离，防止砖墙上的水气使家具受潮，破坏家具表面的涂饰层，影响家具使用。宜放置在相对比较固定的地方，以免移动时磕碰损坏。

（2）红木家具不宜放置在阳光长期照射的地方。因为长期照射，阳光的紫外线会使家具表面漆膜变色甚至脱落。但遇到上面情况时也不用着急，请专业人员修理，可整旧如新。

（3）红木家具通常采用擦漆或烫蜡工艺。为防止灰尘，家具保养时需用软的干布擦拭，切忌使用湿布或者带灰尘干布擦。揩漆家具应当定期用清洗剂清洗表面，并用干抹布立即擦干净，以保证家具表面的光亮清晰；对于烫蜡家具，在正常情况下，可每季度打一次蜡，勤加保养。高温水杯等物品不要放在烫蜡的家具上面。禁止用酒精、汽油和煤油等溶剂性液体擦拭家具。

（4）红木家具一般用料较大，在生产过程中，木材干燥可能无法完全均匀，又因我国地域辽阔，各地平衡含水率不同，因此在使用一段时间后出现一定程度的胀缩，甚至小的开裂，这是实体木材使用的正常现象，经专业人员修理，不会影响其鉴赏效果和使用功能。合格的红木家具，一般情况下在使用 1～2 年后尺寸即可稳定。

（5）家具长期不使用时，可用透气性较好的物品将家具包装好，放置在适宜的环境中，并注意防尘。重新启用时按上述方法进行保养或由专业技术人员进行保养。

7　红木消费与市场

7.1　市场走向与需求

随着国家对经济的调控，红木市场面临重新洗牌，优胜劣汰已成定局。但从长远的角度看，红木原料生长缓慢，优质红木原料越来越稀缺；工匠稀缺并处于断层阶段，行业内用工供需矛盾加大，技术人才流动大，人工费用上涨；红木制品有丰富的文化内涵，更是具有实用性、艺术性、保值和增值性的商品；我国经济和文化产业发展以及传统文化的兴起，人们对文化艺术的不断追求。这些因素都会促使红木制品价格不断攀升，消费需求大幅增加，这就需要消费者更加成熟和理性。

7.2　收藏及投资

红木制品的收藏可以分为两个部分：

(1)具有一定文物收藏价值的红木制品　这类家具主要是明代、清代、民国时期制作的，由于这些红木制品年代久远、历史跨度大，鉴定要从制作年代、产地、历史传承、材质、结构、工艺水平等诸多方面进行。现在古旧木制品市场繁荣，高仿家具等红木制品的制作水平可以达到以假乱真的程度。收藏和投资这类古旧红木制品要更加谨慎。

(2)现代红木制品　现代红木制品实用功能强、造型美观。当今的时代，人们的审美观不同于过去，也无需一味模仿明清样式，要推出新时代的红木精品，注重开发红木制品的艺术价值，同样具有很高的收藏价值。

7.3　红木制品容易出现的质量问题

根据红木市场消费者投诉内容分析，红木制品生产过程中一些不合理因素造成的质量问题，消费者在选购时应引起足够的重视，具体包括以下几大类：

(1)木材干燥问题　全国各地区的平衡含水率存在差异，因此对不同地区所销售产品的木材含水率的控制要求也就不尽相同。尽管部分大型企业引进了进口干燥设备，但优质红木原料的减少、较低的干燥出材率和多元化的木材干燥要求仍是红木企业所面临的重要挑战。囿于资源和能力限制，企业通常只能凭借从业人员自身经验或采用同一标准进行红木原料干燥，这无疑是其产品(尤其是销往北方的产品)质量的一大隐患。

(2)制作工艺问题　尽管一些采用紫檀、红酸枝等珍贵红木制作仿古家具，但只是外形仿古，而家具中结构部件用的不是整料，也没有采用传统的榫卯结构或只部分连接处采用榫卯结构，而是用化学胶黏剂粘合起来，使用过程中非常容易出现结构破坏现象。

表面涂饰使用工业蜡，拉开此类红木家具的抽屉或柜门时，会有一股呛人的气味，这种现象是不法企业使用工业用的地板蜡而非蜂蜡；表面单面涂饰，这种工艺特点是省料、省工和降低成本，但表面单面涂饰会引起木料变形。因此，红木家具无论擦漆还是烫蜡，都必须在板面两侧双面均衡涂饰；省略打磨工艺，打磨工艺是擦漆或烫蜡之前的重要工序之一；或者在擦漆前或烫蜡前先喷化学漆，尽管采用这种工艺可增加部件表面的光泽和光亮度，省工和降低成本，但该装饰工艺，不但不环保，还不利于保养和修复，家具使用一段时间后会起皮。

(3)树种假冒问题　目前市场上有一些商家，将亚花梨如安哥拉紫檀、非洲紫檀，谎称为《红木》国标中的花梨木，打花梨木的擦边球；将产自中美洲的微凹黄檀谎称产自东南亚的交趾黄檀(俗称大红酸枝)，迷惑消费者，牟取暴利；或表面材料用交趾黄檀，其他部位采用微凹黄檀，降低成本。

8 消费者权益保护

消费者在购买、使用红木商品时若与商家或相关服务提供方发生纠纷，可参照相关消费者权益保护法律进行维权活动。*

---

* 此处略去《中国红木消费指南》原书中所列的具体法律条文。

附录 I

红木行业协会及红木鉴定机构联络方式

序号	单位	地址	邮编	工作电话
1	中国林产工业协会	北京市和平里七区 25 楼	100013	010－64294990
2	中国林产工业协会红木分会	北京市海淀区颐和园后中国林业科学研究院木材工业研究所	100091	010－62889464
3	中国林业科学研究院木材工业研究所木材鉴定中心	北京市海淀区颐和园后中国林业科学研究院木材工业研究所	100091	010－62889463
4	国家人造板与木竹制品质量监督检验中心	北京市海淀区颐和园后中国林业科学研究院木材工业研究所	100091	010－62888473

附录 II

全国消费者协会联系方式(副省级以上地区)

序号	单位	地址	邮编	电话
1	中国消费者协会	北京市海淀区阜成路北一街甘家口 12 号楼 3 层	100037	010－63281315
2	北京市消费者协会	北京市西城区莲花池东路 102 号天莲大厦 3 层	100055	010－63345061
3	天津市消费者协会	天津市河北区民主道 38 号	300010	022－84493660
4	河北省消费者协会	河北省石家庄市裕华东路 96 号	050011	0311－86053315
5	山西省消费者协会	山西省太原市长风大街 108 号	030006	0351－7680315
6	内蒙古自治区消费者协会	内蒙古呼和浩特市新城区艺术厅南街 1 号	010010	0471－6956315
7	辽宁省消费者协会	辽宁省沈阳市皇姑区崇山中路 55 号	110031	024－23151315
8	吉林省消费者协会	吉林省长春市南湖大路 599 号	130022	0431－5279080
9	黑龙江省消费者协会	黑龙江省哈尔滨市道里区西七道街 27 号	150010	0451－84613724
10	上海市消费者权益保护委员会	上海市徐汇区肇嘉浜路 301 号 18 楼	200032	021－64220000 转 1414
11	江苏省消费者协会	江苏省南京市中山东路 402 号新时代大厦	210002	025－86630315
12	浙江省消费者协会	浙江省杭州市西湖区天目山路 226 号网新大厦 8 层	310007	0571－87023873
13	安徽省消费者协会	安徽省合肥市宁国路 112 号省工商大厦 13 楼	230001	0551－4663315
14	福建省消费者委员会	福建省福州市省府路 1 号 11 号楼 2 层	350000	0591－87550315

（续）

序号	单位	地址	邮编	电话
15	江西省消费者协会	江西省南昌市省政府大院东3路2号省工商局11楼	330046	0791－6350315
16	山东省消费者协会	山东省济南市燕子山路43号	250014	0531－88527315
17	河南省消费者协会	河南省郑州市花园路125号	450008	0371－65719315
18	湖北省消费者委员会	湖北省武汉市武昌东湖路145号	430077	027－87275315
19	湖南省消费者委员会	湖南省长沙市芙蓉南路二段118号	410004	0731－8860315
20	广东省消费者委员会	广州市体育西横街1号	510620	020－85592315
21	广西壮族自治区消费者权益保护委员会	广西省南宁市怡宾路1号	530028	0771－5538315
22	海南省消费者委员会	海南省海口市蓝天路4号省工商大厦10楼1004室	570206	0898－66716585
23	重庆市消费者权益保护委员会	重庆市北碚新区青枫北路18号凤凰A座5层	401120	023－63832419
24	四川省保护消费者权益保护委员会	四川省成都市玉沙路118号	610017	028－86754370
25	贵州省消费者协会	贵州省贵阳市中华南路66号	550002	0851－6830315
26	云南省消费者协会	云南省昆明市十里长街中段	650228	0871－4566613
27	陕西省消费者协会	陕西省西安市新城省政府大院前大楼11层	710004	029－87297315
28	甘肃省消费者协会	甘肃省兰州市广场南路51号统办1号楼13层	730000	0931－8960638
29	青海省消费者协会	青海省西宁市昆仑中路79号省工商行政管理局	810000	0971－8243437
30	宁夏回族自治区消费者协会	银川市北京中路106号	750002	0951－5672065
31	新疆维吾尔自治区消费者协会	新疆维吾尔自治区乌鲁木齐市人民路267号	830002	0991－2811919
32	西藏自治区消费者协会	西藏自治区拉萨市宇拓路28号	850000	0891－6340077
33	大连市消费者协会	大连市沙河口区中山路381号	116021	0411－84358587
34	青岛市消费者协会	青岛市漳浦路1号	266071	0532－5730824
35	宁波市消费者协会	宁波市和济街69号	315042	0574－87324385
36	深圳市消费者委员会	深圳市福田区新洲南路4009号9楼	518048	0755－83552262
37	厦门市消费者权益保护委员会	厦门市湖滨南路43号5楼	361004	0592－2130315
38	沈阳市消费者协会	沈阳市沈河区南关路118号	110016	024－24122315

（续）

序号	单位	地址	邮编	电话
39	长春市消费者协会	长春市西安大路1788号	130061	0431－8500221
40	哈尔滨市消费者协会	哈尔滨市道里区新阳路61号	150016	0451－84887572
41	南京市消费者协会	南京市玄武区成贤街43号1号楼2层	210018	025－83190361
42	杭州市消费者权益保护委员会	杭州市凤起东路109路	310010	0571－86974315
43	济南市消费者协会	济南市建设路85号	250021	0531－82569535
44	武汉市消费者协会	武汉市江汉区香港路259号	430015	027－85633315
45	广州市消费者委员会	广州市较场东路5号	510055	020－83822028
46	成都市消费者协会	成都市致民东路6号	610061	028－85394612
47	西安市消费者协会	西安市友谊东路298号	710054	029—87823086

家具上市公司分析

家具产业是与林业息息相关的一大行业。家具公司用木材和人造板是较多的，一般认为木质家具占家具总量40%，有一些林板公司也生产家具。本文着重研究木质家具与衣柜上市公司。

一、 从业绩数据上看企业与行业

由表1可见，营业收入同比2户是两位数增长，另2户也有增长。总体上，家具板块上市公司2012年业绩优于林板类。既受到世界经济大环境影响，又表现出企业较强实力。上述四家中，美克股份自2000年11月在上交所上市，主营业务为中高端木制家具及配套产品的产销；索菲亚主营衣柜，以定制闻名；永强做户外休闲家具、喜临门主营民用家具、酒店家具及床垫。

表1 营业收入

代码	企业	2012年(万元)	同比增长(%)
002489	浙江永强	275911	19.04
002572	索菲亚	122170	21.73
	定制家具	116064	27.22
	地板	5201	-34.82
600337	美克股份	263106	2.75
	家具零售	138998	0.45
	家具批发	65108	26.93
	家具出口—制造	55997	-12.30
603008	喜临门	89711.6	7.02

商务部相关部门和中国建筑材料流通协会发布的全国建材家居景气指数显示，2012年1~6月，全国建材工业规模以上企业产值2.5万亿元，同比增长16%，增速回落25.2%；全国规模以上建材家居卖场销售额累计为5539.3亿元，同比下降7.66%。2012年建材家居业的表现大大弱于上年度，房地产调控对其影响是至关重要的。欧洲各国经济多陷入低迷或衰退，失业率高企，居民消费乏力。悲观市场预期与去库存化等因素导致客户订单确认时间推迟、出货推迟。

2012年，永强公司对主要出口地区——欧洲市场的销售下滑21%。与此同时，公司加大了对北美市场的开拓力度，报告期内销售额增加46%。永强销售客户结构：

Home Deport U. S. A. , Inc. 13. 66%; IKEA 7. 6%; Lowes Companies, Inc 6%; Carrefour Group 4. 48%。分地区看欧洲占 21. 83%，北美洲占 24. 1%，南美洲占 14. 63%，澳大利亚占 15. 36%，非洲占 19. 52%，亚洲占 18. 48%，国内占 42. 51%。

与 2011 年比销售毛利率提高与降低的各两户，从绝对值来看 3 户高于 30%，远高于纤维板行业(销售毛利率历史最高达22%，2012 年为 11% ~19%)，也高于木地板业(大致上好企业为 20% ~30%)，由此可见木家具业的附加值高于林板业。从索菲亚公司看，定制家具毛利率高于地板 1 倍多；美克公司的销售毛利率从高到低的顺序是零售—批发—出口。成本费用率也普遍高于林板业。但 4 户中也是两升两降(表 2)。这些数据内在逻辑是一致的。

表 2　毛利

企业	销售毛利		销售毛利率		成本费用毛利率	
	2012 年(万元)	同比增长	2012 年	同比增长	2012 年	同比增长
浙江永强	61434	-4. 55%	22. 27%	-0. 90%	24. 94%	-4. 10%
索菲亚	42641. 6	26. 37%	34. 90%	3. 81%	42. 58%	5. 09%
定制家具			35. 80%	1. 08%		
地板			14. 45%	-8. 35%		
美克股份	123625	-0. 06%	46. 99%	-2. 73%	47. 94%	-9. 48%
家具零售			65. 79%	3. 31%		
家具批发			31. 80%	-12. 95%		
家具出口制造			16. 89%	-26. 53%		
喜临门	32117. 7	9. 05%	35. 80%	1. 89%	42. 25%	3. 93%

永强的销售费用和管理费用增长都低于营业收入的增长率，这是企业管理水平的体现。索菲亚净资产收益率显著提升难能可贵，但销售费用增长高于营业收入增长；美克销售费用高于营业收入增长明显，管理费用增长也高于营业收入增长；可能是上述两户都在增设门店，门店增加快于其销售能力的释放，加之人力成本的提升对企业压力增大。财务费用都是降低，索菲亚是募集资金的影响。净资产收益率数据 3 户不错(表 3)。上述两点是利好消息。

表 3　费用与净资产收益率

企业	销售费用		管理费用		财务费用		净资产收益率	
	2012 年费用(万元)	同比	2012 年费用(万元)	同比	2012 年费用(万元)	同比	2012 年费用	同比
浙江永强	22042. 6	12. 84%	17851. 1	17. 58%	-8088. 78	-13. 65%	6. 28%	-27. 23%
索菲亚	12623. 4	32. 53%	11211. 2	21. 50%	-3223. 54	54. 12%	11. 72%	18. 62%
美克股份	87466. 3	24. 19%	27622. 1	4. 28%	3324. 8	-22. 68%	0. 83%	-89. 52%
喜临门	11453. 80	7. 05%	6841. 9	18. 37%	124. 23	-87. 50%	10. 04%	

应收账款周转同比 3 户降 1 户升，存货周转全降，反映形势严峻，企业管理提升压力增大。资产负债率反映企业都非常谨慎，当然与两户刚 IPO 有关。经营现金流均为正值，利好，但是两户同比降低明显，值得重视(表 4)。

表 4 运营能力的几个指标

企业	应收账款周转率		存货周转率		资产负债率		每股经营现金流	
	2012(%)	同比	2012(%)	同比	2012(%)	同比	2012(元)	同比
浙江永强	4.54	-20.66%	3.24	-12.00%	29.17%	33.63%	1.4521	293.74%
索菲亚	28.85	-20.27%	11.84	-14.45%	13.67%	31.44%	0.9543	-26.39%
美克股份	13.90	50.00%	1.37	-13.26%	33.38%	1.79%	0.3244	-48.69%
喜临门	4.83	-12.72%	4.58	-1.99%	18.79%		0.6439	

研发投入是企业战略性措施，索菲亚上市前都达 4 个点，去年也不低。索菲亚公司新增产品专利 10 余项。喜临门也不错(表 5)。只要形势有转机，应该继续加大投入。

表 5 研发投入

公司名	研发投入	
	2012 年(万元)	占营业收入(%)
美克股份	1817	0.69
索菲亚	3571	2.92
浙江永强	4730	1.71
喜临门	2781	3.1

二、 几点讨论

1. 优化与消费者互动机制，满足个性化需求

美克美家家居零售业迎来了 10 周年，现已在全国拥有 87 家店面，其中家具店 75 家、家居馆 12 家，遍及 30 多个城市，覆盖环渤海经济圈、长三角经济圈、珠三角经济圈。有城市核心店、城市(地区)标准店、城市卫星店、家居馆等网络结构，2012 年公司控制了开店的速度和节奏，共开设 18 家店面。

索菲亚公司坚持向三线、四线城市深入拓展的战略，除继续补充、完善一二线城市网点布局外，持续开拓三、四线城市市场。同时，为应对宏观环境带来的行业增速放缓，公司继续强化服务导向，引导消费者消费需求，提升消费者对产品和服务的依存度，达到以更高的有效成交率缓解市场有效需求增长放缓对公司业务发展的影响。公司现拥有经销商专卖店约 1000 家，经销商 479 位。其销售结构中经销商专卖店占 90.32%，直营专卖店占 4.36%，大宗用户占 3.96%，其他渠道占 1.36%。

电子商务渠道在家具行当表现如何？上市公司尚未提供相关信息。木材制品相对于机械化工等产品而言，个体差异较大，标准所显示的维度不足以给消费者全面的认知，对实物体验的依赖度较高，行业实施电子商务难易还要看其服务复杂程度和对物流的要求。但家具展示所占空间较大，成本更高，是否以电子屏幕显示与实物展示相结合是一相对节约成本的路子？有待更多实践案例来证明。

2. 信息化是先进制造业及定制业务的灵魂

美克“PLM 系统”、“ERP 系统”已分别正式上线。项目的实施将使家具制造业以往单一的按单生产的模式，逐步转型成为零部件按库存生产、成品按订单装配的混合型生产模式。通过销售与生产计划的联动机制，能够最大限度降低库存水平的同时缩短

订单交付周期。为公司 MC 大规模定制商业模式打下坚实的基础。2012 年，公司家具制造业生产过程自动化项目(FA)正式启动，通过机械化和自动控制系统实现生产过程自动化，稳定员工，最大程度降低一线非生产人员比率，以应对成本上升和盈利能力下降的挑战。

索菲亚为使消费者足不出户即可体验产品设计流程，公司陆续推出了定制衣柜 DIY 软件以及行业首家 3D 体验馆。未来几年，公司将继续以信息化技术为支撑，继续丰富公司与消费者之间的互动方式，提升用户体验。2012 年公司陆续推出了多款可定制的电视柜、入户柜、玄关柜等配套家具产品，进一步满足消费者在空间利用和个性化定制的需求。2012 年初，公司根据实际情况调整了信息系统升级改造项目的建设进度。报告期内，公司通过软件升级、对生产布局的重新规划和安排等方式优化了生产流程，提高生产效率和材料利用率。

2012 年度索菲亚 ERP 一期上线工作完成。实现了公司的财务业务一体化，也实现公司对分公司的财务数据的管理和统筹。完成 PLM、BI 实施工作。上述两系统的实施，实现了产品开发、产品使用、产品退市等一系列的产品生命周期管理，为产品研发提供了分析数据，提高产品开发效率。BI 系统更可以为公司提供一系列的数据分析，提高公司的运转效率。公司实现了设计软件对接设备实施，实现 60% 的生产板件通过 CNC 自动排钻设备进行加工，跨过了自动化加工的又一个瓶颈，为全线自动化又清除一个障碍。

3. 企业努力应对环境压力的措施

2012 年，喜临门公司床垫销售收入同比上年增长 17.33%，增长主要通过出口拉动实现，尤其是国际贸易的前两大客户的需求拉动所致。受制于国内星级酒店建设项目的相对延缓，酒店家具同比上年下降 18.53%。软床及配套产品同比上年下降 12.59%，主要由于国内家具零售市场发展增速放缓、竞争加剧所致。

与欧美国家竞争格局大相径庭。根据《中国家具》(2011 年 2 月)公布的数据：八大床垫品牌企业工业销售产值合计约 12.61 亿元，占全国规模以上床垫企业工业销售产值的 11.16%，其中，喜临门占比约为 3.98%，位居行业第一。对比床垫行业充分竞争的美国市场，其前三位席梦思(Simmons)、丝涟(Sealy)、舒达(Serta)约占美国市场份额的 50%。而欧洲排名前十的床垫企业也占据了整个市场 44% 的份额。

索菲亚家具制造聚焦成本控制，关注经营平衡，在产品开发、材料采购、生产组织等方面开展节流工作，在低成本与差异化之间寻找平衡点。自 2012 年 3 月开始，公司分别增资收购索菲亚家居(成都)有限公司，投资设立索菲亚家居(浙江)有限公司、索菲亚家居(廊坊)有限公司。

与林板企业一样，家具企业也有对外投资金融类情况，如永强投资 5406 万元到浙江临海农村商业银行。

家具公司千方百计应对环境压力，上市公司继续发力做大做强，未来 5 ~ 10 年正是家具行业继续拉开差距的时期。

欧盟木材法规解读

木材是世界四大建筑材料中唯一可再生、可持续利用的原材料；木制品既和人类有与生俱来的亲和性，又先天具环保性能和低碳特质、固碳功能；森林既具有环境、经济和社会效益，又具有保护生物多样性、生态系统和气候体系等对人类至关重要的功能。

由于全球范围内对木材和木制品需求的持续增长，对原始森林以及原始次生林的采伐强度越来越大，导致全球过量的二氧化碳排放，对生物多样性构成威胁，破坏可持续森林经营和发展；同时还导致水土流失和土地沙漠化，加剧极端气候和洪涝灾害，对人类赖以生存的环境构成严重威胁。木材持续供不应求的状况，使得非法采伐和相关贸易成为世界各国关注的一个问题。

一、 背景

欧洲议会和欧盟理事会早在2002年7月22日通过的1600/2002/EC决议，明确把审议“采取措施积极预防和打击非法木材贸易，继续积极参与实施关于森林问题的全球性和区域性决议和协议”两个行动作为工作重点。2003年5月21日欧盟委员会在给欧洲议会和欧盟理事会名为“森林执法、施政和贸易行动计划(FLEGT)——欧盟行动计划提案”的函件中，提出了在联合国共同努力实现可持续森林经营的背景下，支持打击非法采伐和相关贸易国际行动的一揽子措施。

遵照国际沟通规则，只有按照木材生产国国内法律、法规生产的木制品才能进入欧盟；欧盟也一直在和木材生产国(合作伙伴国)磋商《自愿合作伙伴关系协议》(VPA)，协议依法约束双方履行许可证制度的义务，共同管理伙伴关系协议中规定的木材和木制品贸易。经过欧盟与自愿合作伙伴关系协议国所作出的努力和在合法木材界定方面所作出的尝试，2005年12月欧共体就进口木材FLEGT许可证项目立项颁布了第2173/2005号(EC)条例，该条例附件I中列出合作伙伴国家的木材，附件II和附件III中列出木制品所使用的木材，在木制品符合此条例和实施规定的前提下，应视为合法采伐木材。

基于当前没有国际普遍认可的“木材合法性”定义，将是否遵守木材采伐国的法律、法规以及该国签署并实施的相关国际公约应作为合法采伐或非法采伐定义的基础。要求首次将木材和木制品投放市场的运营商(Operator)须实施“尽职调查体系”，同时供应链上的贸易商需要提供买卖双方的基本信息，以保证木材和木制品贸易的可追溯性。尽职调查体系包括信息获取、风险评估和风险规避三个要素，集中体现在适用法规的遵守情况，提供采伐国、树种和数量等相关信息，并且在适用情况下提供采伐地信息。运营商根据这些信息进行风险评估和风险规避，以此预防非法采伐木材和非上述木材的木制品进入市场。

二、欧盟木材法规的相关规定

2010 年 10 月 20 日欧洲议会和委员会颁布第 995/2010 号《欧盟木材法规》(以下简称《法规》)，赋予将木材和木制品投放市场的运营商义务，此《法规》的目标是：保证只有合法木材生产的木制品进入欧盟，以达到增强森林保护、减缓气候变化以及保护生物多样性相关政策之间的协同作用。

在实际操作中，认同已经在使用符合《法规》规定的体系或程序，包含合法性验证或第三方认证的运营商的体系，可用于风险评估并纳入尽职调查体系。监督机构对运营商和贸易商的认可或认可撤销应以公平、透明的方式进行，应公开认可或认可撤销名单。主管部门应定期对监督机构进行检查，以验证其是否有效履行了本《法规》规定的义务；此外，主管部门在得到相关信息时要努力进行调查，对违反本《法规》规定的行为(包括运营商、贸易商和监督机构)，都会被处以有效的、适当的和劝诫性惩罚。

此《法规》的规定不适用于回收的木材和木制品，即结束了使用寿命、不回收就会作为废物处理的二手木材和用其生产的木制品不在范围内。

考虑到中小型企业获取信息滞后的实际情况，伙伴国必要时可在欧盟委员会协助下，向运营商提供技术和其他方面的支持，并促进信息交流，但不能免除中小企业作为运营商实施尽职调查的义务。

该《法规》共有 21 条。第 1 条主要是法规主旨，主要规定了将木材和木制品首次投放市场的运营商及贸易商的义务。第 2 条明确了 8 个本法规中涉及的名词定义，列出了关于“木材和木制品”、“投放市场”、“运营商”、“贸易商”、“采伐国”、“合法采伐”、“非法采伐”和“适用法规”的定义。需要指出的是，“非法采伐”的定义指违反采伐国适用法规进行的采伐。木材和木制品情况在第 3 条中规定，《濒危野生动植物中国际贸易公约》(CITES)对缔约国提出要求，CITES 中列出的物种只有在依据出口国国内法规进行采伐时才能授予 CITES 出口许可。第 4 条是关于运营商的义务，禁止将非法采伐或含有非法木材的木制品投放市场。运营商在进行投放市场的行为时，需进行尽职调查，采用一套切实的程序和措施(即“尽职调查体系”)，同时对此体系进行维护并定期评估。

在本《法规》中提到主管部门(Competent Authorities)和监督机构(Monitoring Organization)。主管部门由欧盟成员国指定，可以是一个或是多个。欧盟委员会公布主管部门名单，并定期更新这些名单。监督机构可向主管部门提交认可申请，认可条件包括：具有法人资格并且在欧盟内依法成立；具有行使本法规规定职能的专业知识和能力；保证在行使职能过程中不存在任何利益冲突。通过认可的监督机构由欧盟委员会通知所有成员国的主管部门。这些监督机构的职能包括：依据第 6 条规定，维护并定期评估尽职调查体系，并向运营商授予使用权；验证运营商是否正确使用尽职调查体系；

在运营商不能正确使用尽职调查体系时采取适当行动，包括在运营商出现重大失误或重复失误时通知主管部门。如果主管部门认定监督机构没有履行规定的职能，也没有遵守相关的要求，应马上通知欧盟委员会。在欧盟委员会确认以上事实后，可以撤销对监督机构认可的决议。欧盟委员会《欧盟官方期刊》C系列中公布监督机构名单，同时可在其网站查询。

三、尽责调查体系（Due Diligence System – DDS）

《法规》的核心是要求欧盟木材及木材产品的进口商/贸易商确立并实施"尽责调查体系(DDS)"，并保留关于其供货商和客户的文件及证明。"尽责调查"这一概念的核心在于通过风险管理将向欧盟市场投放非法木材以及含有此类木材的木制品的风险降到最低。"尽责调查体系"主要包括三个部分：①信息收集：运营商需获得关于购买产品描述(贸易名、产品类型、树种通用名/如果通用名可能产生误解需要提供拉丁学名)、采伐国(名称及遵守采伐国相关法律法规情况的信息)、数量(包括体积、重量、件数)、供货商(名称、地址)，以及再次出售产品客户的姓名、地址。②风险评估：生产商分析和评估非法采伐木材及其木制品投放市场的评估程序，包括遵守适用法规，各种认证或其他涉及证明遵守适用法规的第三方验证体系；具体树种存在非法采伐的广泛性；在采伐国或国内木材采伐地区非法采伐行为的广泛性；国际社会或欧盟理事会对木材进出口的要求或制裁；木材和木制品供应链的复杂性及程度。③风险规避程序：即一整套能将风险合理地最小化的措施和程序，包括必要的附加信息、文件，和/或第三方验证证明文件。一旦发现风险的存在，应通过向供应商寻求进一步合法性证明来规避风险。

在2012年7月欧盟颁布的欧盟木材法规实施细则中特别指出，森林认证或其他第三方认定体系在企业风险评估和规避中可以考虑使用，如果这些体系符合以下标准：①体系已经建立了可供第三方使用的公开的认定体系，该体系至少应包括所有适用法律的相关要求；②体系明确了适当的由第三方在12个月内开展经常性检查的环节，包括实地走访，以确保相关的法律得到遵守；③体系中包含了第三方认定手段，能用以追踪木材在采伐时是否符合相关法律要求，并能追踪由这些木材制成的木材产品在投放市场前经历的供应链的任意环节；④体系包含由第三方认定的控制体系确保不知来源的木材或木材制品，或没有遵守相关法律采伐的木材及其制品不能进入供应链。

四、法规覆盖的产品范围

法规几乎涵盖了所有木材制品，包括原木、锯材、单板、木板、胶合板、地板，木质家具、纸和纸浆、木屑等产品，对进口及欧盟内部生产的木材和木材制品都适用。法规覆盖的产品，涵盖海关如下HS编码木制产品：①44章(木材及木制品)内的4401(薪材)、4403(原木)、4406(铁道及电车道枕木)、4407(纵锯木或纵削木)、4408(装饰木板)、4409(任何一边、端或面制成连续形状的木材)、4418(建筑及木工用木材)，4402(木炭)、4405[木丝(刨花)]、4410(刨花板)、4411(纤维板)、4412(胶合板、胶合镶板)、4413(强化木材)、4413(木构架)、4415(木箱、木盒)、4416(木桶);②47章及48章下所有纸浆和纸制品;③94章(家具等)内的940330(办公用木家具)、940340(厨房用木家具)、940350(卧室用木家具)、940360(其他木家具)、940370(木家具部件)、94060020(预制木建筑)。回收产品、竹、藤、印刷品(例如书籍、杂志、报纸)不在涵盖范围内。必要时法规产品涵盖范围可以被修改。

有FLEGT证书和CITES证书的木材及制品被视为满足欧盟木材合法性要求的证据,也能够证明满足尽职调查要求,并可免于欧盟木材法规的管理要求。但通过各种森林认证,木材合法性认定的木材只是可视为降低风险的因素,并不能自动被认为满足法规合法性的要求而免于法规管理。对木材生产国和加工国而言,FLEGT为木材出口欧洲提供"绿色通道"。因此与欧盟签订FLEGT自愿合作伙伴关系协议(VPA)能为VPA国家在欧盟出售木材过程中豁免欧盟木材法规管理。尽管各国和供应商能够提供其他木材合法性文件,但欧盟贸易商会青睐"没有争议"的FLEGT证书的木材。

五、法规的执行机构及处罚条款

《法规》执行是欧盟指定的成员国内第三方监管认可机构,该认可的第三方机构是专门执行该法律的官方机构的市场代表,对市场进行主动的自我规范和先期约束,要求欧盟成员国进口商和贸易商对所经营的木材和木材制品要合法,以确保进口和流通的木材和木制品的合法性。从表面上看,欧盟的木材法规本身均没有举报制度和检举机构,在以后的实例处理中方显其制度的完善和执行力。从法规程序本身看,法规立法和处理速度相对缓慢,法规立法需要成员国的批准和协调一致,这对参差不齐的28个欧盟成员国,协调是一个挑战。对于签订自愿伙伴关系协议的国家,则要求其在施政和执法时满足FLEGT的要求。

各欧盟成员国将自行决定针对违反法规行为的处罚种类和范围。法规要求处罚要满足有效性、适合性和劝诫性的原则。具体惩罚措施有可能包括:①没收非法来源的木材和木材制品;②终止牵涉企业的欧盟市场贸易权;③对相应造成的损失处以罚款。处罚措施的执行对象包括:①运营商,如果其将非法来源的木材和木材制品投放欧盟市场,或在将木材和木材制品投放欧盟市场时没有有效履行尽责调查体系;②贸易商(Trader),如果其不能辨识提供合法来源木材和木材制品的运营商,或不能对其出售产品的客户进行记录;③监督机构,如果其不能对涉及运营商的尽责调查体系进行持续、经常性的评估;或其不能对涉及运营商尽责调查体系的合理使用进行认定;或其当运营商不能执行尽责调查体系时,没有采取必要的行动,包括没有向相关政府主管机构进行通报。

依照法规规定,监管机构需要得到欧盟委员会的认可。作为私营实体的监管机构将为欧盟运营商提供尽责调查体系。运营商可以选择开发自己的尽责调查体系或使用监管机构提供的尽责调查体系。

六、法规的市场操作方法

《法规》是在森林执法、施政和贸易（FLEGT）基础上建立，欧盟与各国商谈建立并签署自愿伙伴关系协议（VPA），对于达成VPA的国家进行区别对待；对于VPA国家则自动成为FELG认证木材，可以自动进入欧盟市场。对于没有达成VPA的国家，欧盟进口商或将木材和木材加工制品出口至欧盟市场的企业或个人必须建立尽职尽责调查体系，并根据该体系进行风险评估和风险规避，相关企业或个人需要尽到“应有的责任”。

《法规》要求木材及木材制品加工企业在其产品出口时要填写产品信息、树种（常用名、学名）、特许采伐授权、数量或以材积重量或某个单位的数量来表述、供应商的姓名和地址、贸易商的姓名和地址、表述符合（出产木材/木制品地区的国家的）森林法规的文件等等。同时要求进口商和供应商（运营商）达到原材料的可追溯性。

为了达到以上要求，《法规》要求由欧盟主管部门批准的第三方，对其木材的合法性进行验证。

相对企业而言，如何建立尽职尽责调查体系，以尽到应有的责任，并降低企业自身的风险是摆在企业面前的课题。对于管理规范、社会责任感强的企业而言，这似乎影响不大，但对于管理不健全的企业，可能会一时失去方向，或者其产品将无法进入欧盟市场。

七、法规的合法性判断

在国际规章和相关国际公约前提下，《法规》合法性定义参照原产国法律法规，此法规适用于欧盟内部生产以及进口的木材和木制品，持有FLEGT2和CITES3许可证的木材及木制品均被认定为符合此法规的规定。在合法性判断时，欧盟木材法规除采用通常本身法律内容以外，引进国际社会认为非法采伐的广泛性和导致武装冲突的可能性，同时也引进腐败而导致的不公平市场竞争等因素进行其合法判断。

所以，木材原料的合法性对所有原材料采伐国、加工国和消费国都是一个无理由反驳也无理由不执行的准则。尽管事物具有两面性，结论也无法体现所有利益相关方，但执行者在行使完义务以后无法保证其利益的主体。

八、法规的自我遵守

欧盟的木材法规从国家之间沟通开始，先从自愿伙伴协议开始谈，要求做到从阻止非法采伐为目的而进行的改进立法、加强管理、政务透明，对发现的问题进行自我举证等等。在尽到必要的义务方面要求对原材料供应商进行“尽责调查”，这一概念的核心在于通过风险管理将向欧盟市场投放非法木材以及含有此类木材的木制品的风险降到最低。它主要包括以下三部分：

信息收集：运营商需获得关于产品描述、采伐国、数量、供货商以及遵守本国（采伐国）相关法律法规情况的信息。

风险评估：运营商应利用所收集的信息按照法规中要求的标准对非法木材进入供应链的风险进行评估。

风险规避：一旦发现风险的存在，应通过向供应商寻求进一步合法性证明来规避风险。

欧盟委员会已在2012年7月6日公布了关于“尽责调查”的详细规定。

九、法规对可追溯性的要求

《法规》第五条明确要求贸易商应在整条供应链上能够识别：供应木材和木制品的运营商或贸易商；在适用的情况下，提供木材和木制品的贸易商。贸易商应将上述信息保留至少5年，并在主管机构要求时提供。

《法规》第六条中，明确要求运营商要提供至少7个方面的产品资料：①产品描述；②树种(常用名、如果需要时提供学名)；③特许采伐授权；④数量(或以材积、质量或其他某个单位的数量来表述)；⑤供应商(至运营商)的名称和地址；⑥贸易商(至接收木材/木材制品的人)的名称和地址；⑦表述符合(出产木材/木制品地区的国家的)森林法规的文件。

考虑到木材和木制品的特殊性，木材和木制品的可追溯性，不仅涉及木材和(或)原材料的来源、加工的历史以及产品交付后发送和所处的位置等，而且涉及树种信息和产销环节的合法性证明材料。由此可知，“可追溯性”要求木材从森林砍伐、木材运输和销售、木材出口、海陆运输到木材进口、木材分销、木材加工和木制品出口全部环节都要做到可追溯。木材可追溯性是一个复杂而庞大的工程，仅依靠文件资料复印传递难以达到此要求。

(一)如何实现木材及其制品的可追溯性

实现木材及其制品的可追溯性主要需解决以下两方面的问题：

首先，要明确产品的供销链条。企业不仅要明确原材料的合法来源，还要详细记录产品的销售去向。原料来源方面，不仅要对直接供应商进行追溯，也要对间接供应商进行追溯，直至追溯到木材采伐的林场，甚至是木材采伐区域。这一过程非常复杂，实际操作过程中必定遇到很多困难，因此需要企业仔细梳理供销链条，并尽可能缩短供应链条，发展稳定可靠的供应商，以避免供应链复杂、供应商不稳定等因素造成的不良影响。

其次，要收集供销链条上的合法性证明材料。企业要收集供销链条上每一个环节的合法性证明材料，并对其进行鉴别和整理。《法规》对“合法性”的定义是符合相关法律，这本身就是一个比较庞大而笼统的概念，再考虑到进口原料的因素，通常涉及五、六个交易环节，可能涉及几个到十几个国家的几十项或上百项法律，很少企业有精力和能力去独立完成这项工作。因此，要收集这些合法性证明材料不是一件简单的工作。

在每一个交易环节，若依靠文件资料复印方式来完成整条供应链和交叉供应链的可追溯性，随着文件资料数量愈发庞大，其实施愈加困难。因此，追溯木材的最佳途径应依靠现代化技术，以计算机作为辅助，建立可追溯的数据库系统。

（二）可追溯系统建设

考虑到企业梳理供应链和收集合法性证明材料的需求，具有社会责任和愿意为企业服务的相关部门或机构有必要建立一个网上可追溯系统，明确企业在木材及其制品可追溯性方面应该填写的内容和应该收集到的合法性证明材料，并用较为直观和不可代替的方式显示到网页前台，直至为某一批次产品自动生成批次符合性声明，从而满足最简单的批次认可，这也是运营商的基本要求和尽责调查体系的集中体现。

只有树种的科学名称是其唯一不会被混淆的名称，这也是《法规》要求提供树种科学名称的缘由。但是，全球企业家甚至木材科学工作者均无法满足知晓树种的科学名称的要求。为了方便运营商和进出口加工企业的操作，在广大运营商的支持下，可追溯系统（www. chwood. org）建立了最为庞大的木材树种科学名称查询系统，为网上操作提供了极为方便的工作平台。

（三）可追溯系统详情

（1）企业基本信息　包括企业名称、地址、联系方式等基本信息。

（2）产品基本信息　包括产品描述、海关代码、产地、数量、货值等信息。

（3）原料追溯信息　根据产品描述和海关代码，确定产品的原料组成，并追溯其中的合法木材来源，包括供应商的名称和地址、相应的合法采伐和采购单据、运输证明以及供应商的资质证书或产品的第三方验证证明；对于进口材料，除以上材料外，还应包括提单、装箱单、发票、植物检疫证、原产地证和税款支付单据等。其中，对间接供应商的追溯相对来说更困难，但为了更充分地满足《法规》要求，企业应该尽量收集、整理和鉴别。

（4）树种信息　产品原料涉及的树种科学名称。

（5）销售信息　包括采购商的名称和地址以及销售单据。

（四）在线可追溯系统和传统方法比较

在线系统要求每一次交易时在线填报和上传所有合法性文件资料。而传统方法要求复印所有合法性证明材料和文件，那么交易次数越多，材料数量就越多，尤其多条供应链和供应材料的分割，内容就越复杂。

与传统方法相比较，在线可追溯系统有如下明显优势：①不容易忘记或缺少其中材料；②有效克服因文字语言不同所带来的不可识别的问题；③大大减少文件资料的工作量；④避免混淆相关材料，特别适合多条供应链的复合木制品；⑤容易验证和便于第三方监督审验；⑥便于运营商即进口商的远程操作。

十、小结

《欧盟木材法规》的制订及其执行并非只言片语能够解释，其深层含义耐人寻味，有待我们在其以后的实际执行过程中细细解读和深刻领会。

木材合法性本身是一个市场上全新概念，企业在出口其产品到欧盟市场时肯定会遇到这样那样的新问题需要解决。笔者在此提出以下两个小问题，供大家在实际工作中深入探讨。首先，木材是世界四大建筑材料中唯一可再生、可持续利用的原材料，木制品既和人类有与生俱来的亲和性，又先天具环保性能和低碳特质、固碳功能。森林既具有环境、经济和社会效益，又具有保护生物多样性、生态系统和气候体系等对人类至关重要的功能。这么好的与人类互补的原材料，如今冠上合法性之判定，为什么？其次，何为合法？合法一个非常圣神而庄严的词汇，它涉及面之广超乎通常想象，一切事物在法律面前都显得那么脆弱，其背后又显得那么有尊严。不同国家司法制度的区别，司法程序和现行法律的区别，政治体制的不同、文化理念的区别、经济发达程度的不同而造成不同的解读。目前没有一个统一的、有说服力的标准来评判，它需要人类的智慧来诠释木材合法性。

《法规》现已正式实施，木材及其制品的可追溯性是基础，考虑到企业独自面对复杂的供销链条、庞大的法律体系以及不同语言带来的困难，木材合法性追溯网上申报平台的建立，可以帮助企业理清产品供销链条，明确各个环节上需要收集的合法性证明材料，并出具认可度较高的第三方可追溯能力建设证明。通过这个平台，企业对出口欧盟的木质产品进行尽职调查和风险评估，进而达到风险规避，以满足《法规》的要求。

关于中国林产品品牌建设与提升的几点思考

一、“我在哪”——我国林产品品牌建设现状扫描

（一）品牌

从内涵上看，品牌是人化的产品。品牌运营要以过硬的产品和服务为前提；同时无形的品牌可以像有形的产品一样来开发、运营和管理，即品牌运作“产品化”

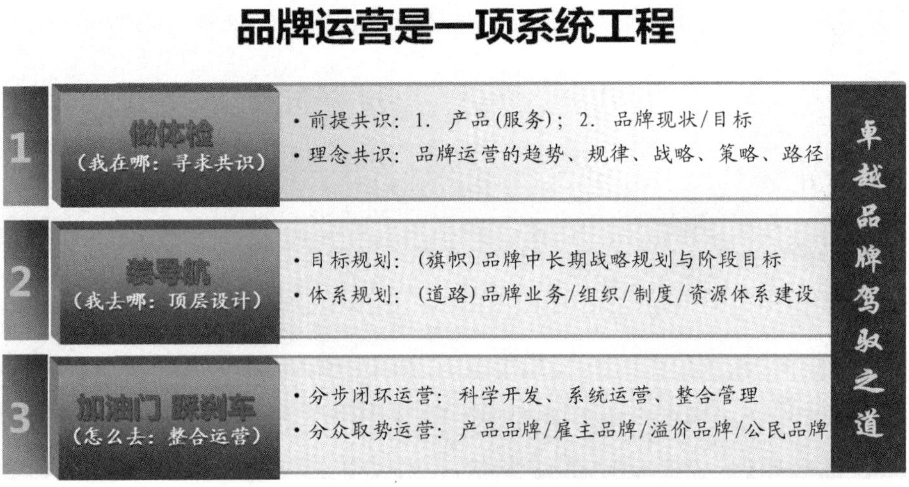

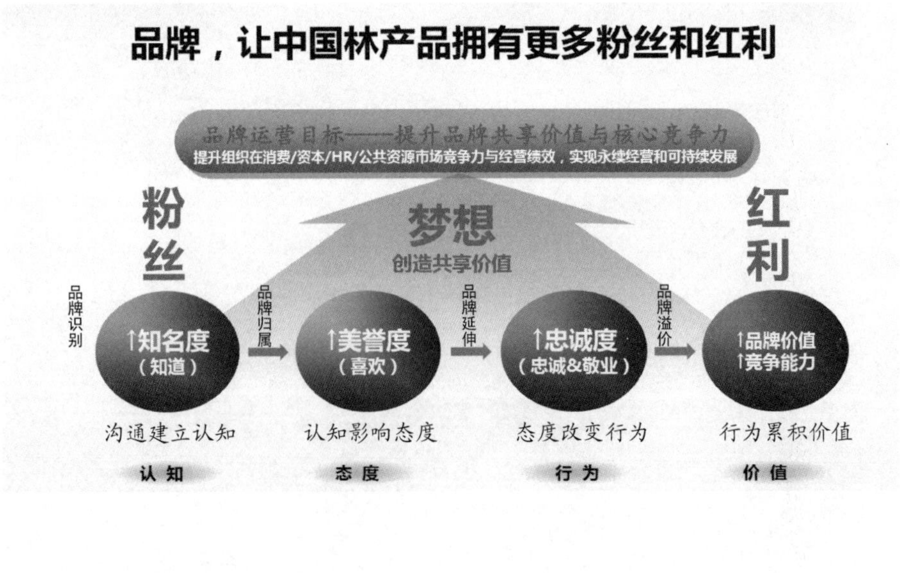

(包括品牌开发、品牌运营、品牌管理等业务模块)。

从本质上看，品牌是产品的人化。品牌如“人”。首先，品牌以“家族式存在”(在家族治理结构中需要处理一个家族有多少个孩子，家长与孩子之间、孩子与孩子之间是什么层级和关系；在企业品牌架构体系中，同样需要回答“企业需要多少个品牌?”，“企业品牌与产品品牌之间、产品品牌与产品品牌之间是什么层级与关系?”等基本问题，据此搭建企业品牌架构，指导企业资源配置)；其次，品牌可“拟人化识别”，即品牌识别系统可以进行拟人化设计(对应于“人”具有的自然属性和社会属性，品牌需要进行“自我定义”(即明确品牌核心信息)以及形象、理念、行为等基础识别系统设计和产品、环境、服务等应用识别系统设计)；第三，品牌需要像“人”一样进行定期“品牌健康体检”和动态周期管理。

借鉴健康体检常用的“指标比对法”(即医生将血、尿等常规检查及 X 光、CT 等项目检查的指标值与标准值比对，据此得出健康状况)，我们为林产品品牌设计了“品牌健康体检模型”(注：“品牌健康体检模型”从品牌运营的成果和过程两个方面，业务绩效、管理绩效、品牌目标、品牌开发、品牌运营、品牌管理六个维度设计了共计 19 个检视指标)，并以我国森工龙头企业为代表(重点以吉林森工为例)，根据公开资料进行一次第三方独立品牌健康扫描，以管中窥豹(表 1)。

(二)我国林产品品牌建设现状扫描

从表 1 对我国森工龙头企业的“品牌健康体检”可以大致看出，相对家电、汽车、快消等成熟 B2C 行业“品牌≥产品”的正常品牌认知水平和溢价规律而言，我国林业行业品牌建设整体现状是——“实”至，“名”未归！林产品品牌对业务的拉动效果相对有限，品牌影响力要奋力追赶企业实力，我国林产品品牌建设尚处于“业务拉动品牌发展”的初级阶段(注：品牌建设按成熟水平一般可划分为“业务带动品牌提升阶段”、“业务与品牌互动提升阶段”、“品牌拉动业务提升阶段”)。

我国林业产业资源禀赋良好，但林业企业品牌理念意识普遍不强，品牌战略规划普遍缺失，亟待从品牌顶层设计入手，导入科学规范的品牌规划、运营和管理体系，实施品牌整合运营。主要表现及成因体现在：

1. 企业规模偏小，产品档次偏低，品牌管理杂乱

由于资金、技术和管理等各方面的原因，大部分林业企业上规模、上档次、创名牌的不多。一些企业厂房设备简易，生产工艺落后，产品技术含量低，许多产品属建筑装填粗加工品，品牌杂乱，质量参差不齐，附加值低，竞争力不强，林产品加工工业发展水平低。林业产业化程度低，生产规模小，规模效益低缺，管理水平落后，致使知名企业和名牌产品数量明显不足。

2. 林木资源利用率低，品牌认知度和美誉度偏低

由于历史、科技等种种原因，我国林业企业木材资源的年消耗总量大，有许多林业加工企业资源综合利用率在 50% 以下，造成林木资源的极大浪费。同时，大部分林业企业没有建立自己的原料基地，原料竞争压力大，在一定程度上限制了企业的发展，有一些企业不得不过度消耗森林资源来换取暂时的经济效益。按照 ISO 标准操作的企

表 1 我国森工龙头企业品牌健康体检

体检时间:2013 年 5 月 20 日

品牌健康体检指标(品牌运营评价体系)						吉林森工品牌体检						其他森工品牌体检			
一级指标(6)				二级指标(18)		现状	评价				处方	四大森工			
							A	B	C	D		龙江	内蒙古	大兴安岭	中林集团
A	成果	品牌绩效	业务绩效	1	品牌认知(企业/产品品牌的知名度/美誉度/忠诚度)	定量调研数据不详			■		第三次调研,1 次/2 年	B	D	D	C
				2	品牌溢价(品牌价值资产/品牌业务贡献)	第三方评估未开展				■	主动评估,1 次/年	D	D	D	D
			管理绩效	3	品牌运营体系(业务体系/团队架构/制度流程)	品牌运营体系不健全				■	构建品牌运营体系	D	D	D	D
				4	品牌运营资源(上/中/下游、宏/中/微观资源)	品牌资源分散,缺乏整合			■		系统梳理、整合运营	B	D	D	B
B	过程	品牌目标		5	品牌中长期战略规划(3~5 年)	品牌战略规划缺失				■	依据公司业务战略编制	D	D	D	D
				6	品牌阶段性运营目标(1 年)	目标粗放,规划缺失			■		依据公司品牌战略编制	B	D	D	C
		品牌开发	品牌开发	7	产品服务(产品的品质/性能/服务等是否有关)	中国名牌和驰名商标	■				强化产品推广	A	A	A	B
				8	品牌架构(数量/层级/关系、名称/标识/属性等)	集团品牌架构不清晰			■		依据集团品牌战略梳理	C	D	D	C
				9	品牌识别(BIS 基础要素 MI/BI/VI 等、应用要素 DI/EI/SI 等)	有,亟待规范升级			■		梳理、规范、升级	C	D	D	C
				10	品牌定义(族/群/伞/产品牌 KI:识别/定位/理念/主张等)	有,亟待优化规范			■		梳理、规范、升级	C	D	D	C
				11	信息产品(族/群/伞/产品牌的国册/PPT/TVC/VCR 等应用信息产品)	有,亟优化提升			■		优化、提升、升级	C	C	C	B
			品牌运营	12	沟通平台(品牌官网/官微/微信/传统/数字沟通平台)	传统为主,运营粗放			■		创新、提升	B	D	D	B
				13	接解手段(内/外、线上/线下沟通)	传统为主,运营粗放			■		创新、提升	C	D	D	B
				14	沟通管理(舆情监测/传播管理)	传统为主,运营粗放			■		创新、提升	C	D	D	B
				15	服务支持(族/群/伞/产品牌、品牌/业务双向互动/支持/服务)	纵向互动不足		■			加强集团品牌管理职能	B	B	B	A
			品牌管理	16	品牌业务管理控体系建设(业务/组织/团队/制度/流程等)	尚未搭建完成				■	优化、提升	D	D	D	D
				17	品牌运营资源体系建设(上/中/下游、宏/中/微观资源)	尚未搭建完成				■	加强社会化资源整合	C	D	D	B
				18	品牌运营预算管理	预算结构待优化,总量实施粗放			■		优化预算结构、总量实施精细管理	C	D	D	B
合计					优秀(A):5%;良好(B):5%;一般(C):63%;较差(D):26%		1	1	12	5					

业少，品牌认可度极低，甚至可以说没有建立起一个比较知名的品牌。

3. 林产品主体品牌理念和意识淡薄，品牌建设缺乏科学有效的对策

由于林产品的特殊性，许多林产品企业认为，搞林业种植生产不需要宣传，也从不进行相关的品牌建设宣传工作。尽管有的企业做得很大了，但品牌知名度却极低，在后续发展中，导致市场认可度低，缺乏竞争力。

4. 政府主导职能发挥不力，林产品品牌建设外部环境亟待解决

林产品品牌建设受政府、经济、法律、科技等外部环境因素的影响日益明显。许多地方政府对林产品品牌的扶持力度不够，缺乏正确的引导和有力的政策支持，缺乏品牌保护意识及有效的保护措施，致使部分林产品的生产者和经营者随意侵害林产品商标，假冒和侵权现象突出，严重损害了名牌林产品的市场形象。此外，一些政府部门不重视保护当地的自然资源，致使污染和破坏现象较为严重。

总之，在当前的形势下，我国林业企业的品牌建设已成为急需解决的主要问题。

二、“我去哪”——我国林产品品牌提升目标规划

以邓小平理论、“三个代表”重要思想、科学发展观为指导，坚持主题主线，突出重点环节，坚持稳中求进，以建设生态化、规范化、标准化、健康化林业发展路径为总抓手，以提高林农经济收入、保障林产品消费者利益、提高林产品质量及强化林业产业品牌意识为中心，深入推进林业产业品牌化、林产品产销可追溯性，全面提高林农(林企)的国际化竞争力，建立既符合国情林情又与国际接轨的国家森林标志产品体系，促进现代林业又好又快发展，优化产业结构，塑造龙头企业，促进生态产品开发，加快形成林业产业群，更多地打造有综合竞争力的林业品牌，更有效地延伸和完善林业产业链，发挥我国林业独特的产业优势、资源优势和区位优势，促进我国林业产业经济效益与生态效益最大化，对增强林业产业的综合竞争力，进一步扩大我国林产品的国际市场份额，参与国际竞争，在建设美丽中国，实现中国梦进程中发挥重要作用。

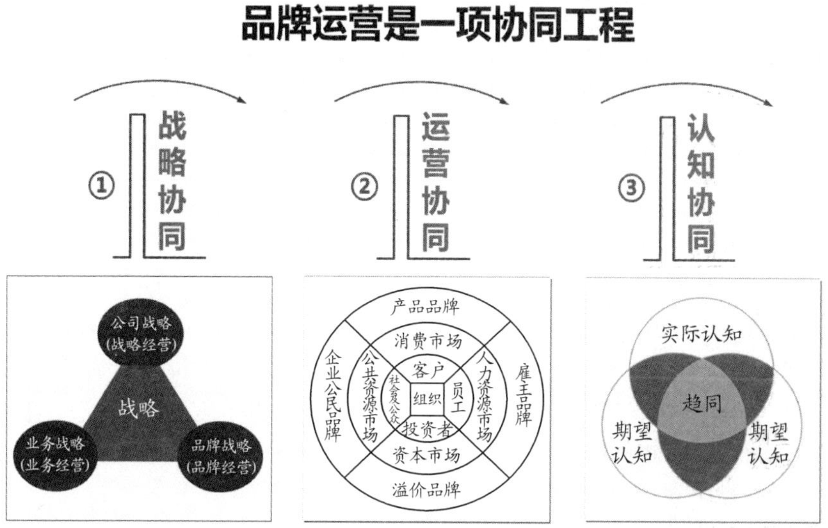

三、“怎么去”——我国林产品品牌提升策略与路径思考

(一)培育林产品品牌需要政府引导

政府在林产品品牌建设中发挥着重要作用，应坚持“企业为主，市场导向、政府推动”的方针，充分发挥主导职能，为林产品品牌发展营造健康的外部环境。

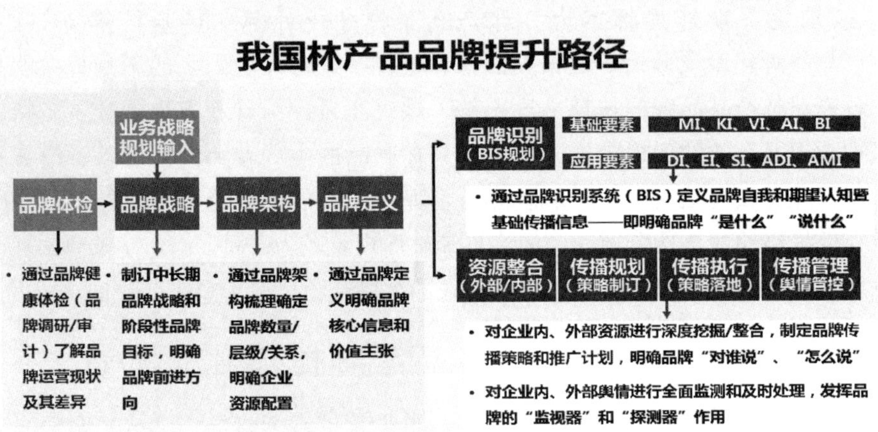

1. 政府林业各级主管部门领导必须高度重视，林产品品牌的培育是林业产业化发展的“生命线”，是农民增收致富的“保证线”

各级政府要做好林业产业发展规划，并把林产品品牌化建设纳入当地经济发展规划中，因地制宜确定政府重点扶持的行业和龙头企业，为林产品生产经营企业的品牌化发展道路提供政策支持。按照部门联合、共同推进的原则，建立工作协商机制，定期召开会议，研究解决森林标志产品体系建设，林产品品牌培育过程中的重大问题，组织开展联合行动，指导各地落实工作。各地、各部门依据职责分工，加强对森林标志产品体系建设的监督和管理。各地要在地方政府的统一领导下，结合本地实际，切实加大森林标志产品体系建设及名优特品牌培育工作的落实力度，提高工作效率。

2. 各级林业主管部门要突出产业政策的约束和引导作用

加大对林产品品牌的保护力度，把品牌培育和保护纳入政府重点工作任务之中，进一步提高生产经营者的商标意识，积极组织有条件的林产品生产经营企业申请注册商标，加快落实林产品认定认证和标识管理工作，加大政府职能部门执法力度，严厉打击假冒林产品品牌和虚假广告等违法行为，严厉查处林产品经营中的不正当竞争行为，创造公平竞争的市场秩序，为品牌林产品的生存和发展创造良好的市场环境。

完善林业产业政策，结合行业特点和实际，进一步细化产业政策，发挥产业政策的约束作用。通过森林标志产品体系建设和林产品品牌评定来严格落实产业政策，从生产源头控制新增产能，不符合体系要求的，加强辅导力度，推行产业退出机制。加强政策支持和引导，鼓励企业联合重组，逐步提高行业集中度和聚集度，引导企业实施技术创新，鼓励企业通过技术进步提升产品质量。

3. 各级林业主管部门要各司其职，进一步完善市场流通体系

不断强化综合服务，建立林产品与超市对接机制，加快我国林产品流通速率，协助林农、林企寻找产品流出渠道。加快建立新型林产品交易市场，支持建立林产品交易市场和人才、资金、技术、产权等林业要素市场，鼓励开展林产品电子商务，争取森林标志产品进入政府采购目录。加强市场信息收集与发布，提供林业企业抵御市场风险的能力，建立健全市场流通体系。

(二)培育林产品品牌需要行业规范

中国林业产业联合会作为林业产业发展中的助手与参谋和桥梁与纽带，为了深入落实中央一号文件、全国林业厅局长会议精神，针对林业企业群体的呼声与需求，实施我国林业产品名优特品牌战略，积极开展全国林业特色区域经济示范县建设，实施国家级名牌林产品的评比和认定工程，推动我国自主的森林标志产品体系建设，规范林产品市场流通体系，使之在引导生产、延长产业链、科技示范、促进林产品深加工、提高附加值、提高农民增收方面发挥重要的作用，促进林业产业可持续发展。

1. 建设国家森林标志产品体系是培育林产品品牌的重要抓手，也是加强林产品质量管理的有益补充

森林标志是用于商品上的具有源自森林和与森林产地相关的品质或声誉的标记，英文简称 FF。森林标志产品体系建设，是以市场机制为手段，遵循可持续经营原则，使得森林标志产品的生产、加工、营销类企业符合本体系要求，用以证明和追溯消费者购买的森林标志产品其源自于森林原生态材料、生产环境良好、绿色和健康元素富集、可持续生产和供给能力强等名特优林产品的群体性品牌特质。森林标志产品体系建设是生态文明建设和发展民生林业的基础工程。森林标志产品体系建设对加强森林标志产品的产地监管，推动林业产业标准化示范性基地建设，促进民生林业发展，加快名优特林产品品牌建设进程等具有重要意义。建设森林标志产品体系，为全社会提供具有生态、绿色、安全、无污染、优质、健康、营养特性的森林标志产品，是我国推进现代林业产业体系建设的重要内容，是实现绿色增长的有效途径，是生态文明建设的必然要求。

建设森林标志产品体系首先迎合了企业的市场需求，提升了我国林产品品牌价值，促进了林农增收致富，规范了林产品市场流通体系，是一件“利国、利民、利企”的好事情。这就需要我们进一步发挥行业协会优势，按照“公平、公正、公开”的工作原则，全面构建“行业规范、企业拥护、消费者支持”的森林产品流通管理体系。同时，建设森林标志产品体系又是企业的市场流通管理机制，通过规范化的标准提升企业的管理水平，加强林产品的品牌化建设。

2. 进一步完善林业产品品牌评价体系，这是培育林产品品牌的重要保证

品牌是指一个名称、名词、符号或设计，或者是它们的组合，其目的是识别某个销售者或某群销售者的产品或劳务，并使之同竞争对手的产品和劳务区别开来，品牌最持久的含义和实质是其价值、文化和个性；品牌是一种商业用语，品牌注册后形成商标，企业即获得法律保护拥有其专用权。品牌是企业长期努力经营的结果，是企业

的无形载体。品牌是一种无形资产，品牌就是知名度，有了知名度就具有凝聚力与扩散力，就成为企业发展的动力。

国家森林标志产品体系通则中明确了品牌的评价指标体系，主要量化指标包括企业能力、企业品质、企业声誉和企业文化等，对企业品牌管理提出了具体要求。品牌就是竞争力，推进林产品品牌建设是贯彻落实科学发展观，促进传统林业向现代林业转变的重要手段，是新时期发展现代林业面临的重大任务，是林产品（林业企业）实现市场价值的重要保证，对于提高林产品的知名度和附加值，增加林农收入，促进现代林业发展具有重要的现实意义。

（三）培育林产品品牌需要企业参与

1. 林业龙头企业在培育林产品品牌过程中的作用日益突出

林业产业龙头企业是指以林产品加工或流通为主，通过各种利益联结机制与农户相联系，带动农户进入市场，使林产品生产、加工、销售有机结合、相互促进，在规模和经营指标上达到规定标准并经政府有关部门认定的企业。培育龙头企业是发展林业产业化经营的关键。从当前我国林业发生阶段性变化的大背景来看，无论是产业化经营的发展还是林业产业结构的调整，都面临着一系列新问题，龙头企业带动在其中的作用显得更加重要。

在新形势下，谁来充当林业结构调整的带头人、领头雁？广大农户无疑是农业结构调整的主体和基础，但是仅仅靠农户的自发行为是不够的；除了政府可以发挥应有的作用，结构调整从本质上讲是市场行为。从全局来看，产业化经营的龙头企业，包括合作组织，应当在林业产业化发展中充分发挥骨干和中坚的作用。

龙头企业经济实力、竞争能力的强弱和产业牵动能力的大小，直接决定着产业化经营的规模和成效。而龙头企业竞争能力的强弱和产业牵动能力的大小关键在于自主创新。在一定意义上，技术创新是林业产业化的灵魂所在，林业科技开发和应用的水平直接决定着林业产业化的水平；市场需求是第一需求，得市场则得天下，没有市场，产业、企业无法生存更无从发展，在很大程度上龙头企业市场开拓力度的强弱直接关系到林产品品牌培育的成败；而制度创新是激发企业活力和调动要素生产力的最重要因素之一，对林产品品牌培育起着至关重要的作用。

2. 林业龙头企业肩负着质量安全的主体责任

企业是林产品质量的主体，要积极引导和督促林产品生产企业严格执行各项政策法规，严格按照标准生产，保证产品质量稳定可靠。企业应建立和完善产品质量安全责任人制度和质量管理体系，实行从原料进厂把关、生产过程控制和出厂检验全过程质量管理，建立健全原材料和产品台账制度，依法诚信生产经营。接受政府监管部门、社会和媒体的监督，即是解决生产过程和售后服务中发现的质量问题，主动预防和消除产品质量安全风险。

3. 打造林产品品牌营销机制

实现生产与流通的规模经济，通过品牌营销机制的建立，帮助企业降低生产成本，提高生产效率，实施森林标志的宣传推广工作，从包装、广告宣传、促销及其他营销沟通方面实施统一的活动策划与推广。

通过森林标志产品体系的建立与实施，从国家层面宣传与推广森林标志产品，通过森林标志来进行文化的融合，实现品牌联盟及品牌延伸，变同行是“冤家”为“亲家”，实现共赢。强化绿色营销对企业发展的长远意义，培养消费者绿色消费意识，带动绿色消费，扩大企业占领市场和扩大市场销路，建立长效林产品品牌营销机制。

(四)培育林产品品牌需要社会监督

积极推动林业产业相关行业协会和社会组织充分发挥职能优势，完善行业自律，不断强化与政府、企业与社会的纽带桥梁作用，为实施林业产品名优特品牌评估与认定效果提供有效支持。鼓励和支持各相关协会和社会组织加强行业自律建设，制定行业自律行为公约，督促会员加强品牌建设。充分利用广播、电视、报刊、互联网等各种媒体，广泛宣传和普及森林标志知识，宣传节约能源、保护生态的环保理念。发挥新闻媒体和社会大众的监督作用，大力开展相关法律法规和标准的宣传教育，深入开展绿色消费宣传志愿服务活动，鼓励社会各界积极参与，营造全社会共同推动绿色消费局面的形成。

总之，打造林产品品牌的过程就是实现林产品增值的过程，是促进传统林业向现代林业转变的重要手段、是优化林业产业结构的有效途径、是提高林产品质量安全水平和竞争力的迫切要求和实现林业增效农民增收的重要举措。我们相信：林产品品牌的培育必然将中国林业产业推上一个快速、高效、持续发展的国际舞台。

附录

生态文明　生态林业　民生林业

生态文明

生态文明是人与自然和谐、发展，与环境双赢，可持续发展的文明。其主要是以尊重和维护自然为前提，以引导人们走上持续、和谐的发展道路为着眼点，是人类对传统文明形态特别是工业文明深刻反思的结果，是对既有的物质文明、精神文明、政治文明发展路径的拓展和匡正。

作为一项战略任务，建设生态文明是在党的十七大首次明确提出来的。十七大报告中提出"建设生态文明，基本形成节约能源资源和保护生态环境的产业结构、增长方式、消费模式"的目标，并将它作为实现全面建设小康社会奋斗目标的新要求之一加以强调。

党的十七大第一次把建设生态文明作为一项战略任务明确提了出来。这次会议明确了生态文明的主要目标，即"循环经济形成较大规模，可再生能源比重显著上升。主要污染物排放得到有效控制，生态环境质量明显改善。生态文明观念在全社会牢固树立"。

两个月后，建设生态文明的具体内涵进一步得到了清晰的界定，即"建设生态文明，实质上就是要建设以资源环境承载力为基础、以自然规律为准则、以可持续发展为目标的资源节约型、环境友好型社会"。

以科学发展观为指导，高层对建设生态文明的认识形成了一个完整的理论系统，包括建设生态文明的基本原则——遵循经济社会发展必须遵守的经济规律和自然规律；基本目标——实现经济社会的可持续发展；主要方法——以能源资源节约、生态环境保护为主要抓手，创新一种发展方式，形成节约能源资源和环境友好的产业结构、增长方式、消费模式；主要价值观念——树立人与自然和谐发展的生态文明观念，在全社会形成建设生态文明的思想基础和社会氛围。

2008 年中共中央政治局第五次集体学习时，对于节约资源、保护环境与发展生产力、提高人民生活质量一致性的强调，充分体现了建设生态文明是实现又好又快发展的必然要求，是真正的以人为本。

建设生态文明的意义

首先，加强生态文明建设是保障城市建设和发展可持续性的关键。生态文明是物质文明、精神文明和政治文明的基础和前提，没有可持续的环境就没有可持续发展。保护生态环境就是保护可持续发展能力，改善生态环境就是提高可持续发展能力。加强生态文明建设将为城市物质文明、精神文明和政治文明建设奠定坚实的基础，并有力地促进城市经济社会更好更快地持续发展。

其次，加强生态文明建设是促进城市社会和谐的基础和前提。良好的生态环境本身就是人类幸福生活不可缺少的要素。生态危机和环境恶化直接威胁到人们的生存环境和身心健康，极易引发环境纠纷和群体性事件，激化公民和政府的对立与冲突，影响党的执政地位。只有加强城市生态文明建设，才能使城市居民在一个优美的自然生态环境中和谐相处，并增强对党和政府的信任与支持。

第三，加强生态文明建设是提升城市生活品质的重要途径和基本内容。没有良好的生态环境，就没有高品质的城市生活。加强生态文明建设的过程就是提高城市生活品质的过程，也是提高全体城市居民生活质量的过程。它的重要性无论怎样强调也不过分。

最后，加强生态文明建设直接关系到城市的竞争力。在当今时代，生态文明的发达程度已经成为衡量一个城市在激烈的外部竞争中综合竞争力的一个重要尺度。建设城市生态文明，有助于改善经商投资和旅游居住的环境，有助于改善城市形象、促进区域合作，是增强城市竞争力的一条重要途径。

生态林业

生态林业是指遵循生态经济学和生态规律发展林业，是充分利用适当的自然资源促进林业发展，并为人类生存和发展创造最佳环境的林业生产体系。它是多目标、多功能、多成分、多层次，也是组合合理、结构有序、开放循环、内外交流、能协调发展、具有动态平衡功能的巨大森林生态经济系统。发展方针要因地制宜，山区采取以林为主的综合发展，并立足本地产品和资源，形成多层次、多品种、粗精结合的加工工业体系；林区则采取以封为主，封造结合，实行轮封、轮造、轮放办法，使眼前利益与长远利益结合。要建成立体林业，提高森林综合生产能力；提高森林对调节生态环境的整体功能；充分发挥森林效应和互补作用；保护资源永续利用的动态平衡；提高系统各资源单位面积产量，缩短生产周期；形成商品生产能力，提高经济效益；发展加工工业，实现多次增值；协调同有关各业的互利关系，维护生态功能与经济效益的同步性。

民生林业

改善民生的核心是满足民生需求，包括生存需求、生活需求、生产需求、文化需求多个层面。林业是联系生态和民生的纽带和关键。发展林业既能够生产丰富的生态产品，为人类生存发展提供有力的生态支撑，又能够依托丰富的森林资源，生产多种多样的林产品，保障经济建设和人民生活对绿色林产品的巨大需求，也能通过产业发展解决就业增收问题，还能够极大地繁荣生态文化事业，创作出丰富多彩的生态文化作品，提升人们的生活品质。

中国林业产业诚信标识企业评定办法(暂行)

第一章　总　则

第一条　为切实推动我国林业产业诚信工作，规范我国林业行业秩序，培育林业市场信用环境，引导企业诚信建设，并发挥诚信企业的主体示范作用，提高诚信企业产品的知名度和市场占有率，特制定本办法。

第二条　本规程所指的中国林业产业诚信标识企业是指：为社会提供合格林产品或相关服务，在国内外市场有良好信誉度，作为中国林业产业行业诚信标兵和诚信典范，能在整个行业起到带头示范作用的企业。根据国家林业局、中国林业产业联合会、中国林业产业诚信联盟整体工作部署及林业行业发展现状，作为深入推进诚信工作的一项重要探索，先期选出一批企业作为诚信标识试点企业。

第三条　中国林业产业诚信标识企业，试点期为一年。一年后经专家认定委员会组织相关专家认定、市场评估，专业机构进行市场抽检，各项指标均达到国家相关标准，正式命名为中国林业产业诚信标识企业。任期两年，两年后，诚信标识企业提出申请，专家认定委员会组织相关专家、检测机构进行复核后，可继续使用诚信标识企业名称。

第四条　中国林业产业诚信标识企业的评定采取企业自愿申报、市场评价、专业机构市场抽检、认定委员会认定的多维综合评定方法，每两年评定一次。

第二章　管理及执行机构职责

第五条　中国林业产业联合会、中国林业产业诚信联盟负责中国林业产业诚信标识企业(含试点期)认定工作的日常管理工作。

第六条　中国林业产业联合会、中国林业产业诚信联盟联系国家人造板与木竹制品质量监督检验中心、中国消费者协会等有关部门组成认定委员会，认定委员会聘请有关专家及专业人员组成测评小组负责中国林业产业诚信标识企业评定活动的现场考察和专业测评工作。

第三章　评定范围

第七条　评定范围：中国林业产业诚信联盟申报单位中的一、二、三产业的规模以上企业，起步阶段从以下门类入手：木地板行业、木门行业、木质家具行业、人造板行业、木结构建筑行业、竹产业、森林旅游、林果（干鲜果）及加工行业、木竹浆纸行业等。

第四章　评定标准和指标

第八条　申报中国林业产业诚信标识企业（含试点期），必须符合中国林业产业诚信标识企业评选范围及以下评定标准：

（一）申报企业必须符合以下条件：

1. 具有独立法人资格，合法从事生产、经营 3 年以上；

2. 遵守国家有关法律法规，质量达到国家标准。具有良好的产品质量、资信、合同等诚信信誉和社会声誉，食品类产品农药残留，食品添加剂达到相关环保标准与要求，照章纳税，履行企事业单位应尽义务和社会责任；

3. 申报单位须按照国家规定，及时给职工上缴社保并全额支付工资，3 年之内没有拖欠，保障职工工作环境达到国家标准，切实保障职工权利；

4. 申报单位在社会舆论及行业内部无重大争议，没有破坏生态环境与伦理、经营活动没有商业欺诈、没有侵犯消费者权益等不良记录。

（二）申报企业需有明确有效的质量保障运行体系，先进的质量管理制度，所生产的产品在同类产品中具有较高的知名度和影响力；

（三）申报企业需长期重视品牌建设和技术创新，拥有高素质的技术队伍，以保障其产品质量达到国内产品先进水平和在消费市场的良好口碑，对其他企业有良好的借鉴和带动作用；

（四）申报企业需拥有完善的售后服务体系，建立售后服务网络，并有售后服务承诺；公布顾客投诉电话，并能妥善处理顾客对产品质量的投诉；开展顾客满意度调查，了解顾客需求，持续改进质量；

（五）申报企业从事生产、销售及服务需采用国家标准，掌握核心技术并拥有自主知识产权；

（六）申报企业环境保护通过 ISO14001 环境管理体系认证或其他相关认证，污染物排放达到国家标准要求；

（七）申报企业银行信贷需达到 A 级，没有媒体重大负面报道，成功投诉率在 2% 以下；

（八）质量诚信自律，按要求和产品特点对产品使用的原材料、有效成分、有害物质成分、质量性能指标、质量等级等反映产品质量状况的特性进行明示或公开承诺。

第九条　根据申报企业所属行业的不同，需分别达到以下具体指标：

（一）木地板行业

1. 企业经营效益

（1）企业总产值规模上一年度达到 4 亿元以上

（2）企业木地板生产能力达 800 万平方米以上

（3）上一年度木地板产销总量达 500 万平方米以上

（4）上一年度木地板销售额达 4 亿元以上

2. 企业管理

（1）内部管理水平

①有完善的企业管理制度；

②有科学的人才管理体系。

（2）品质管理水平

①有完善的产品质量检验及工序检验：包括原材料采购时的进料品质检验（IQC）、生产过程中的制程检验（IPQC）、成品入库前的最终检验（FQC）、出货前的出货检验（OQC）；

②达到完善的品质保证：包括供应商品质保证（VQA）、系统及客户品质保证（QRA）；

③科学的品质工程：包括材料品质工程（CE）、产品品质工程（QE），有检验标准的制定、产品可靠性检测、产品质量问题分析等整套的工作流程；

④有专业的检测设备、设施及检测人员。

3. 产品质量管理

（1）必须通过 IS09001：2000 质量管理体系认证

（2）产品批次合格率达 98% 以上

（3）按照要求对产品进行严格检验，不合格的产品不出厂

（4）产品符合国际及相关标准

（二）木门行业

1. 企业经营效益

（1）企业总产值规模上一年度达到 8000 万元以上

（2）企业木门生产能力达 30 万套以上

（3）上一年度木门生产总量 3 万套以上

（4）上一年度木门销售额达 6000 万元以上

2. 企业管理

（1）内部管理水平

①有完善的企业管理制度；

②有科学的人才管理体系。

（2）品质管理水平

①有完善的产品质量检验及工序检验：包括原材料采购时的进料品质检验（IQC）、生产过程中的制程检验（IPQC）、成品入库前的最终检验（FQC）、出货前的出货检验（OQC）；

②达到完善的品质保证：包括供应商品质保证（VQA）、系统及客户品质保证；

③科学的品质工程：包括材料品质工程（CE）、产品品质工程（QE），有检验标准的制定、产品可靠性检测、产品质量问题分析等整套的工作流程；

④有专业的检测设备、设施及检测人员。

3. 产品质量管理

（1）必须通过 IS09001：2000 质量管理体系认证

（2）产品批次合格率达 95% 以上

（3）按照要求对产品进行严格检验，不合格的产品不出厂

（4）产品符合国际及相关标准

（三）木质家具行业

1. 企业经营效益

（1）企业总产值规模上一年度达 10 亿元以上

（2）企业木制家具生产能力 60 万套以上

（3）上一年度木家具生产总量 50 万套以上

（4）上一年度木制家具销售额 10 亿以上

2. 企业管理

（1）内部管理水平

①有完善的企业管理制度；

②有科学的人才管理体系。

（2）品质管理水平

①有完善的产品质量检验及工序检验：包括原材料采购时的进料品质检验（IQC）、生产过程中的制程检验（IPQC）、成品入库前的最终检验（FQC）、出货前的出货检验（OQC）；

②达到完善的品质保证：包括供应商品质保证（VQA）、系统及客户品质保证（QRA）；

③科学的品质工程：包括材料品质工程（CE）、产品品质工程（QE），有检验标准的制定、产品可靠性检测、产品质量问题分析等整套的工作流程。

④有专业的检测设备、设施及检测人员。

3. 产品质量管理

（1）必须通过 IS09001：2000 质量管理体系认证

（2）产品批次合格率 95% 以上

（3）按照要求对产品进行严格检验，不合格的产品不出厂

（四）人造板行业

1. 企业经营效益

(1)企业总产值规模上一年度达10亿元以上

(2)企业生产能力达100万立方米以上

(3)上一年度人造板生产总量 达60万立方米以上

(4)上一年度人造板销售额达6亿元以上

2. 企业管理

(1)内部管理水平

①有完善的企业管理制度；

②有科学的人才管理体系。

(2)品质管理水平

①有完善的产品质量检验及工序检验：包括原材料采购时的进料品质检验(IQC)、生产过程中的制程检验(IPQC)、成品入库前的最终检验(FQC)、出货前的出货检验(OQC)；

②达到完善的品质保证：供应商品质保证(VQA)、系统及客户品质保证(QRA)；

③科学的品质工程：包括材料品质工程(CE)、产品品质工程(QE)，有检验标准的制定、产品可靠性检测、产品质量问题分析等整套的工作流程；

④有专业的检测设备、设施及检测人员。

3. 产品质量管理

(1)必须通过IS09001：2000质量管理体系认证

(2)产品批次合格率达95%以上

(3)按照要求对产品进行严格检验，不合格的产品不出厂

(五)木结构建筑行业

1. 企业经营效益

(1)企业总产值规模 上一年度达2.8亿万元以上

(2)企业木结构产品生产能力达3万m^2以上

(3)上一年度木结构产品生产总量 达1万m^2以上

(4)上一年度木结构产品销售额达5000万元以上

2. 企业管理

(1)内部管理水平

①有完善的企业管理制度；

②有科学的人才管理体系。

(2)品质管理水平

①有完善的产品质量检验及工序检验：包括原材料采购时的进料品质检验(IQC)、生产过程中的制程检验(IPQC)、成品入库前的最终检验(FQC)、出货前的出货检验(OQC)；

②达到完善的品质保证：包括供应商品质保证(VQA)、系统及客户品质保证

（QRA）；

③科学的品质工程：包括材料品质工程（CE）、产品品质工程（QE），有检验标准的订立、产品可靠性检测、产品质量问题分析等整套的工作流程；

④有专业的检测设备、设施及检测人员。

3. 产品质量管理

（1）必须通过 IS09001：2000 质量管理体系认证

（2）产品批次合格率达 95% 以上

（3）按照要求对产品进行严格检验，不合格的产品不出厂

（六）竹产业

1. 企业经营效益

（1）企业总产值规模上一年度达 2 亿元以上

（2）企业生产能力达 250 万 m^2 以上

（3）上一年度竹产品生产总量达 150 万 m^2 以上

（4）上一年度竹产品销售额达 2 亿元以上

2. 企业管理

（1）内部管理水平

①有完善的企业管理制度；

②有科学的人才管理体系。

（2）品质管理水平

①有完善的产品质量检验及工序检验：包括原材料采购时的进料品质检验（IQC）、生产过程中的制程检验（IPQC）、成品入库前的最终检验（FQC）、出货前的出货检验（OQC）；

②达到完善的品质保证：包括供应商品质保证（VQA）、系统及客户品质保证（QRA）；

③科学的品质工程：包括材料品质工程（CE）、产品品质工程（QE），有检验标准的制定、产品可靠性检测、产品质量问题分析等整套的工作流程。

④有专业的检测设备、设施及检测人员。

3. 产品质量管理

（1）必须通过 IS09001：2000 质量管理体系认证

（2）产品批次合格率达 95% 以上

（3）按照要求对产品进行严格检验，不合格的产品不出厂

（七）森林旅游

1. 企业主要经营指标

（1）多元化森林旅游企业

①综合总产值规模上一年度达到 5 亿元以上

②综合服务接待能力 50000 人天/次以上

③上一年度销售额 10000 万元以上

(2)森林(湿地)公园类

①综合总产值规模上一年度达到5000万元以上

②综合服务接待能力500000人天/次以上

③上一年度销售额3000万元以上

(3)宾馆饭店(餐饮)类

①综合总产值规模上一年度达到3000万元以上

②综合服务接待能力30000人天/次以上

③上一年度销售额2000万元以上

(4)森林旅行社(纯服务性)

①综合总产值规模上一年度达到2000万元以上

②综合服务接待能力10000人天/次以上

③上一年度销售额1000万元以上

2. 企业管理

(1)内部管理水平

①有完善的企业管理制度;

②有科学的人才管理体系。

(2)品质管理水平

达到国家、地方旅游或相关行业标准。

3. 服务质量管理

服务满意率达98%以上。

4. 服务诚信自律

兑现对顾客的服务承诺。

5. 环境保护

根据国家旅游及相关行业标准保护环境，可持续发展。

(八)林果(干鲜果)及加工行业

1. 企业经营效益

(1)总产值规模上一年度达4亿元以上

(2)上一年度销售额达2亿元以上

2. 企业管理

(1)内部管理水平

①有完善的企业管理制度;

②有科学的人才管理体系。

(2)品质管理水平

①有完善的产品质量检验及工序检验：包括原材料采购时的进料品质检验(IQC)、生产过程中的制程检验(IPQC)、成品入库前的最终检验(FQC)、出货前的出货检验(OQC);

②达到完善的品质保证：包括供应商品质保证(VQA)、系统及客户品质保证

（QRA）；

③科学的品质工程：包括材料品质工程（CE）、产品品质工程（QE）有检验标准的订立、产品可靠性检测、产品质量问题分析等整套的工作流程。

④有专业的检测设备、设施及检测人员。

3. 产品质量管理

（1）达到国家相关行业标准

（2）按照要求对产品进行严格检验，不合格的产品不出厂

（九）木竹浆纸行业

1. 企业经营效益

（1）总产值规模上一年度达15亿元以上

（2）企业生产能力木竹浆达18万吨以上

（3）上一年度生产总量木竹浆达10万吨以上

（4）上一年度销售额达3亿元以上

2. 企业管理

（1）内部管理水平

①有完善的企业管理制度；

②有科学的人才管理体系。

（2）品质管理水平

①有完善的产品质量检验及工序检验：包括原材料采购时的进料品质检验（IQC）、生产过程中的制程检验（IPQC）、成品入库前的最终检验（FQC）、出货前的出货检验（OQC）；

②达到完善的品质保证：包括供应商品质保证（VQA）、系统及客户品质保证（QRA）；

③科学的品质工程：包括材料品质工程（CE）、产品品质工程（QE），有检验标准的订立、产品可靠性检测、产品质量问题分析等整套的工作流程。

3. 产品质量管理

（1）必须通过IS09001：2000质量管理体系认证；

（2）产品批次合格率达95%以上；

（3）按照要求对产品进行严格检验，不合格的产品不出厂。

第五章　申报与评定

第十条　申报资料：

（一）《中国林业产业诚信标识试点企业申报表》（有关表格可通过中国林业产业网www. chinalycy. com进行下载）；

（二）中国林业产业诚信标识试点企业申报报告；

（三）有关财务报表、纳税证明及其他相应的证明材料；

（四）有关行业检测机构测验报告书或证明；

（五）上年度获省级及以上各种市场和质量评价或荣誉证书；

（六）其他相关荣誉证书。

第十一条　申报要求：

（一）如实填写、提供所需信息，不得虚报；

（二）所有申报文件，一式两份并按顺序装订成册，报送中国林业产业诚信联盟秘书处；

（三）符合申报条件的单位，应当在规定时间内进行申报。

第十二条　评定流程：

（一）中国林业产业诚信联盟秘书处按照本体系对申报资料进行初审，对初审合格的资料签署意见，拟出初审提名名单，报送认定委员会进行评定；

（二）认定委员会组织专业测评小组对初审入选的企业进行实地现场考察和专业检测、市场抽检等综合评定，本着“实事求是、从严把关”的原则，最后对认定的企业授予“中国林业产业诚信标识试点企业”的称号。

第六章　申报纪律及标识管理

第十三条　申报企业不得弄虚作假，违者将视情节轻重给予批评教育，直至取消申报资格的处理。

第十四条　对已经获得中国林业产业诚信标识试点企业称号的企业，若发现其有弄虚作假等行为，认定委员会将组织有关人员进行核实并提出书面报告；情况属实的将取消其称号资格，在媒体上进行公布并追回有关获奖证书、称号等获奖资质证明材料。

第十五条　经评定为中国林业产业诚信标识试点企业的企业，允许在 1 年内使用中国林业产业诚信联盟标识试点企业标识，1 年期满后经专家认定委员会认定后，被命名为中国林业产业诚信标识企业的企业，有效期两年。

第十六条　被评定为中国林业产业诚信标识试点企业的企业在有效期内，允许在其产品、包装、广告宣传以及有关材料中使用统一规定的中国林业产业诚信标识，并注明有效期。

第十七条　在企业允许使用中国林业产业标识期间，认定委员会将对已取得中国林业产业诚信标识试点企业以及经试点一年后，被认定为中国林业产业诚信标识企业的企业进行不定时抽检，抽检不合格的，取消其诚信标识试点资格，收回证书及奖牌，停止使用诚信企业标识。

第七章　经费使用与管理

第十八条　此次诚信标识试点企业申报工作不收取费用，检测工作及诚信标识的推广活动采取“一事一收费，不服务不收费”的总体收费原则，中国林业产业诚信联盟及认定委员会不在其中收取任何费用。

第十九条　被评定为诚信标识试点企业的企业，需承担诚信标识试点企业的品牌推广费用。

第二十条　被评定为诚信标识试点企业的企业，需承担诚信标识试点企业检测时专家测评小组成员的交通及食宿费用。

第八章　奖　励

第二十一条　被评定为中国林业产业诚信标识试点企业的企业，允许使用“中国林业产业诚信联盟标识试点企业”标识，具体管理体系参照本管理体系第十五条、十六条、十七条。

第二十二条　中国林业产业联合会、中国林业产业诚信联盟将授予被认定的企业“中国林业产业诚信标识试点企业”称号并颁发证书、奖牌。

第二十三条　被认定的企业应妥善保存证书，遗失不补。

第九章　异议及处理

第二十四条　中国林业产业诚信标识（试点）企业评定工作受业务主管部门指导和社会的监督，评定工作实行异议制度。

第二十五条　异议由中国林业产业诚信联盟负责协调，有关单位协助处理。

第二十六条　中国林业产业诚信联盟接到异议通知后，将在5个工作日内核实异议内容，并补充有关证明材料，认定委员会根据具体情况可以组织有关专家进行调查，提出处理意见。

第十章　附　则

第二十七条　本办法自发布之日起施行。

第二十八条　本评定活动不收取任何费用。

第二十九条　本办法由中国林业产业联合会、中国林业产业诚信联盟负责解释。

起草单位：中国林业产业联合会

中国林业产业诚信联盟

中国林业产业5A级诚信企业(单位)评定办法(暂行)

第一章　总　则

第一条　为鼓励我国在林业产业诚信工作中作出突出贡献的林业产业诚信企业(单位)，促进我国林业产业诚信工作健康发展，推动生态林业、民生林业与生态文明建设进程，现根据国家有关规定，特制定本规程。

第二条　中国林业产业5A级诚信企业(单位)的奖励对象为全力推进我国林业产业诚信工作并作出突出贡献的林业产业企事业单位。

第三条　中国林业产业5A级诚信企业(单位)的评审工作，应坚持科学性、严肃性，以及公开、公平、公正的原则，确保评审质量。

第四条　中国林业产业5A级诚信企业(单位)的评审范围涵盖林业一、二、三产业，每年一届。

第五条　中国林业产业5A级诚信企业(单位)的评审工作、管理工作受国家林业局的监督指导。

第二章　管理及执行机构的职责

第六条　中国林业产业联合会、中国林业产业诚信联盟牵头组织成立中国林业产业诚信5A级企业(单位)专家评审委员会(以下简称评审委员会)，负责中国林业产业诚信5A级企业(单位)评审工作的日常管理和执行工作。

第七条　专家评审委员会由中国林业产业联合会、中国林业产业诚信联盟秘书处组织推荐，由国家林业局有关司局、直属单位、社会组织及行业专家与相关媒体负责人等共同组成。

第八条　专家评审委员会的主要职责为：

(一)审议中国林业产业5A级诚信企业(单位)的评审工作细则和评审标准；

(二)对申报中国林业产业5A级诚信企业(单位)提出意见；

(三)向中国林业产业5A级诚信企业(单位)的主办单位报告评审结果；

(四)研究、解决评审过程中出现的重大问题。

第九条　中国林业产业联合会、中国林业产业诚信联盟秘书处为中国林业产业5A

级诚信（企业）单位评审工作的日常管理和执行机构，其职责是：

（一）组织中国林业产业5A级诚信（企业）单位的申报及评审工作；

（二）负责申报单位和个人的资格初审及评审结果的公示、公布；

（三）负责与评审专家的日常联系；

（四）建立并保管评审工作档案；

（五）受理中国林业产业5A级诚信（企业）单位评定工作相关事务的查询和异议处理。

第十条　评审委员会专家的资格条件：

（一）关心林业产业发展，热心林业产业诚信工作；

（二）熟悉国内外林业产业发展及诚信体系建设状况和动向，具备综合判断能力；

（三）具有良好的职业道德，工作认真负责；

（四）具有相应的专业技术职称（公务员身份除外），身体健康。

第三章　评选范围及申报条件

第十一条　评选范围：林业第一、二、三产业，包括林木的培育和种植、经济林产品的种植与采集、花卉的种植与培育、木竹材采运、木竹竹藤棕草制品制造、木竹浆造纸、林产化学产品制造加工、林下经济产品采集加工、森林旅游及林业机械、生物制药等。

第十二条　申报中国林业产业5A级诚信（企业）单位的企业，必须符合中国林业产业5A级诚信（企业）单位评选范围及标准：

（一）申报单位为中国林业产业诚信事业作出突出贡献；

（二）申报单位为规模以上企事业单位，并为所在省（自治区、直辖市）林业产业发展、带动当地农民就业、增加收入，上年总产值达到同级或行业前列；

（三）申报单位在经营活动中遵守国家有关法律法规、诚信经营，具有良好的质量、资信、合同等诚信信誉和社会声誉，产品质量达到国家相关质量、服务、环保标准与要求；

（四）申报单位在经营活动中能够照章纳税，没有偷税漏税、没有挪用国家财政支持项目，以及金融政策扶持资金的不良记录，按时给职工发放工资并按照国家规定上缴各种社会保险，没有拖欠，职工工作环境达到有关要求，履行有关义务和社会责任；

（五）申报单位在经营活动中没有破坏生态环境、经营活动有悖生态伦理、商业欺诈、侵犯消费者权益以及单位法人等不良记录，在行业中有示范作用；

（六）申报单位在经营活动中能站在引领行业发展的高度，担负引领行业健康、可持续发展的重任；

（七）申报者单位为中国林业产业诚信联盟成员单位者作为重要参评条件。

第十三条　不申报者，不予评定。

第四章　申报资料及申报程序

第十四条　申报资料包括以下文件，一式两份并按顺序装订成册：

(一)《中国林业产业5A级诚信(企业)单位申报表》(有关表格可通过中国林业产业网 www.chinalycy.com 进行下载)；

(二)有关财务报表、纳税证明或其他统计资料；

(三)有关行业核准的资料和证明；

(四)推荐单位推荐书；

(五)申报单位诚信承诺书(申报单位为中国林业产业诚信联盟成员单位者免填)；

(六)其他相关荣誉资料复印件。

第十五条　申报程序

(一)申报表及支撑文件的书面和影像资料经省级林业产业主管部门或同级林业产业相关协会初审盖章后，报送中国林业产业联合会秘书处(中国林业产业联合会副会长、中国林产工业协会副会长、中国林业产业诚信联盟副主席以上单位可直接申报)；

(二)中国林业产业联合会秘书处按照本规程对申报资料进行复审，对复审合格的资料签署意见，盖章后报送评审委员会进行评审。

(三)符合申报条件的单位，应当在规定的时间内进行申报。

第五章　奖项设置与评审

第十六条　中国林业产业5A级诚信(企业)单位的评定工作将根据林业产业涉及面广的特点，以及申报单位不同区域、不同行业、贡献大小，经济、社会和环境效益，对诚信体系建设、当地林业产业发展的促进作用等方面进行综合评估。

(一)对于诚信工作作出突出贡献的企事业单位授予中国林业产业5A级诚信(企业)单位。

(二)中国林业产业5A级诚信(企业)单位的评审工作将根据“实事求是、从严把关”的原则，对林业国有企业，进行限制，即：

1. 林业国有企业名额不超过总数量的三分之一；

2. 为鼓励股份制及民营企业发展，其名额适当放宽。

第十七条　专家评审委员会由7人以上委员组成，申报单位的评审专家应当回避。

第十八条　专家评审委员会依据评审标准，在充分讨论的基础上，以无记名投票方式表决，获奖个人需获得出席评审会议半数以上的评委通过方为有效。

第六章　公示与公布

第十九条　通过评审的获奖单位经主办单位审核后，在有关平面媒体和电子媒体上公布，公示时间为10天。

中国林业产业5A级诚信（企业）单位的评审工作由中国林业产业联合会负责实施。

第二十条　公示期内，中国林业产业联合会、中国林业产业诚信联盟秘书处负责受理社会各界对评审结果提出的异议。任何单位或者个人对评选出的中国林业产业5A级（企业）单位有异议的，应当在评审结果公布之日起15日内提出。逾期或者无正当理由的，不予受理。提出异议的单位或者个人应当提供书面异议材料，并提供必要的证明文件。提出异议的单位、个人应当表明真实身份。个人提出异议的，应当在异议材料上签署真实姓名、身份证复印件、单位证明和联系地址、电话等，以单位名义提出异议的，应当由单位法人签名并加盖本单位公章。中国林业产业联合会秘书处将对提出异议者进行保密。匿名异议一律不予受理。

第二十一条　主办单位以会议形式对专家评审委员会的评审结果进行审核，并将审核结果报有关领导批准。

第七章　异议、复评及其处理

第二十二条　中国林业产业5A级诚信（企业）单位的评审表彰活动受业务主管部门指导和社会的监督，评审工作实行异议制度。

第二十三条　异议由中国林业产业联合会、中国林业产业诚信联盟秘书处负责协调，有关推荐单位协助处理。有关推荐单位接到异议通知后，必须在5个工作日内核实异议内容，补充有关证明材料，并将调查、核实的情况报送中国林业产业联合会、中国林业产业诚信联盟秘书处审核。中国林业产业联合会、中国林业产业诚信联盟秘书处根据具体情况可以组织有关专家进行调查，提出处理意见。

第二十四条　对在审议核准会议召开之前没有处理完毕异议项目，可延至下一届参加评审；已经处理完毕的，可根据处理情况确定是否保留或重新推荐。

第二十五条　对获奖单位每两年进行一次复评，复评工作由中国林业产业联合会、中国林业产业诚信联盟秘书处负责，符合条件的颁发新的证书，不符合条件的撤销认定。

第二十六条　对弄虚作假获得认定的，一经查实，立即取消，并通过媒体公布。

第八章　纪律

第二十七条　申报中国林业产业5A级诚信（企业）单位的单位不得弄虚作假，违者将视情节轻重给予批评教育，直至取消申报或者获奖资格的处理。

第二十八条　中国林业产业5A级诚信（企业）单位的主管单位、主办部门的工作人员必须秉公办事、廉洁自律，不得收受任何申报个人和单位的礼品、礼金以及有价证券；违者将视情节轻重给予批评教育，直至取消评审专家和工作人员的资格，并将违纪行为通知本人所在单位。

第二十九条　对已经获得中国林业产业5A级诚信（企业）单位荣誉的单位，若发现其有弄虚作假等行为，主办单位将组织有关人员进行核实并提出书面报告；情况属实的取消其获奖资格，在媒体上进行公布并追回有关获奖证书、勋章等获奖资质证明材料。

第九章　奖励

第三十条　中国林业产业联合会、中国林业产业诚信联盟向评选出的中国林业产业5A级诚信（企业）单位颁发证书、奖牌。

第三十一条　中国林业产业5A级诚信（企业）单位获奖应向所在地有关部门报告，所在地有关部门应根据本地区实际情况，给予获奖单位适当奖励。

第三十二条　获奖者应妥善保存证书，遗失不补。

第十章　附　则

第三十三条　本办法自发布之日起施行。

第三十四条　本评比活动不收取任何费用。

第三十五条　本办法由中国林业产业联合会、中国林业产业诚信联盟负责解释。

起草单位：中国林业产业联合会

中国林业产业诚信联盟

中国林业产业诚信企业领军人物、中国林业产业诚信功勋人物评定办法（暂行）

第一章　总　则

第一条　本办法是为鼓励在我国林业产业诚信工作中作出突出贡献的个人，促进我国林业产业诚信工作健康发展，推动生态林业、民生林业与生态文明建设进程，促进林业企业参与两个市场的良性竞争而制定。

第二条　中国林业产业诚信企业领军人物、中国林业产业诚信功勋人物的奖励对象为全力推进我国林业产业诚信工作的各级林业产业主管部门、林业产业科研机构、林业龙头企业、社团组织以及其他对林业产业诚信工作作出突出贡献的个人。

第三条　中国林业产业诚信企业领军人物、中国林业产业诚信功勋人物的评审工作，应坚持科学性、严肃性，以及公开、公平、公正的原则，确保评审质量。

第四条 中国林业产业诚信企业领军人物、中国林业产业诚信功勋人物评定范围涵盖林业一、二、三产业，每年一届。

第五条　中国林业产业诚信企业领军人物、中国林业产业诚信功勋人物评审管理工作受国家林业局的监督指导。

第二章　管理及执行机构的职责

第六条　中国林业产业联合会、中国林业产业诚信联盟秘书处负责中国林业产业诚信企业领军人物、中国林业产业诚信功勋人物评审工作的日常管理及执行工作。其职责是：

（一）组织中国林业产业诚信企业领军人物、中国林业产业诚信功勋人物的申报及评审工作；

（二）负责申报单位和个人的资格初审及评审结果的公示、公布；

（三）负责与评审专家的日常联系；

（四）建立并保管评审工作档案；

（五）受理中国林业产业诚信企业领军人物、中国林业产业诚信功勋人物评定工作相关事务的查询和异议处理。

第七条　中国林业产业联合会、中国林业产业诚信联盟负责组织推荐由国家林业局有关司局、直属单位负责人、社会组织及行业专家与相关媒体负责人等共同组成专家评审委员会。

第八条　专家评审委员会的主要职责为：

(一)审议中国林业产业诚信企业领军人物、中国林业产业诚信功勋人物评选工作原则和评审办法；

(二)对申报中国林业产业诚信企业领军人物、中国林业产业诚信功勋人物提出意见；

(三)向中国林业产业诚信企业领军人物、中国林业产业诚信功勋人物主办单位报告评审结果；

(四)研究、解决评审过程中出现的重大问题。

第九条　评审委员会专家的资格条件：

(一)关心林业产业发展，热心林业产业诚信工作；

(二)熟悉国内外林业产业发展及诚信体系建设状况和动向，具备综合判断能力；

(三)具有良好的职业道德，工作认真负责；

(四)具有相应的专业技术职称(公务员身份除外)，身体健康。

第三章　评选范围及申报条件

第十条　评选范围：在林业第一、二、三产业，包括林木的培育和种植、经济林产品的种植与采集、花卉的种植与培育、木竹材采运、木竹藤棕草制品制造、木竹浆造纸、林产化学产品制造加工、林下经济产品采集加工、森林旅游及林业机械、生物制药等行业中推进林业产业诚信建设进程有突出贡献，并对促进当地林业产业发展具有表率作用的个人。

第十一条　申报中国林业产业诚信企业领军人物、中国林业产业诚信功勋人物的个人必须符合中国林业产业诚信企业领军人物、中国林业产业诚信功勋人物评选范围及标准：

(一)申报者须是为中国林业产业诚信事业作出突出贡献的个人；

(二)申报者为各省(自治区、直辖市)林业主管部门工作者，须为促进中国林业产业发展、带动当地农民就业和增加收入，林业产业建设成效显著，所负责区域内企业上年林业产业总产值达到同级或行业前列，为推动区域经济发展作出突出贡献；

(三)申报者为社团组织工作者，须为中国林业产业诚信工作提供信息、技术交流提供合作平台，充分发挥企业与政府桥梁作用，并作出突出贡献；

(四)申报者为林业各大院校、科研机构工作者，须为中国林业产业发展提供专业技术支持，常年坚持在生产、教育、科研第一线，并对中国林业产业科学研究作出突出贡献；

(五)申报者为企事业单位负责人，须在经营活动中具备如下条件：

1. 遵守国家有关法律法规、诚信经营，具有良好的质量、资信、合同等诚信信誉和社会声誉，产品质量达到国家相关质量、服务、环保标准与要求，没有不良记录；

2. 照章纳税，按时给职工发放工资并按照国家规定上缴各种社会保险，3 年内没有拖欠，职工工作环境达到有关要求，履行有关义务和社会责任；

3. 没有破坏生态环境、经营活动没有商业欺诈、没有侵犯消费者权益等不良记录，在行业中具有优良示范作用；

4. 能站在引领行业发展的高度，担负引领行业健康、可持续发展的重任；

(六)申报者所在单位为中国林业产业诚信联盟成员单位者，可优先参评；

(七)申报者为促进当地林业经济发展做出重要贡献并获得相关部门表彰鼓励者，可优先参评。

第四章　申报资料及申报程序

第十三条　申报资料包括以下文件，一式两份并按顺序装订成册：

(一)《中国林业产业诚信企业领军人物、中国林业产业诚信功勋人物申报表》(有关表格可通过中国林业产业网 www. chinalycy. com 进行下载)；

(二)申报人员身份证复印件及所在单位证明；

(三)申报个人诚信自传及诚信承诺书(申报者所在单位为中国林业产业诚信联盟成员单位者免填)；

(四)其他相关荣誉资料复印件。

第十四条　申报程序

(一)申报表及支撑文件的书面和影像资料经省级林业产业主管部门或同级林业产业相关协会初审盖章后，报送中国林业产业联合会秘书处(申报者所在单位为中国林业产业联合会副会长、中国林产工业协会副会长、中国林业产业诚信联盟单位副主席以上可直接申报)；

(二)中国林业产业诚信联盟秘书处按照本体系对申报资料进行复审，对复审合格的资料签署意见，盖章后报送评审委员会进行评审；

(三)符合申报条件的个人，应当在规定的时间内进行推荐、申报。

第五章　奖项设置与评审

第十五条　中国林业产业诚信企业领军人物、中国林业产业诚信功勋人物的评定工作将根据林业产业涉及面广的特点，以及申报单位和个人的不同区域、不同行业、贡献大小，经济、社会和环境效益，对诚信体系建设、当地林业产业发展的促进作用等方面进行综合评估。根据评选情况将选出中国林业产业诚信企业领军人物特别奖。

(一)对于诚信工作作出卓越贡献并对行业发展有开创性探索的个人授予中国林业产业诚信企业领军人物特别奖；

(二)对于诚信工作作出杰出贡献并对行业发展有积极影响的个人授予中国林业产

业诚信企业领军人物奖；

（三）对于诚信工作作出突出贡献个人授予中国林业产业诚信功勋人物奖；

第十六条　专家评审委员会由7人以上委员组成，申报单位的评审专家应当回避。

第十七条　专家评审委员会依据评审标准，在充分讨论的基础上，以无记名投票方式表决，获奖个人和单位需获得出席评审会议半数以上的评委通过方为有效。

第六章　公示与公布，异议及处理

第十八条　通过评审的获奖个人经主办单位审核后，在有关平面媒体和电子媒体上公布，公示时间为10天。

中国林业产业诚信企业领军人物的评审工作由中国林业产业联合会、中国林业产业诚信联盟具体组织实施。

第十九条　公示期内，中国林业产业联合中国林业产业诚信联盟秘书处负责受理社会各界对评审结果提出的异议。任何单位或者个人对评选出的中国林业产业诚信企业领军人物、中国林业产业诚信功勋人物有异议的，应当在评审结果公布之日起15日内提出。逾期或者无正当理由的，不予受理。

第二十条　中国林业产业诚信企业领军人物、中国林业产业诚信功勋人物的评审表彰活动受业务主管部门指导和社会的监督，评审工作实行异议制度。提出异议的单位或者个人应当提供书面异议材料，并提供必要的证明文件。提出异议的单位、个人应当表明真实身份。个人提出异议的，应当在异议材料上签署真实姓名、身份证复印件、单位证明和联系地址、电话等；以单位名义提出异议的，应当由单位法人签名并加盖本单位公章。匿名异议一律不予受理。

第二十一条　中国林业产业联合会、中国林业产业诚信联盟秘书处负责协调异议处理，有关推荐单位协助处理。有关推荐单位接到异议通知后，须在5个工作日内核实异议内容，补充有关证明材料，并将调查、核实的情况报送中国林业产业联合会、中国林业产业诚信联盟秘书处审核。中国林业产业联合会、中国林业产业诚信联盟秘书处根据具体情况可以组织有关专家进行调查，提出处理意见。

第二十二条　对在审议核准会议召开之前没有处理完毕异议项目，可延至下一届参加评审；已经处理完毕的，可根据处理情况确定是否保留或重新推荐。

第二十三条　主办单位以会议形式对专家评审委员会的评审结果进行审核，并将审核结果报有关领导批准。

第七章　纪律

第二十四条　申报中国林业产业诚信企业领军人物、中国林业产业诚信功勋人物的个人不得弄虚作假，违者将视情节轻重给予批评教育，直至取消申报或者获奖资格的处理。

第二十五条　中国林业产业诚信企业领军人物、中国林业产业诚信功勋人物的主管单位、主办部门的工作人员必须秉公办事、廉洁自律，不得收受任何申报个人和单位的礼品、礼金以及有价证券；违者将视情节轻重给予批评教育，直至取消评审专家和工作人员的资格，并将违纪行为通知本人所在单位。

第二十六条　对已经获得中国林业产业诚信企业领军人物、中国林业产业诚信功勋人物的个人，若发现其有弄虚作假等行为，主办单位将组织有关人员进行核实并提出书面报告；情况属实的取消其获奖资格，在媒体上进行公布并追回有关获奖证书、勋章等获奖资质证明材料。

第八章　奖　励

第二十七条　中国林业产业联合会、中国林业产业诚信联盟向评选出的中国林业产业诚信企业领军人物、中国林业产业诚信功勋人物颁发证书及勋章。

第二十八条　中国林业产业诚信企业领军人物、中国林业产业诚信功勋人物获奖情况应当记入个人档案。

有关部门、地区和获奖单位应根据本部门、本地区、本单位的实际情况，给予获奖个人适当奖励。

第二十九条　获奖者应妥善保存证书及勋章，遗失不补。

第九章　附　则

第三十条　本办法自发布之日起施行。

第三十一条　本评比活动不收取任何费用。

第三十二条　本办法由中国林业产业联合会负责解释。

起草单位：中国林业产业联合会
中国林业产业诚信联盟

中国林业产业联合会推荐企业商标为中国驰名商标管理办法（试行）

第一章　总　则

第一条　为规范中国驰名商标的推荐工作，促进推荐中国驰名商标工作进一步规范化、程序化，切实维护林业企业的合法权益，保护林业企业的知识产权，优化创新环境，促进林业企业经济又好又快发展，根据《中华人民共和国商标法》、《中华人民共和国商标法实施条例》和《中国驰名商标认定和保护规定》，制定本管理办法。

第二条　林业企业单位申请的中国驰名商标应当符合国家产业政策、技术政策和有关标准规范的规定。

第三条　中国驰名商标的推荐应当坚持科学、公开、公平、公正的原则，保障推荐工作的严肃性。

第四条　推荐对象为中国大陆林业企业单位。对中国林业产业联合会会员单位和中国林业产业诚信联盟成员单位，予以优先推荐。

第五条　对按照本办法申报中国驰名商标，经审核符合条件者，由中国林业产业联合会向国家工商行政管理部门出具书面推荐文件。

第二章　管理及执行机构的职责

第六条　中国林业产业联合会负责林业企业单位中国驰名商标的推荐工作。中国林业产业联合会秘书处负责组织、协调和日常管理工作。

第七条　中国林业产业联合会根据需要从中国林业产业专家库中抽调专家，并由相关行业专家、学者组成专家评审小组。专家评审小组依据本管理办法负责推荐中国驰名商标申报的评审工作。

第八条　专家评审小组的职责是：

（一）制订审核推荐工作的评审原则和评审标准；

（二）对中国驰名商标推荐工作提出评审意见；

（三）向中国驰名商标申请单位报告评审结果。

第九条　中国林业产业联合会秘书处为中国驰名商标推荐工作的日常管理和执行机构，其职责是：

（一）组织中国驰名商标的申报及评审推荐工作；

（二）负责中国驰名商标评审推荐结果的公示公布；

（三）推荐有关专家参与中国驰名商标的评审推荐工作；

（四）负责评审专家的日常联系；

（五）建立并保管评审工作档案；

（六）向国家工商行政管理部门出具书面推荐文件。

第三章　申报资料及申报程序

第十条　申报资料包括以下文件：

（一）《推荐商标为中国驰名商标申请书》、《中国林业产业联合会推荐企业商标为中国驰名商标审核表》；

（二）已获得省著名商标或该商标产品已成为省名牌产品的证明文件；

（三）该商标使用持续时间的有关材料，包括该商标使用、注册的历史和范围的有关材料；

（四）该商标的主要商品近三年的产量、销售量、销售收入、利税、销售区域等有关统计证明材料，材料中涉及排名的，另需要提供相关排名活动批准部门和组织单位相关文件；

（五）该商标所拥有的国家专利情况证明文件；

（六）申请单位通过的管理体系认证证明文件；

（七）申请单位上两个年度的审计报告；

（八）根据申请单位实际情况，中国林业产业联合会要求提供的其他文件资料。

第十一条　申报程序：

（一）《中国林业产业联合会推荐企业商标为中国驰名商标审核表》及支撑文件的资料报送中国林业产业联合会会员部。电子版申报表及有关电子文档发送邮箱：LHH-HYB@163.com。

（二）中国林业产业联合会会员部工作人员按照本办法要求对申报项目进行初审，对初审合格的项目签署推荐意见并盖章后报送专家评审小组审议。

（三）专家评审小组负责对申报资料进行审核。

（四）专家评审小组审核合格并由负责人签署同意意见后报中国林业产业联合会在审核表上盖章并出具书面推荐文件。

第四章　附　则

第十二条　申请企业及有关机构所提供的数据应当真实，严禁弄虚作假。对于提供虚假数据和资料的，根据情节，中国林业产业联合会有权选择两年内不再受理该企业的申请，或取消其中国林业产业联合会会员资格。

第十三条　从事中国驰名商标推荐的工作人员及有关人员，必须廉洁自律，忠于职守，文明服务，对申请企业提供资料的内容负有保密责任。

第十四条　中国林业产业联合会对此项业务不收取费用，在评审过程中发生的专家差旅费和劳务费由申请方直接支付。

第十五条　本办法自印发之日起施行。

第十六条　本办法由中国林业产业联合会秘书处负责解释。

附件：《中国林业产业联合会推荐企业商标为中国驰名商标审核表》

二〇一二年十月十六日

附　件

中国林业产业联合会推荐企业商标为中国驰名商标审核表

<table>
<tr><td colspan="2">商标注册人</td><td colspan="10"></td></tr>
<tr><td colspan="2">行业类别及机构代码</td><td colspan="10"></td></tr>
<tr><td colspan="2">注册资本</td><td colspan="10"></td></tr>
<tr><td colspan="2">注册地址</td><td colspan="10"></td></tr>
<tr><td colspan="2" rowspan="2">法定代表人</td><td colspan="2" rowspan="2"></td><td colspan="2" rowspan="2">联系电话</td><td colspan="2">办电</td><td colspan="4"></td></tr>
<tr><td colspan="2">手机</td><td colspan="4"></td></tr>
<tr><td colspan="2" rowspan="2">内部主管部门</td><td colspan="2" rowspan="2"></td><td colspan="2" rowspan="2">联系人姓名</td><td colspan="2">办电</td><td colspan="4"></td></tr>
<tr><td colspan="2">手机</td><td colspan="4"></td></tr>
<tr><td colspan="4">电子邮箱：</td><td colspan="4">传真</td><td colspan="4"></td></tr>
<tr><td colspan="4">网址：</td><td colspan="4">邮编</td><td colspan="4"></td></tr>
<tr><td colspan="12">申请推荐商标注册情况</td></tr>
<tr><td colspan="2">注册证号</td><td colspan="2">注册时间</td><td colspan="8">主要商品</td></tr>
<tr><td colspan="4">申请推荐的商品或服务项目及类别</td><td colspan="8">申请推荐的商标（附该商标标识）</td></tr>
<tr><td colspan="12">企业商标在中国及外国（地区）的注册情况（含所有商标）</td></tr>
<tr><td colspan="2">类别</td><td colspan="2">注册号</td><td colspan="2">注册日期</td><td colspan="2">申请日期</td><td colspan="2">商标名称</td><td colspan="2">国别</td></tr>
<tr><td colspan="2"></td><td colspan="2"></td><td colspan="2"></td><td colspan="2"></td><td colspan="2"></td><td colspan="2"></td></tr>
<tr><td colspan="2"></td><td colspan="2"></td><td colspan="2"></td><td colspan="2"></td><td colspan="2"></td><td colspan="2"></td></tr>
<tr><td colspan="2"></td><td colspan="2"></td><td colspan="2"></td><td colspan="2"></td><td colspan="2"></td><td colspan="2"></td></tr>
<tr><td colspan="2"></td><td colspan="2"></td><td colspan="2"></td><td colspan="2"></td><td colspan="2"></td><td colspan="2"></td></tr>
<tr><td colspan="2"></td><td colspan="2"></td><td colspan="2"></td><td colspan="2"></td><td colspan="2"></td><td colspan="2"></td></tr>
<tr><td colspan="2"></td><td colspan="2"></td><td colspan="2"></td><td colspan="2"></td><td colspan="2"></td><td colspan="2"></td></tr>
<tr><td colspan="4">合计（件）</td><td colspan="4">注册商标</td><td colspan="4">正在申请注册的商标</td></tr>
<tr><td colspan="4">国内</td><td colspan="4"></td><td colspan="4"></td></tr>
<tr><td colspan="4">国外</td><td colspan="4"></td><td colspan="4"></td></tr>
<tr><td colspan="12">申请推荐商标使用与管理情况</td></tr>
<tr><td colspan="3">项目</td><td colspan="3">年</td><td colspan="3">年</td><td colspan="3">年</td></tr>
<tr><td colspan="3">产值（万元）</td><td colspan="3"></td><td colspan="3"></td><td colspan="3"></td></tr>
<tr><td colspan="3">销售额或营业额收入（万元）</td><td colspan="3"></td><td colspan="3"></td><td colspan="3"></td></tr>
<tr><td colspan="3">净利润（万元）</td><td colspan="3"></td><td colspan="3"></td><td colspan="3"></td></tr>
<tr><td colspan="3">税收（万元）</td><td colspan="3"></td><td colspan="3"></td><td colspan="3"></td></tr>
<tr><td colspan="3">销售或服务区域</td><td colspan="3">全国及国外</td><td colspan="3">全国及国外</td><td colspan="3">全国及国外</td></tr>
</table>

行业排名（位）	国内			
质量检查	质检部门			
	质检结论	免检产品	免检产品	免检产品
使用该商标的商标是否被行政机关处罚		○是 ○否	○是 ○否	○是 ○否
该商标最早使用及连续使用的时间				
20　年～20　年度该商标的广告发布情况				
项目		年	年	年
广告资金投入（万元）	电视			
	报刊			
	户外			
	网络			
	其他			
广告覆盖范围		全国	全国	全国
合计资金投入（万元）				
是否通过 ISO 质量认证体系		○是 ○否	是否制订商标规章制度	○是 ○否
是否设立商标专管机构/名称		○是 ○否	商标专管人员	○是 ○否
社会责任机关证明材料				
序号	项目	年度（件）	年度（件）	年度（件）

年度	商标市场信誉与获奖情况证明文件

基本情况（可另附纸）附企业简介	
县级以上人民政府林业主管部门或县级以上林业行业组织的推荐意见	负责人签字： （盖章） 年　月　日
中国林业产业联合会会员部审查意见	负责人签字： 年　月　日
专家评审小组审查意见	负责人签字： 年　月　日
中国林业产业联合会推荐意见	负责人签字： （盖章） 年　月　日

中国林业采购经理指数(FPMI)调查报告

中国林业采购经理指数(FPMI)调查在赵树丛局长批示财政立项、有关省厅(局)、重点地区林业管理机构大力支持下，国家林业局经济发展研究中心、发展规划与资金管理司、中国林业产业联合会成立项目组，迅速开展了调查研究工作。已在河北省文安县，江苏省邳州市，浙江省南浔市、江山市、安吉县，山东省临沂市、菏泽市、聊城市茌平县，广西省桂林市，大兴安岭林业集团，龙江森工集团等重点省份和地区397家企业建立了调查协作合同关系，涉及胶合板、刨花板、木地板、纤维板、细木工板、木门窗、木质家具、造纸、竹产品、指接板等10类主要产品，并实行了按月网络填报制度化，指数仅限在内部交流。计划2013年底发展到900家，届时将全面真实反映林产工业发展水平，对行业发展做出更准确的判断，向社会公开发布。

采购经理指数是世界公认的判断行业发展状态的指标。当指数超过50，说明行业处于发展状态，等于50行业为停滞状态，小于50行业为衰退状态。以河北文安县为案例将调查过程予以报告。

一、 填报说明

序号	企业名称	产品名称	填报人	报出日期
1	鑫耀	纤维板	邱金娜	6月25日
2	新裕	纤维板	吴应刚	6月23日
3	和民	纤维板	郭忠雨	6月23日
4	嘉润	纤维板	孟芳芳	6月22日
5	华林	纤维板	苗大华	6月23日
6	胜信	刨花板	翟德同	6月24日
7	意和	刨花板	苑国菊	6月24日
8	民丰	刨花板	李江涛	6月23日
9	兴源	刨花板	张志前	6月24日
10	宏海	胶合板	宋德胜	6月23日
11	四盛	胶合板	刘孟书	6月22日
12	尊朋	胶合板	李江涛	6月24日

（续）

序号	企业名称	产品名称	填报人	报出日期
13	同利	胶合板	李锡福	6月22日
14	荣林	胶合板	马国柱	6月24日
15	武帝	胶合板	杨铭	6月24日
16	静文	胶合板	刘孟书	6月24日
17	鑫洋	胶合板	王振槐	6月23日
18	星驰	胶合板	张国栋	6月22日
19	洪宽	胶合板	严洪明	6月23日
20	吉海	胶合板	马国柱	6月22日
21	嘉林	胶合板	王法民	6月22日
22	泰立	细木工板	李军军	6月23日
23	祥云	细木工板	翟德同	6月24日
24	新四通	细木工板	刘太平	6月23日
25	焕城	细木工板	史俊杰	6月22日
26	义元	木地板	张志前	6月24日

二、 计算说明

1. 中林指数(FPMI)计算表

序号	0	1	2	3	4
指数名称	FPMI	FPMI－001	FPMI－002	FPMI－003	FPMI－004
产品名称	林业产业	纤维板	刨花板	胶合板	细木工板
填报企业	25	5	4	12	4
01 生产量(%)	89.79	80	100	91.67	87.5
02 产品订货(%)	91.67	100	100	79.17	87.5
021 出口订货(%)	75.00	50	无	100	无
03 现有订货(%)	65.83	30	100	58.33	75
04 产成品库存(%)	22.29	60	0	29.17	0
05 采购量(%)	83.13	70	100	87.5	75
051 进口	25.00	25	无	无	无
06 购进价格(%)	54.17	50	50	54.17	62.5
061 价格					
0611 上升	原料	原料	原料	原料	原料

（续）

序号	0	1	2	3	4
0612 下降	甲醛煤炭	甲醛	煤炭	煤炭	煤炭
07 原材料库存(%)	76.46	60	100	70.83	75
08 生产经营人员(%)	75.00	50	87.5	75	87.5
09 供应配送(%)	87.71	80	100	83.33	87.5
091 提前订货(天)					
0911 国内原材料(天)	14	36	0	18	0
0912 进口原材料(天)	20	30	0	30	无
0913 零部件(天)	14	36	0	18	0
0914 固定资产(天)	38	67.5	30	16	40
092 原材料短缺	无	无	无	无	无
10 遇到的问题	有	有	无	有	无
FPMI(%)	80.33	78.00	87.5	77.08	78.75

2. 纤维板指数(FPMI-001)计算表

序号	0	1	2	3	4	5
企业名称	河北文安	鑫耀	新裕	和民	嘉润	华林
产品名称	FPMI－001	纤维板	纤维板	纤维板	纤维板	纤维板
报出日期	6 月 30 日	6 月 25 日	6 月 23 日	6 月 23 日	6 月 22 日	6 月 23 日
01 生产量(%)	80	50	50	100	100	100
02 产品订货(%)	100	100	100	100	100	100
021 出口订货(%)	50	50	无	无	无	无
03 现有订货(%)	30	0	50	0	50	50
04 产成品库存(%)	60	100	0	50	100	50
05 采购量(%)	70	50	50	50	100	100
051 进口	25	0	50	无	无	无
06 购进价格(%)	50	50	50	50	50	50
061 价格						
0611 上升	原料	枝丫材、二级料	大柴	无	持平	无
0612 下降	甲醛	无	甲醛	无	无	无
07 原材料库存(%)	60	50	100	50	50	50
08 生产经营人员(%)	50	50	50	50	50	50
09 供应配送(%)	80	100	100	50	50	100
091 提前订货(天)						

（续）

序号	0	1	2	3	4	5
0911 国内原材料(天)	36	30	0	30	30	90
0912 进口原材料(天)	30	无	无	无	无	30
0913 零部件(天)	36	30	30	60	0	60
0914 固定资产(天)	67.5	30	60	无	90	90
092 原材料短缺	无	无	无	无	无	无
10 遇到的问题	有	有	有	无	有	有
FPMI－001(%)	78.00	77.50	67.50	77.50	82.50	85.00

3. 刨花板指数(FPMI-002)计算表

序号	0	1	2	3	4
企业名称	河北文安	胜信	意和	民丰	兴源
产品名称	FPMI-002	刨花板	刨花板	刨花板	刨花板
报出日期	6月30日	6月24日	6月24日	6月23日	6月24日
01 生产量(%)	100	100	100	100	100
02 产品订货(%)	100	100	100	100	100
021 出口订货(%)	无	无	无	无	无
03 现有订货(%)	100	100	100	100	100
04 产成品库存(%)	0	0	0	0	0
05 采购量(%)	100	100	100	100	100
051 进口	无	无	无	无	无
06 购进价格(%)	50	50	50	50	50
061 价格					
0611 上升	原料	夹心、膜纸、胶等	刨花、胶等	刨花、胶等	刨花、胶等
0612 下降	煤炭	煤炭	煤炭	煤炭	煤炭
07 原材料库存(%)	100	100	100	100	100
08 生产经营人员(%)	87.5	100	100	100	50
09 供应配送(%)	100	100	100	100	100
091 提前订货(天)					
0911 国内原材料(天)	0	0	0	0	0
0912 进口原材料(天)	0	无	无	无	0
0913 零部件(天)	0	0	0	0	0
0914 固定资产(天)	30	0	0	60	60
092 原材料短缺	无	无	无	无	无
10 遇到的问题	无	无	无	无	无
FPMI－002(%)	87.50	90.00	90.00	90.00	80.00

4. 胶合板指数(FPMI-003)计算表

序号	0	1	2	3	4	5	6	7	8	9	10	11	12
企业名称	河北文安	宏海	四盛	尊朋	同利	荣林	武帝	静文	鑫洋	星驰	洪宽	吉海	嘉林
产品名称	FPMI－003	胶合板	胶合板	胶合板	胶合板	胶合板	胶合板	胶合板	胶合板	胶合板	胶合板	胶合板	胶合板
01 生产量(%)	91.67	100	100	100	100	100	50	100	100	100	50	100	100
02 产品订货(%)	79.17	100	100	100	100	50	50	50	100	100	0	100	100
021 出口订货(%)	100	无	无	无	100	无	无	无	无	无	无	无	无
03 现有订货(%)	58.33	100	100	100	50	50	50	50	50	50	0	50	50
04 产成品库存(%)	29.17	0	0	0	100	0	50	0	50	50	50	0	50
05 采购量(%)	87.50	100	100	100	50	50	100	100	100	100	50	100	100
051 进口	无	无	无	无	无	无	无	无	无	无	无	无	无
06 购进价格(%)	54.17	50	50	50	50	50	50	50	50	50	50	100	50
061 价格													
0611 上升	原料	夹心、三聚氰胺纸、胶、进口木材、刨花、模板纸、原木等											
0612 下降	煤炭	煤炭	煤炭	煤炭	无	煤炭	煤炭	煤炭	无	无	化工类	无	无
07 原材料库存(%)	70.83	100	100	100	50	50	50	100	100	50	0	100	50
08 生产经营人员(%)	75.00	100	100	100	50	50	50	100	50	50	50	100	100
09 供应配送(%)	83.33	100	100	100	50	50	100	100	50	100	100	100	50
091 提前订货(天)													
0911 国内原材料(天)	18	0	0	0	30	0	0	0	60	60	0	0	60
0912 进口原材料(天)	30	无	无	无	无	无	无	无	无	无	30	无	30
0913 零部件(天)	18	0	0	0	30	0	0	0	0	90	0	0	90
0914 固定资产(天)	16	0	0	0	60	0	0	0	30	60	无	0	30
092 原材料短缺	无	无	无	无	无	无	无	无	无	无	无	无	无
10 遇到的问题	有	无	无	无	无	无	无	无	无	无	有	无	有
FPMI-003(%)	77.08	90.00	90.00	90.00	82.50	57.50	57.50	75.00	77.50	85.00	42.50	90.00	87.50

5. 细木工板指数(FPMI-004)计算表

序号	0	1	2	3	4
企业名称	河北文安	祥云	新四通	焕城	泰立
产品名称	细木工板	细木工板	细木工板	细木工板	细木工板
报出日期	6月30日	6月24日	6月23日	6月22日	6月23日
01 生产量(%)	87.5	100	100	100	50
02 产品订货(%)	87.5	100	100	100	50
021 出口订货(%)	无	无	无	无	无
03 现有订货(%)	75	100	50	100	50
04 产成品库存(%)	0	0	0	0	0
05 采购量(%)	75	100	50	100	50
051 进口	无	无	无	无	无
06 购进价格(%)	62.5	50	50	50	100
061 价格					
0611 上升	原料	面皮、大芯板坯板、胶、胶面粉等			
0612 下降	煤炭	煤炭	煤炭	煤炭	无
07 原材料库存(%)	75	100	50	100	50
08 生产经营人员(%)	87.5	100	100	100	50
09 供应配送(%)	87.5	100	100	100	50
091 提前订货(天)					
0911 国内原材料(天)	0	0	0	0	0
0912 进口原材料(天)	无	无	无	无	无
0913 零部件(天)	0	0	0	0	0
0914 固定资产(天)	40	0	60	60	无
092 原材料短缺	无	无	无	无	无
10 遇到的问题	无	无	无	无	有
FPMI-004(%)	78.75	90.00	90.00	90.00	45.00

三、 指数说明

1. 中林指数(FPMI)

中林指数(FPMI)，是一个综合指数。该指数是由林业产品指数(FPMI－00XX)综合而成。中林指数的全称是，中国林业产业采购经理综合指数(FPMI)。

2. 中林产品指数(FPMI－00XX)

中林产品指数(FPMI－00XX)，是一个综合指数。是中国林业产业采购经理综合指数(FPMI)的基本构成。该指数是由林业企业填报数据(FPMI－XX)综合而成。中林产品指数的全称是，中国林业产业某产品采购经理综合指数。

3. 中林地区指数(FPMI－0000XX)

中林地区指数(FPMI－0000XX)，是一个综合指数。是中国林业产业采购经理综合指数(FPMI)的一个特例。是根据调查的需要或该地区的愿望，而特别计算的一个特例。即该指数是由该地区中林产品指数(FPMI－00XX)及其林业企业填报数据(FPMI－XX)综合而成。是与中国林业产业采购经理综合指数(FPMI)的计算方法完全一样的。中林地区指数的全称是，中国林业产业某地区采购经理综合指数。

4. 中林企业指数(FPMI－000000XX)

中林企业指数(FPMI－0000XXX)，是一个综合指数。是中国林业产业采购经理综合指数(FPMI)或地区指数的一个特例。是根据调查的需要或该企业的愿望，而特别计算的一个特例。即该指数是由林业企业填报数据(FPMI－XX)计算而成。是与中国林业产业采购经理综合指数(FPMI)或中林地区指数(FPMI－0000XX)的计算方法完全一样的。中林企业指数的全称是，中国林业产业某企业采购经理指数。

5. 林业企业填报数(FPMI－XX)

林业企业填报数(FPMI－XX)，是供计算的数据。是由林业企业填报，是按照“增加、持平、减少”等勾选而成。该填报企业按“经营规模大、中、小，经营水平好、中、差”的原则选择形成。

6. 单个指数(FPMI－00XX)

单个指数(FPMI－XX)，即指数计算或填报《表》上的指标名称。在数据处理上，按照国际通行做法，采用扩散指数方法。即根据企业填报数据(FPMI－XX)，无论是林业产业、林业产品、林业地区、林业企业等，都可以计算出单个指数(FPMI－00XX)。

计算出的单个指数(FPMI－00XX)，是一个数值。是按照“增加=1、持平=0.5、减少=0”的设置，剔除无关项(如“不好估计”、“没有出口”、“没有进口”等)，直接计算“增加、持平、减少”三选项在填报企业个数中所占的百分比计算而成。其计算公式如下：

单个指数(FPMI－00XX)=“增加”选项在填报企业个数中的百分比×1+“持平”选项在填报企业个数中的百分比×0.5+“减少”选项在填报企业个数中的百分比×0

即

单个指数(FPMI－00XX)=“增加”选项在填报企业个数中的百分比×1+“持平”选项在填报企业个数中的百分比×0.5

单个指数的计算涉及生产量、产品订货、出口订货、现有订货、产成品库存、采购量、进口、购进价格、主要原材料库存、生产经营人员、供应商配送时间等，而原材料订货提前天数单独处理，开放性问题不参加计算。

如此计算的单个指数(FPMI－00XX)，如果在50%以上，反映其“增加”；如果低于50%，通常反映其在“减少”。

7. 综合指数(FPMI)

综合指数(FPMI)，由单个指数加权而成。在数据处理上，按照国际通行做法，采用综合指数方法。即根据已经计算出的单个指数(FPMI－00XX)，无论是林业产业、林业产品、林业地区、林业企业等，都可以计算出综合指数(FPMI)。

综合指数(FPMI)由5个单个指数加权而成，即产品订货(简称订单)、生产量(简称生产)、生产经营人员(简称雇员)、供应商配送时间(简称配送)、主要原材料库存(简称存货)。这5个指数是依据其对经济的先行影响程度而定，各指数的权重分别是：订单30%，生产25%，雇员20%，配送15%，存货10%。计算公式如下：

$$PMI = 订单 \times 30\% + 生产 \times 25\% + 雇员 \times 20\% + 配送 \times 15\% + 存货 \times 10\%$$

如此计算的PMI指数，如果在50%以上，反映其扩张；反之，如果低于50%，通常反映其在衰退。

8. 中林指数体系(FPMI－XXXXXXXX)

中林指数体系(FPMI－XXXXXXXX)包括综合指数、单个指数、企业填报数据。

综合指数，包括中林指数(FPMI)、中林产品指数(FPMI－00XX)、中林地区指数(FPMI－000000XX)、中林企业指数(FPMI－000000XX)。是由单个指数(FPMI－00XX)或企业填报数据(FPMI－XX)合并计算而成。

单个指数(FPMI－00XX)，包括FPMI－01生产量、FPMI－02产品订货、FPMI－021出口订货、FPMI－03现有订货、FPMI－04产成品库存、FPMI－06购进价格、FPMI－07原材料库存、FPMI－08生产经营人员、FPMI－09供应配送等。是由企业填报数据(FPMI－XX)合并计算而成。

林业企业填报数据(FPMI－XX)，是由企业填报而成。包括FPMI－01生产量、FPMI－02产品订货、FPMI－021出口订货、FPMI－03现有订货、FPMI－04产成品库存、FPMI－05采购量、FPMI－051进口、FPMI－06购进价格、FPMI－061价格、FPMI－0611价格上升、FPMI－0612价格下降、FPMI－07原材料库存、FPMI－08生产经营人员、FPMI－09供应配送、FPMI－091提前订货、FPMI－0911国内原材料提前订货、FPMI－0912进口原材料提前订货、FPMI－0913零部件提前订货、FPMI－0914固定资产提前订货、FPMI－092原材料短缺、FPMI－10遇到的问题等。其中有的参加合并计算，有的不参加合并计算。

四、填报汇总

林业企业填报数据（FPMI－XX）汇总表

序号	企业名称	产品名称	报出日期	01生产量	02产品订货	021出口订货	03现有订货	04产成品库存	05采购量	051进口	06购进价格	061价格	0611上升	0612下降	07原材料库存	08生产经营人员	09供应配送	091提前订货	0911国内原材料	0912进口原材料	0913零部件	0914固定资产	092原材料短缺	10遇到的问题
1	鑫耀	纤维板	6月25日	持平	增加	持平	减少	增加	持平	减少	变化少		枝丫材、二级料	无	持平	持平	加快		30天	无	30天	30天	无	有
2	新裕	纤维板	6月23日	持平	增加	无	持平	减少	持平	持平	变化少		大柴	甲醛	增加	持平	加快		随买	无	30天	60天	无	有
3	和民	纤维板	6月23日	增加	增加	无	减少	无	持平	无	变化少		无	无	持平	无	无		30天	无	60天	无	无	无
4	嘉润	纤维板	6月22日	增加	增加	无	持平	增加	增加	无	变化少		持平	无	持平	持平	差别少		30天	无	随买	90天	无	有
5	华林	纤维板	6月23日	增加	增加	无	持平	持平	增加	无	变化少		无	无	持平	持平	加快		90天	30天	60天	90天	无	有
6	胜信	刨花板	6月24日	增加	增加	无	增加	减少	增加	无	变化少		夹心、膜纸、胶等	煤炭	增加	增加	加快		随买	无	随买	随买	无	无
7	意和	刨花板	6月24日	增加	增加	无	增加	减少	增加	无	变化少		刨花、胶等	煤炭	增加	增加	加快		随买	无	随买	随买	无	无
8	民丰	刨花板	6月23日	增加	增加	无	增加	减少	增加	无	变化少		刨花、胶等	煤炭	增加	增加	加快		随买	无	随买	60天	无	无
9	兴源	刨花板	6月24日	增加	增加	无	增加	减少	增加	无	变化少		刨花、胶等	煤炭	增加	持平	加快		随买	随买	随买	60天	无	无

（续）

序号	企业名称	产品名称	报出日期	01 生产量	02 产品订货	021 出口订货	03 现有订货	04 产成品库存	05 采购量	051 进口	06 购进价格	061 价格	0611 上升	0612 下降	07 原材料库存	08 生产经营人员	09 供应配送	091 提前订货	0911 国内原材料	0912 进口原材料	0913 零部件	0914 固定资产	092 原材料短缺	10 遇到的问题
10	宏海	胶合板	6月23日	增加	增加	无	增加	减少	增加	无	变化少		夹心、三聚氰胺纸、胶等	煤炭	增加	增加	加快		随买	无	随买	随买	无	无
11	四盛	胶合板	6月22日	增加	增加	无	增加	减少	增加	无	变化少		进口木材、胶等	煤炭	增加	增加	加快		随买	无	随买	随买	无	无
12	尊朋	胶合板	6月24日	增加	增加	无	增加	减少	增加	无	变化少		刨花、胶等	煤炭	增加	增加	加快		随买	无	随买	随买	无	无
13	同利	胶合板	6月22日	增加	增加	增加	持平	增加	持平	无	变化少		无	无	持平	持平	差别少		30天	无	30天	60天	无	无
14	荣林	胶合板	6月24日	增加	持平	无	持平	减少	持平	无	变化少		夹心、模板纸、胶等	煤炭	持平	持平	差别少		随买	无	随买	随买	无	无
15	武帝	胶合板	6月24日	持平	持平	无	持平	持平	增加	无	变化少		夹心、模板纸、胶等	煤炭	持平	持平	加快		随买	无	随买	随买	无	无
16	静文	胶合板	6月24日	增加	持平	无	持平	减少	增加	无	变化少		夹心、胶等	煤炭	增加	增加	加快		随买	无	随买	随买	无	无
17	鑫洋	胶合板	6月23日	增加	增加	无	持平	持平	增加	无	变化少		无	无	增加	持平	差别少		60天	无	随买	30天	无	无
18	星驰	胶合板	6月22日	增加	增加	无	持平	持平	增加	无	变化少		无	无	持平	持平	加快		60天	无	90天	60天	无	无
19	洪宽	胶合板	6月23日	持平	减少	无	减少	持平	持平	无	变化少		原木、面粉	化工类	减少	持平	加快		随买	30天	随买	无订货	无	有
20	吉海	胶合板	6月22日	增加	增加	无	持平	减少	增加	无	上升		进口木材、夹心、胶等	无	增加	增加	加快		随买	无	随买	随买	无	无

（续）

序号	企业名称	产品名称	报出日期	01 生产量	02 产品订货	021 出口订货	03 现有订货	04 产成品库存	05 采购量	051 进口	06 购进价格	061 价格	0611 上升	0612 下降	07 原材料库存	08 生产经营人员	09 供应配送	091 提前订货	0911 国内原材料	0912 进口原材料	0913 零部件	0914 固定资产	092 原材料短缺	10 遇到的问题
21	嘉林	胶合板	6月22日	增加	增加	无	持平	持平	增加	无	变化少		无	无	持平	增加	差别少		60天	30天	90天	30天	无	有
22	泰立	细木工板	6月23日	持平	持平	无	不好估计	减少	持平	无	上升		胶面粉	无	持平	持平	差别少		随买	无	随买	无订货	无	有
23	祥云	细木工板	6月24日	增加	增加	无	增加	减少	增加	无	变化少		面皮、大芯板坯板、胶等	煤炭	增加	增加	加快		随买	无	随买	随买	无	无
24	新四通	细木工板	6月23日	增加	增加	无	持平	减少	持平	无	变化少		面皮、大芯板坯板、胶等	煤炭	持平	增加	加快		随买	无	随买	60天	无	无
25	焕城	细木工板	6月22日	增加	增加	无	增加	减少	增加	无	变化少		面皮、大芯板坯板、胶等	煤炭	增加	增加	加快		随买	无	随买	60天	无	无
26	义元	木地板	6月24日	增加	增加	无	增加	减少	增加	无	变化少		面皮、大芯板坯板、胶等	煤炭	增加	增加	加快		随买	无	随买	随买	无	无

中国森林认证　森林经营*

1　范围

本标准规定了森林可持续经营认证应遵循的指标体系。

本标准适用于具有资质的森林认证机构对森林经营单位的森林经营活动进行审核和评估。

2　术语和定义

下列术语和定义适用于本文件。

2.1　森林认证　forest certification

一种运用市场机制来促进森林可持续经营的工具，包括森林经营认证和产销监管链认证。森林经营认证是通过审核和评估森林经营单位的森林经营活动，以证明其是否实现了森林可持续经营。产销监管链认证是对林产品生产销售企业的各个环节，即从加工、制造、运输、储存、销售直至最终消费者的整个监管链进行审核和评估，以证明林产品的原料来源。

2.2　产销监管链　chain of custody

林产品原料来源信息的处理过程，藉此企业可对认证原料的成分做出准确和可验证的声明。

2.3　森林经营单位　forest management unit

具有一定面积、边界明确的森林区域，并能依赖确定的经营方案和经营目标开展森林经营、具有法人资格的经营主体。

[GB/T26423 -2010，定义7. 4]

2.4　森林认证机构　forest certification body

具有一定能力和资质，经过国家相关机构认可，根据森林经营认证标准和产销监管链认证标准对森林经营单位的森林经营状况或林产品生产销售企业的产销监管链进行审核和评估的第三方机构。

---

* 本文为中华人民共和国国家标准(GB/T28951 -2012)，由中华人民共和国国家质量监督检验检疫总局和中国国家标准化管理委员会于2012年11月5日发布，于2012年12月1日实施。

中国森林认证管理委员会(CFCC)声明，实施森林经营认证是促进森林可持续经营和林产品国际贸易的一种重要市场手段。本标准规定了我国森林经营单位为实施森林可持续经营认证应达到的要求，为森林认证机构开展森林经营认证审核和评估提供了依据。

2. 5　当地社区　local community

居住在林区内或周边地区、与森林有利益关系的居民形成的社会群体。

2. 6　森林权属　forest tenure

森林、林木、林地的所有者或使用者，依法对森林、林木、林地享有占用、使用、收益和处置的权利，包括森林、林木、林地的所有权和使用权。

2. 7　利益方　stakeholder

与森林经营有直接或间接利益关系或受其影响的团体或个人，如政府部门、当地社区、林业职工、投资者、环保组织、消费者和一般公众等。

2. 8　化学品　chemical

森林经营中所使用的化肥、杀虫剂、杀菌剂、除草剂、激素等化学制品。

2. 9　环境影响分析　environmental impact analysis

分析森林经营活动对环境的实际或潜在影响，以规划如何减少或避免负面影响，扩大正面影响的过程。

3　指标体系

3. 1　国家法律法规和国际公约

3. 1. 1　遵守国家相关法律法规

3. 1. 1. 1　森林经营单位备有现行的国家相关法律法规文本，包括《中华人民共和国森林法》、《中华人民共和国森林法实施条例》、《中华人民共和国民族区域自治法》等(参见附录 A)。

3. 1. 1. 2　森林经营符合国家相关法律法规的要求。

3. 1. 1. 3　森林经营单位的管理人员和作业人员了解国家和地方相关法律法规的要求。

3. 1. 1. 4　曾有违法行为的森林经营单位已依法采取措施及时纠正，并记录在案。

3. 1. 2　依法缴纳税费

3. 1. 2. 1　森林经营单位相关人员了解所需缴纳的税费。

3. 1. 2. 2　森林经营单位依据《中华人民共和国税收征收管理法》、《中华人民共和国企业所得税法》以及其他相关法律法规的要求，按时缴纳税费。

3. 1. 3　依法保护林地，严禁非法转变林地用途

3. 1. 3. 1　森林经营单位采取有效措施，防止非法采伐、在林区内非法定居及其他未经许可的行为。

3. 1. 3. 2　占用、征用林地和改变林地用途应符合国家相关法律法规的规定，并取得林业主管部门的审核或审批文件。

3. 1. 3. 3　改变林地用途确保没有破坏森林生态系统的完整性或导致森林破碎化。

3. 1. 4　遵守国家签署的相关国际公约

3. 1. 4. 1　森林经营单位备有国家签署的、与森林经营相关的国际公约(参见附录 B)。

3.1.4.2 森林经营符合国家签署的、与森林经营相关的国际公约的要求。

3.2 森林权属

3.2.1 森林权属明确

3.2.1.1 森林经营单位具有县级以上人民政府或国务院林业主管部门核发的林权证。

3.2.1.2 承包者或租赁者有相关的合法证明，如承包合同或租赁合同等。

3.2.1.3 森林经营单位有明确的边界，并标记在地图上。

3.2.2 依法解决有关森林、林木和林地所有权及使用权方面的争议

3.2.2.1 森林经营单位在处理有关森林、林木和林地所有权及使用权的争议时，应符合《林木林地权属争议处理办法》的要求。

3.2.2.2 现有的争议和冲突未对森林经营造成严重的负面影响。森林权属争议或利益争端对森林经营产生重大影响的森林经营单位不能通过森林认证。

3.3 当地社区和劳动者权利

3.3.1 为林区及周边地区的居民提供就业、培训与其他社会服务的机会

3.3.1.1 森林经营单位为林区及周边地区的居民(尤其是少数民族)提供了就业、培训与其他社会服务的机会。

3.3.1.2 帮助林区及周边地区(尤其是少数民族地区)进行必要的交通和通讯等基础设施建设。

3.3.2 遵守有关职工劳动与安全方面的规定，确保职工的健康与安全

3.3.2.1 森林经营单位按照《中华人民共和国劳动法》、《中华人民共和国安全生产法》和其他相关法律法规的要求，保障职工的健康与安全。

3.3.2.2 按照国家相关法律法规的规定，支付劳动者工资和提供其他福利待遇，如社会保障、退休金和医疗保障等。

3.3.2.3 保障从事森林经营活动的劳动者的作业安全，配备必要的服装和安全保护装备，提供应急医疗处理并进行必要的安全培训。

3.3.2.4 遵守中国签署的所有国际劳工组织公约的相关规定。

3.3.3 保障职工权益，鼓励职工参与森林经营决策

3.3.3.1 森林经营单位通过职工大会、职工代表大会或工会等形式，保障职工的合法权益。

3.3.3.2 采取多种形式，鼓励职工参与森林经营决策。

3.3.4 不得侵犯当地居民对林木和其他资源所享有的法定权利

3.3.4.1 森林经营单位承认当地社区依法拥有使用和经营土地或资源的权利。

3.3.4.2 采取适当措施，防止森林经营直接或间接地破坏当地居民(尤其是少数民族)的林木及其它资源，以及影响其对这些资源的使用权。

3.3.4.3 当地居民自愿把资源经营权委托给森林经营单位时，双方应签订明确的协议

或合同。

3.3.5　在需要划定和保护对当地居民具有特定文化、生态、经济或宗教意义的林地时，应与当地居民协商

3.3.5.1　在需要划定对当地居民(尤其是在少数民族)具有特定文化、生态、经济或宗教意义的林地时，森林经营单位应与当地居民协商并达成共识。

3.3.5.2　采取措施对上述林地进行保护。

3.3.6　在保障森林经营单位合法权益的前提下，尊重和维护当地居民传统的或经许可进入和利用森林的权利

3.3.6.1　在不影响森林生态系统的完整性和森林经营目标的前提下，森林经营单位应尊重和维护当地居民(尤其是少数民族)传统的或经许可进入和利用森林的权利，如非木质林产品的采集、森林游憩、通行、环境教育等。

3.3.6.2　对某些只能在特殊情况下或特定时间内才可以进入和利用的森林，森林经营单位应做出明确规定并公布于众(尤其是在少数民族地区)。

3.3.7　在森林经营对当地居民的法定权利、财产、资源和生活造成损失或危害时，森林经营单位应与当地居民协商解决，并给予合理的赔偿

3.3.7.1　森林经营单位应采取适当措施，防止森林经营对当地居民(尤其是少数民族)的权利、财产、资源和生活造成损失或危害。

3.3.7.2　在造成损失时，主动与当地居民(尤其是少数民族)协商，依法给予合理的赔偿。

3.3.8　尊重和有偿使用当地居民的传统知识

3.3.8.1　森林经营单位在森林经营中尊重和合理利用当地居民(尤其是少数民族)的传统知识。

3.3.8.2　适当保障当地居民(尤其是少数民族)能够参与森林经营规划的权利。

3.3.9　根据社会影响评估结果调整森林经营活动，并建立与当地社区(尤其是少数民族地区)的协商机制

3.3.9.1　森林经营单位根据森林经营的方式和规模，评估森林经营的社会影响。

3.3.9.2　在森林经营方案和作业计划中考虑了社会影响的评估结果。

3.3.9.3　建立与当地社区和有关各方(尤其是少数民族)沟通与协商的机制。

3.4　森林经营方案

3.4.1　根据上级林业主管部门制定的林业长期规划以及当地条件，编制森林经营方案

3.4.1.1　森林经营单位具有适时、有效、科学的森林经营方案。

3.4.1.2　森林经营方案在编制过程中应广泛征求管理部门、经营单位、当地社区和其他利益方的意见。

3.4.1.3　森林经营方案的编制建立在翔实、准确的森林资源信息基础上，包括及时更新的森林资源档案、有效的森林资源二类调查成果和专业技术档案等信息。同时，也要吸纳最新科研成果，确保其具有科学性。

3.4.1.4 森林经营方案内容应符合森林经营方案编制的有关规定，宜包括以下内容：

——自然社会经济状况，包括森林资源、环境限制因素、土地利用及所有权状况、社会经济条件、社会发展与主导需求、森林经营沿革等；

——森林资源经营评价；

——森林经营方针与经营目标；

——森林功能区划、森林分类与经营类型；

——森林培育和营林，包括种苗生产、更新造林、抚育间伐、林分改造等；

——森林采伐和更新，包括年采伐面积、采伐量、采伐强度、出材量、采伐方式、伐区配置和更新作业等；

——非木质资源经营；

——森林健康和森林保护，包括林业有害生物防控、森林防火、林地生产力维护、森林集水区管理、生物多样性保护等；

——野生动植物保护，特别是珍贵、稀有、濒危物种的保护；

——森林经营基础设施建设与维护；

——投资估算和效益分析；

——森林经营的生态与社会影响评估；

——方案实施的保障措施；

——与森林经营活动有关的必要图表。

3.4.1.5 在信息许可的前提下，向当地社区或上一级行政区的利益方公告森林经营方案的主要内容，包括森林经营的范围和规模、主要的森林经营措施等信息。

3.4.2 根据森林经营方案开展森林经营活动

3.4.2.1 森林经营单位明确实施森林经营方案的职责分工。

3.4.2.2 根据森林经营方案，制定年度作业计划。

3.4.2.3 积极开展科研活动或者支持其他机构开展科学研究。

3.4.3 适时修订森林经营方案

3.4.3.1 森林经营单位及时了解与森林经营相关的林业科技动态及政策信息。

3.4.3.2 根据森林资源的监测结果、最新科技动态及政策信息(包括与木材、非木质林产品和与森林服务有关的最新的市场和经济活动)，以及环境、社会和经济条件的变化，适时(不超过10年)修订森林经营方案。

3.4.4 对林业职工进行必要的培训和指导，使他们具备正确实施作业的能力

3.4.4.1 森林经营单位应制定林业职工培训制度。

3.4.4.2 林业职工受到良好培训，了解并掌握作业要求。

3.4.4.3 林业职工在野外作业时，专业技术人员对其提供必要的技术指导。

3.5 森林资源培育和利用

3.5.1 按作业设计开展森林经营活动

3.5.1.1 森林经营单位根据经营方案和年度作业计划，编制作业设计，按批准的作业设计开展作业活动。

3.5.1.2 在保证经营活动更有利于实现经营目标和确保森林生态系统完整性的前提下，可对作业设计进行适当调整。

3.5.1.3 作业设计的调整内容要备案。

3.5.2 森林经营活动要有明确的资金投入，并确保投入的规模与经营需求相适应

3.5.2.1 森林经营单位充分考虑到经营成本和管理运行成本的承受能力。

3.5.2.1 保证对森林可持续经营的合理投资规模和投资结构。

3.5.3 开展林区多种经营，促进当地经济发展

3.5.3.1 森林经营单位积极开展林区多种经营，可持续利用多种木材和非木质林产品，如林果、油料、食品、饮料、药材和化工原料等。

3.5.3.2 制定主要非木质林产品的经营规划，包括培育、保护和利用的措施。

3.5.3.3 在适宜立地条件下，鼓励发展能形成特定生态系统的传统经营模式，如萌芽林或矮林经营。

3.5.4 种子和苗木的引进、生产及经营应遵守国家和地方相关法律法规的要求，保证种子和苗木的质量

3.5.4.1 森林经营单位对林木种子和苗木的引进、生产及经营符合国家和地方相关法律法规的要求。

3.5.4.2 从事林木种苗生产、经营的单位，应持有县级以上林业行政主管部门核发的“林木种子生产许可证”和“林木种子经营许可证”，并按许可证的规定进行生产和经营。

3.5.4.3 在种苗调拨和出圃前，按国家或地方有关标准进行质量检验，并填写种子、苗木质量检验检疫证书。

3.5.4.4 从国外引进林木种子、苗木及其他繁殖材料，应具有林业行政主管部门进口审批文件和检疫文件。

3.5.5 按照经营目标因地制宜选择造林树种，优先考虑乡土树种，慎用外来树种

3.5.5.1 森林经营单位根据经营目标和适地适树的原则选择造林树种。

3.5.5.2 优先选择乡土树种造林，且尽量减少营造纯林。

3.5.5.3 根据需要，可引进不具入侵性、不影响当地植物生长，并能带来环境、经济效益的外来树种。

3.5.5.4 用外来树种造林后，应认真监测其造林生长情况及其生态影响。

3.5.5.5 不得使用转基因树种。

3.5.6 无林地（包括无立木林地和宜林地）的造林设计和作业符合当地立地条件和经营目标，并有利于提高森林的效益和稳定性

3.5.6.1 森林经营单位造林设计和作业的编制应符合国家和地方相关技术标准和

规定。

3.5.6.2 造林设计符合经营目标的要求，并制定合理的造林、抚育、间伐、主伐和更新计划。

3.5.6.3 采取措施，促进林分结构多样化和增强林分的稳定性。

3.5.6.4 根据森林经营的规模和野生动物的迁徙规律，建立野生动物走廊。

3.5.6.5 造林布局和规划有利于维持和提高自然景观的价值和特性，保持生态连贯性。

3.5.6.6 应考虑促进荒废土地和无立木林地向有林地的转化。

3.5.7 依法进行森林采伐和更新，木材和非木质林产品消耗率不得高于资源的再生能力

3.5.7.1 森林经营单位根据森林资源消耗量低于生长量、合理经营和可持续利用的原则，确定年度采伐量。

3.5.7.2 采伐林木具有林木采伐许可证，按许可证的规定进行采伐。

3.5.7.3 保存年度木材采伐量和采伐地点的记录。

3.5.7.4 森林采伐和更新符合《森林采伐更新管理办法》和《森林采伐作业规程》的要求。

3.5.7.5 木材和非木质林产品的利用未超过其可持续利用所允许的水平。

3.5.8 森林经营应有利于天然林的保护与更新

3.5.8.1 森林经营单位采取有效措施促进天然林的恢复和保护。

3.5.8.2 除非满足以下条件，否则不得将森林转化为其他土地使用类型(包括由天然林转化为人工林)：

——符合国家和当地有关土地利用及森林经营的法律法规和政策，得到政府部门批准，并与有关利益方进行直接协商；

——转化的比例很小；

——不对下述方面造成负面影响：

- 受威胁的森林生态系统；
- 具有文化及社会重要意义的区域；
- 受威胁物种的重要分布区；
- 其他受保护区域；

——有利于实现长期的生态、经济和社会效益，如低产次生林的改造。

3.5.8.3 在遭到破坏的天然林(含天然次生林)林地上营造的人工林，根据其规模和经营目标，划出一定面积的林地使其逐步向天然林转化。

3.5.8.4 在天然林毗邻地区营造的以生态功能为主的人工林，积极诱导其景观和结构向天然林转化，并有利于天然林的保护。

3.5.9 森林经营应减少对资源的浪费和负面影响

3.5.9.1 森林经营单位采用对环境影响小的森林经营作业方式，以减少对森林资源和环境的负面影响，最大限度地降低森林生态系统退化的风险。

3.5.9.2　避免林木采伐和造材过程中的木材浪费和木材等级下降。

3.5.10　鼓励木材和非木质林产品的最佳利用和深加工

3.5.10.1　森林经营单位制定并执行各种促进木材和非木质林产品最佳利用的措施。

3.5.10.12　鼓励对木材和非木质林产品进行深加工，提高产品附加值。

3.5.11　规划、建立和维护足够的基础设施，最大限度地减少对环境的负面影响

3.5.11.1　森林经营单位应规划、建立充足的基础设施，如林道、集材道、桥梁、排水设施等，并维护这些设施的有效性。

3.5.11.2　基础设施的设计、建立和维护对环境的负面影响最小。

3.6　生物多样性保护

3.6.1　存在珍贵、稀有、濒危动植物种时，应建立与森林经营范围和规模以及所保护资源特性相适应的保护区域，并制定相应保护措施

3.6.1.1　森林经营单位备有相关的参考文件，如《濒危野生动植物种国际贸易公约》附录Ⅰ、Ⅱ、Ⅲ(参见附录B)和《国家重点保护野生植物名录》、《国家重点保护野生动物名录》等(参见附录C)。

3.6.1.2　确定本地区需要保护的珍贵、稀有、濒危动植物种及其分布区，并在地图上标注。

3.6.1.3　根据具体情况，划出一定的保护区域和生物走廊带，作为珍贵、稀有、濒危动植物种的分布区。若不能明确划出保护区域或生物走廊带时，则在每种森林类型中保留足够的面积。同时，上述区域的划分要考虑到野生动物在森林中的迁徙。

3.6.1.4　制定针对保护区、保护物种及其生境的具体保护措施，并在森林经营活动中得到有效实施。

3.6.1.5　未开发和利用国家和地方相关法律法规或相关国际公约明令禁止的物种。

3.6.2　限制未经许可的狩猎、诱捕及采集活动

3.6.2.1　森林经营单位的狩猎、诱捕和采集活动符合有关野生动植物保护方面的法规，依法申请狩猎证和采集证。

3.6.2.2　狩猎、诱捕和采集符合国家有关猎捕量和非木质林产品采集量的限额管理政策。

3.6.3　保护典型、稀有、脆弱的森林生态系统，保持其自然状态

3.6.3.1　森林经营单位通过调查确定其经营范围内典型、稀有、脆弱的森林生态系统。

3.6.3.2　制定保护典型、稀有、脆弱的森林生态系统的措施。

3.6.3.3　实施保护措施，维持和提高典型、稀有、脆弱的生态系统的自然状态。

3.6.3.4　识别典型、稀有、脆弱的森林生态系统时，应考虑全球、区域、国家水平上具有重要意义的物种自然分布区和景观区域。

3.6.4 森林经营应采取措施恢复、保持和提高森林生物多样性

3.6.4.1 森林经营单位考虑采取下列措施保持和提高森林生物多样性：

——采用可降低负面影响的作业方式；

——森林经营体系有利于维持和提高当地森林生态系统的结构、功能和多样性；

——保持和提高森林的天然特性。

3.6.4.2 考虑到对森林健康和稳定性以及对周边生态系统的潜在影响，应尽可能保留一定数量且分布合理的枯立木、枯倒木、空心树、老龄树及稀有树种，以维持生物多样性。

3.7 环境影响

3.7.1 考虑森林经营作业对森林生态环境的影响

3.7.1.1 森林经营单位根据森林经营的规模、强度及资源特性，分析森林经营活动对环境的潜在影响。

3.7.1.2 根据分析结果，采用特定方式或方法，调整或改进森林作业方式，减少森林经营活动(包括使用化肥)对环境的影响，避免导致森林生态系统的退化和破坏。

3.7.1.3 对改进的经营措施进行记录和监测，以确保改进效果。

3.7.2 森林经营作业应采取各种保护措施，维护林地的自然特性，保护水资源，防止地力衰退

3.7.2.1 森林经营单位在森林经营中，应采取有效措施最大限度地减少整地、造林、抚育、采伐、更新和道路建设等人为活动对林地的破坏，维护森林土壤的自然特性及其长期生产力。

3.7.2.2 减少森林经营对水资源质量、数量的不良影响，控制水土流失，避免对森林集水区造成重大破坏。

3.7.2.3 在溪河两侧和水体周围，建立足够宽的缓冲区，并在林相图或森林作业设计图中予以标注。

3.7.2.4 减少化肥使用，利用有机肥和生物肥料，增加土壤肥力。

3.7.2.5 通过营林或其他方法，恢复退化的森林生态系统。

3.7.3 严格控制使用化学品，最大限度地减少因使用化学品造成的环境影响

3.7.3.1 森林经营单位应列出所有化学品(杀虫剂、除草剂、灭菌剂、灭鼠剂等)的最新清单和文件，内容包括品名、有效成分、使用方法等。

3.7.3.2 除非没有替代选择，否则禁止使用世界卫生组织1A和1B类杀虫剂，以及国家相关法律法规禁止的其他高剧毒杀虫剂(参见附录A)。

3.7.3.3 禁止使用氯化烃类化学品，以及其他可能在食物链中残留生物活性和沉积的其他杀虫剂。

3.7.3.4 保存安全使用化学品的过程记录，并遵循化学品安全使用指南，采用恰当的设备并进行培训。

3.7.3.5　备有化学品的运输、储存、使用以及事故性溢出后的应急处理程序。

3.7.3.6　应确保以环境无害的方式处理无机垃圾和不可循环利用的垃圾。

3.7.3.7　提供适当的装备和技术培训，最大限度地减少因使用化学品而导致的环境污染和对人类健康的危害。

3.7.3.8　采用符合环保要求的方法及时处理化学品的废弃物和容器。

3.7.3.9　开展森林经营活动时，应严格避免在林地上的漏油现象。

3.7.4　严格控制和监测外来物种的引进，防止外来入侵物种造成不良的生态后果

3.7.4.1　森林经营单位应对外来物种严格检疫并评估其对生态环境的负面影响，在确保对环境和生物多样性不造成破坏的前提下，才能引进外来物种。

3.7.4.2　对外来物种的使用进行记录，并监测其生态影响。

3.7.4.3　制定并执行控制有害外来入侵物种的措施。

3.7.4.4　维护和提高森林的环境服务功能

3.7.4.5　森林经营单位了解并确定经营区内森林的环境服务功能。

3.7.4.6　采取措施维护和提高这些森林的环境服务功能。

3.7.5　尽可能减少动物种群和放牧对森林的影响

3.7.5.1　森林经营单位应采取措施尽可能减少动物种群对森林更新、生长和生物多样性的影响。

3.7.5.2　采取措施尽可能减少过度放牧对森林更新、生长和生物多样性的影响。

3.8　森林保护

3.8.1　制定林业有害生物防治计划，应以营林措施为基础，采取有利于环境的生物、化学和物理措施，进行林业有害生物综合防治

3.8.1.1　森林经营单位的林业有害生物防治，应符合《森林病虫害防治条例》的要求。

3.8.1.2　开展林业有害生物的预测预报，评估潜在的林业有害生物的影响，制定相应的防治计划。

3.8.1.3　采取营林措施为主，生物、化学和物理防治相结合的林业有害生物综合治理措施。

3.8.1.4　采取有效措施，保护森林内的各种有益生物，提高森林自身抵御林业有害生物的能力。

3.8.2　建立健全森林防火制度，制定并实施防火措施

3.8.2.1　根据《森林防火条例》，森林经营单位应建立森林防火制度。

3.8.2.2　划定森林火险等级区，建立火灾预警机制。

3.8.2.3　制定和实施森林火情监测和防火措施。

3.8.2.4　建设森林防火设施，建立防火组织，制定防火预案，组织本单位的森林防火和扑救工作。

3.8.2.5　进行森林火灾统计，建立火灾档案。

3.8.2.6 林区内避免使用除生产性用火以外的一切明火。

3.8.3 建立健全自然灾害应急措施

3.8.3.1 根据当地自然和气候条件，森林经营单位应制定自然灾害应急预案。

3.8.3.2 采取有效措施，最大程度地减少自然灾害的影响。

3.9 森林监测和档案管理

3.9.1 建立森林监测体系，对森林资源进行适时监测

3.9.1.1 根据上级林业主管部门的统一安排，开展森林资源调查，森林经营单位应建立森林资源档案制度。

3.9.1.2 根据森林经营活动的规模和强度以及当地条件，确定森林监测的内容和指标，建立适宜的监测制度和监测程序，确定森林监测的方式、频度和强度。

3.9.1.3 在信息许可的前提下，定期向公众公布森林监测结果概要。

3.9.1.4 在编制或修订森林经营方案和作业计划中体现森林监测的结果。

3.9.2 森林监测应包括资源状况、森林经营及其社会和环境影响等内容

3.9.2.1 森林经营单位的森林监测，宜关注以下内容：

——主要林产品的储量、产量和资源消耗量；

——森林结构、生长、更新及健康状况；

——动植物（特别是珍贵、稀有、受威胁和濒危的物种）的种类及其数量变化趋势；

——林业有害生物和林火的发生动态和趋势；

——森林采伐及其他经营活动对环境和社会的影响；

——森林经营的成本和效益；

——气候因素和空气污染对林木生长的影响；

——人类活动情况，例如过度放牧或过度畜养；

——年度作业计划的执行情况。

3.9.2.2 按照监测制度连续或定期地开展各项监测活动，并保存监测记录。

3.9.2.3 对监测结果进行比较、分析和评估。

3.9.3 建立档案管理系统，保存相关记录

3.9.3.1 森林经营单位应建立森林资源档案管理系统。

3.9.3.2 建立森林经营活动档案系统。

3.9.3.3 建立木材跟踪管理系统，对木材从采伐、运输、加工到销售整个过程进行跟踪、记录和标识，确保能追溯到林产品的源头。

附录 A

国家相关法律法规

1 法律

中华人民共和国标准化法(1988)
中华人民共和国环境保护法(1989)
中华人民共和国进出境动植物检疫法(1991)
中华人民共和国劳动法(1994)
中华人民共和国枪支管理法(1996)
中华人民共和国促进科技成果转化法(1996)
中华人民共和国森林法(1998)
中华人民共和国防沙治沙法(2001)
中华人民共和国民族区域自治法(2001)
中华人民共和国税收征收管理法(2001)
中华人民共和国工会法(2001)
中华人民共和国环境影响评价法(2002)
中华人民共和国水法(2002)
中华人民共和国农村土地承包法(2002)
中华人民共和国安全生产法(2002)
中华人民共和国土地管理法(2004)
中华人民共和国野生动物保护法(2004)
中华人民共和国种子法(2004)
中国人民共和国企业所得税法(2007)
中华人民共和国物权法(2007)
中华人民共和国动物防疫法(2007)
中华人民共和国水污染防治法(2008)
中华人民共和国水土保持法(2010)

2 法规

森林采伐更新管理办法(1987)
森林病虫害防治条例(1989)
中华人民共和国陆生野生动物保护实施条例(1992)
中华人民共和国野生植物保护条例(1996)
中华人民共和国进出境动植物检疫法实施条例(1996)
中华人民共和国植物新品种保护条例(1997)
中华人民共和国森林法实施条例(2000)

退耕还林条例(2002)
森林防火条例(2008)
中华人民共和国自然保护区条例(2011)
中华人民共和国水土保持法实施条例(2011)
中华人民共和国土地管理法实施条例(2011)
中华人民共和国森林法实施条例(2000)
退耕还林条例(2002)
森林防火条例(2008)

3 部门规章

森林和野生动物类型自然保护区管理办法(1985)
林木林地权属争议处理办法(1996)
国有森林资源资产管理督查的实施办法(试行)(1996)
林木良种推广使用管理办法(1997)
中华人民共和国植物新品种保护条例实施细则(林业部分)(1999)
林木和林地权属登记管理办法(2001)
天然林资源保护工程管理办法(2006)
占用征用林地审核审批管理办法(2001)
林木种子包装和标签管理办法(2002)
林木种子生产、经营许可证管理办法(2002)
国家林业局林木种苗质量监督管理规定(2002)
林木种子生产经营许可证年检制度规定(2003)
引进林木种子苗木及其它繁殖材料检疫审批和监管规定(2003)
天然林资源保护工程档案管理办法(2006)
林木种子质量管理办法(2006)
注：以上部门规章均为国家林业局或原林业部颁布。

4 禁用或严格限制使用化学品文件

中国禁止或严格限制的有毒化学品名录(第一批)(1998)
中国禁止或严格限制的有毒化学品目录(第二批)(2005)
国家明令禁止使用的农药等(农业部公告第 199 号)(2002)
国家明令禁止使用的农药等(农业部公告第 322 号)(2003)
国家明令禁止使用的农药等(农业部公告第 1157 号)(2009)
国家明令禁止使用的农药等(农业部公告第 1586 号)(2011)

附录 B

国家签署的相关国际公约

濒危野生动植物种国际贸易公约

关于特别是作为水禽栖息地的国际重要湿地公约

联合国气候变化框架公约

生物多样性公约

联合国关于在发生严重干旱和/或沙漠化的国家特别是在非洲防治沙漠化的公约

国际劳工组织公约

国际植物新品种保护公约

附录 C

相关技术规程和指南

国家重点保护野生动物名录(1988)

国家重点保护野生植物名录(第一批)(1999)

濒危野生动植物种国际贸易公约秘书处公布禁贸物种和国家名单(2001)

森林经营方案编制与实施纲要(2006)

中国森林可持续经营指南(2006)

GB/T 18337. 3 -2001 生态公益林建设 技术规程

GB/T 15163 -2004 封山(沙)育林技术规程

LY/T 1607 -2003 造林作业设计规程

LY/T 1646 -2005 森林采伐作业规程

LY/T 1706 -2007 速生丰产用材林培育技术规程

LY/T 1690 -2007 低效林改造技术规程

LY/T 1692 -2007 转基因森林植物及其产品重要性评价技术规程

LY/T 2007 -2012 森林经营方案编制与实施规范

LY/T 2008 -2012 简明森林经营方案编制技术规程

中国森林认证　产销监管链

引　言

中国森林认证管理委员会(CFCC)声明，产销监管链认证旨在证明林产品源自于可持续经营的森林、再生原料和其他非争议来源，以帮助采购方选择具有可持续性或其他类似特征的木质林产品。公开原料来源信息旨在促进可持续经营森林的产品的需求和供给，以便通过市场激励机制推动世界森林资源经营管理的不断完善。

实施CFCC产销监管链的总体目标，是向林产品消费者提供产品原料源自于通过CFCC认证的可持续经营的森林或再生原料这一准确和可验证的信息。本标准说明了如何获得从所购原料的来源信息到企业产品的来源信息的过程，并提供了两种可供选择的产销监管链方法，即物理分离法和百分比法。

产销监管链连同特定的CFCC声明或与CFCC互认的森林认证体系的声明的定义一并使用，包括认可认证原料的标准。为此，本标准的核心部分详细规定了使用“认证原料、中性原料和其他原料”这些术语的产销监管链过程，并且在本标准的附录A中对单个声明涉及的这些术语的含义进行了界定。

本标准也规定了实施和管理产销监管链过程所需的管理体系的最低要求。企业的质量管理体系(GB/T 19001—2008)或环境管理体系(GB/T 24001—2004)可以用于实施本标准管理体系的最低要求。

使用者需遵守GB/T 24020－2000和GB/T 24021—2001，因为两者分别是本标准中声明与相关标识使用和再生原料的基础文件。

产品贴标被认为是可纳入企业产销监管链过程的一种可选的传播工具。当企业决定使用“产品上”标识或“产品外”标识时，包括标识所有人制定的标识使用要求在内的一系列要求，将成为整个产销监管链要求的一部分。

1　范围

本标准涵盖了用于实施林产品产销监管链的要求。

本标准适用于实施CFCC要求的第三方合格评定。该评定被视为产品认证，并且认证机构应遵循GB/T 27065－2004的要求。

注：本文为中华人民共和国国家标准(GB/T 28952－2012)，2012年11月20日发布，2012年12月1日起实施。

2 规范性引用文件

下列文件对于本文件的应用是必不可少的。凡是注日期的引用文件，仅所注日期的版本适用于本文件。凡是不注日期的引用文件，其最新版本(包括所有的修改单)适用于本文件。

GB/T 19000－2008 质量管理体系 基础和术语

GB/T 24021－2001 环境管理 环境标志和声明 自我环境声明(Ⅱ型环境标志)

GB/T 27065－2004 产品认证机构通用要求

3 术语和定义

GB/T 19000－2008 中界定的下列术语和定义适用于本文件。

3.1 认可证书 accredited certificate

认证机构在其授权范围内颁发的、标有认可机构标识的证书。

3.2 认证原料 certified material

源自于产销监管链声明所述来源的原材料。

注：CFCC 声明包括认证原料及其供应商的标准，见附录 A。

3.3 认证产品 certified product

经过产销监管链认证并且在声明中包含认证原料的产品。

3.4 林产品产销监管链 chain of custody of forest based products

林产品原料来源信息的处理过程，藉此企业可对认证原料的成分做出准确和可验证的声明。

3.5 声明 claim

描述产品某些特征的信息。

注：本标准特指 CFCC 产销监管链的正式声明，见附录 A。

3.6 声明期 claim period

产销监管链声明使用的周期。

3.7 争议来源 controversial sources

出现了下列森林经营活动的区域：

a)未能遵守地方、国家和或国际法律法规，尤其在下列方面：

——营林作业和采伐作业，包括森林向其它用途的转化；

——划为高环境价值和高文化价值区域的经营活动；

——受保护及濒危物种，包括列入《濒危野生动植物种国际贸易公约》名录的物种；

——与林业工人相关的健康和劳工问题；

——税费的缴纳；

b)使用了转基因生物；

c)将森林转化为其他植被类型，包括将天然林转化为人工林。

注：转基因生物原料禁用政策的期限至2015年12月31日止。

3.8 消费者 customer

单一实体，或者是企业产品的购买者，或者是企业产品的使用者，该产品附有声明。

注：当企业内部具有衍生产品时，也包括企业内部消费者。

3.9 森林原料 forest based material

源自森林或CFCC认可的区域，且符合CFCC森林经营认证要求的原料，也包括源自这些地区的再生原料。

注：森林原料包括木质原料和非木质原料。

3.10 林产品 forest based products

含森林原料的产品。

3.11 贴标 labeling

标签的使用(包括“产品上”及“产品外”使用)。

3.12 中性原料 neutral material

计算认证比例时，来源被判定为中性的原料。

注：CFCC声明定义了中性原料，见附录A。

3.13 企业/组织 company/organization

按照本标准开展认证并在“产品上”进行声明的任何实体。该实体有能力清晰地辨别原料供应商及产品消费者。

3.14 原料来源 material origin

有关产品所使用原料的信息，用以表明原料来源地的特征。

注：原料来源(即“原料来源地的特征”)是指通过CFCC认证的可持续经营的森林，或是回收资源的来源地。本标准包括三种来源类别，分别为认证原料、中性原料和其他原料，分别用于不同的声明。

3.15 其他原料 other material

除认证原料和中性原料以外的原材料。

3.16 CFCC认可的证书 CFCC recognized certificate

包括下列3种情况：

①由CFCC授权的认证机构按照CFCC森林经营认证标准或按照CFCC认可的森林经营体系或标准所颁发的有效的森林经营认证证书；

②由 CFCC 授权的认证机构按照本标准和 CFCC 认可的来源地特殊说明所颁发的有效的产销监管链认证证书；

③由 CFCC 授权的认证机构按照与 CFCC 互认的森林认证体系产销监管链认证标准所颁发的有效的产销监管链认证证书。

3.17 物理分离 physical separation

分离各种不同来源的原料或产品的过程，以确保使用者了解原料/产品的来源。

注：物理分离包括企业厂房中的分离，例如，设立单独的隔离区或特定存放区，或使用标记，以清晰地区分不同来源的原料。

3.18 产品组 product group

企业产销监管链涵盖的范围内，在特定过程中生产或交易的系列产品。

注：企业可在平行生产线或下游生产线上建立一个或多个产品组；实施产销监管链时，产品组也可以仅包含单个产品。

3.19 再生原料 recycled material

包括下列森林原料：

a)生产过程中的废弃材料，但不包括：

——重复利用的原料，如在同一生产过程中重复利用的废旧料、废物料、废金属；

——副产品，如锯材副产品(锯屑、木片、树皮等)或采伐剩余物(树皮、树枝削片、树根等)；

b)由作为产品终端用户的家庭、商业和工业部门或公共机构所产生的、不能再用于原来用途的材料，也包括从产品流通链中回收的原料。

注："重复利用"是指在同一场所的一个生产过程中产生的材料，可以被回收到该过程中继续使用。例如，在人造板平压生产线上产生的剩余物，由于这些剩余物连续进入同一条生产线，因此不能被视为是再生原料。

本定义基于 GB/T 24021－2001 的定义。

3.20 滚动百分比的计算 rolling percentage calculation

根据产品生产或交易前特定时期采购的原料中用于投入生产的部分来计算认证原料的百分比。

3.21 简单百分比的计算 simple percentage calculation

根据通过统计以实物方式投入到产品中的原料来计算认证原料的百分比。

注：以印刷厂为例，简单百分比可以通过计算用于印刷厂所采购和使用的原料而得出。

3.22 供应商 supplier

可被清晰辨别的、直接为相关产品组提供原料及其声明的单一实体。

注：当原料不是由其所有者、而是由另一个实体交付时，企业应依据本条目的定

义指定其中的一家作为其供应商，无论是否是原料所有者均可。例如，一家印刷厂从经销商处采购原料，但是该原料由一家造纸商直接交付，在这种情况下可以选择这两家机构中的任意一家作为供应商。

当企业内部有多个系列产品组时，此定义也包括企业内部的供应商。

4 产销监管链过程要求——物理分离法

4.1 物理分离法的总体要求

4.1.1 对于那些认证原料或产品不会与其他原料或产品混合，或者在整个过程中能够明确区分认证原料或产品的企业，应优先采用物理分离法。

4.1.2 采用物理分离法的企业，应确保在生产或交易过程中的任何阶段都对认证原料进行分离或使其可以被清晰地辨别。

4.1.3 物理分离法也适用于含有多种认证原料的认证产品。

注：企业可以将含有相同百分比成分声明的产品，与其他具有(或不具有)不同百分比成分声明的产品进行物理分离。

4.2 认证原料或认证产品来源的判定

4.2.1 产品交付(进货)阶段的判定

4.2.1.1 每次货品交付时，企业均应从供应商处获得认证原料或产品的必要信息，以核实其认证状况。

4.2.1.2 随附在每次交付的认证原料或产品的文件，应至少包含下列内容：

①收货方的企业名称；

②供应商的身份信息；

③产品的识别信息；

④每种产品的交付数量；

⑤交货日期，或交货周期，或核算周期；

⑥每次交货文件所列的产品原料来源的正式声明(包括认证原料的比例)；

⑦供应商产销监管链认证证书，或森林经营认证证书，或其他可以确认其认证状况的文件与材料的证明。

注：措辞准确的正式声明和确认认证状态的文件在本标准附录A有详细规定，在森林认证体系或标识使用的相关文件中也有相应规定；证书的识别方法可以是数字或字母和数字的组合，通常是指“证书编号”；交货文件可以是符合4.2.1.2要求的发票或其它交货凭证。

4.2.1.3 每次货品交付时，企业都应根据产销监管链认证的声明内容对原料或产品的认证状况进行核实。

注：认证原料定义声明的解释见本标准附录A，也可参考其他相关的森林认证体系或标识使用等文件。

4.2.2 供应商阶段的判定

4.2.2.1 企业应要求所有提供认证原料的供应商提供森林经营认证证书的复印件或产销监管链认证证书的复印件，或其他可以确认其认证状况的文件。

注：本标准附录A或相关的森林认证体系或标识使用文件，对认证原料供应商的要求进行了详细说明。

4.2.2.2 企业应根据按4.2.2.1要求所收到的文件的有效性和范围以及认证原料供应商的要求，来评估供应商的认证状况。

注：除了4.2.2.1中说明的文件之外，企业还宜充分利用由CFCC和其认可的机构或与CFCC互认的森林认证体系和其认可的机构发布的有关认证原料供应商的公开登记信息。

4.3 认证原料或产品的分离

在整个生产或交易(包括贮存)过程中，应能够清晰地辨认含有不同认证成份的认证原料或产品。这应通过下列方式实现：

①在生产和贮存场地进行物理分离；

②按照时间进行物理分离；

③在整个生产或交易过程中对认证原料进行明确的区分。

4.4 认证产品的销售和信息传递

4.4.1 产品的销售和运输文件

4.4.1.1 在向客户销售或为客户运输认证产品时，企业应提供产销监管链认证证书的复印件，或提供可以获得该复印件的途径。当产销监管链认证的范围发生变化时，企业应告知其客户，同时禁止滥用产销监管链认证证书。

注：对于多地点认证，由于不同的地点可分别获得单独的证书(即子证书)以证明其认证状况，此时企业(多地点)须将子证书和母证书的复印件一并提供给客户。

4.4.1.2 为了传递产销监管链认证的声明信息，企业应确定一种单一形式的文件随附于交付的售出(或运输)的产品。包含了正式声明的该文件只能出具给特定的客户。同时企业还应在该文件的原件交付给客户后保存复印件，以确保该文件所包含的信息不被更改。

注：随附于每次交付的文件要涵盖媒介和信息，包括电子媒介信息。交货文件可以是一份发票或其他交货凭证，但需符合4.4.1.1、4.4.1.2及4.4.1.3的要求。

4.4.1.3 随附在每次交付的所有认证产品的文件，应至少包含下列内容：

①客户的身份信息；

②供应商的身份信息；

③产品的识别信息；

④每种产品的交付数量；

⑤交货日期，或交货周期，或核算周期；

⑥每次交货文件所列的产品原料来源的正式声明(包括认证原料的比例)；

⑦供应商产销监管链认证证书，或其他可以确认其认证状况的文件与材料的证明。

措辞准确的正式声明和确认认证状态的文件在本标准附录A有详细规定，在森林认证体系或标识使用的相关文件中也有相应规定；证书的识别方法可以是数字或字母和数字的组合，通常是指“证书编号”。

4.4.2 标识和标签的使用

4.4.2.1 在产销监管链认证范围内，企业以“产品上”或“产品外”方式使用标识或标签时，应获得标识或标签的持有人或其代理人的授权，并遵守授权条款。

注：当企业决定使用标识或标签时，标识或标签的持有人制定的使用规则将成为产销监管链认证要求的一部分。在使用CFCC标识时，“授权”是指由CFCC或其认可的机构所颁发的有效许可，许可“条款”须符合中国森林认证体系有关标识使用的相关规定。

4.4.2.2 企业可以只以“产品上”的方式使用标识，但其认证产品应满足标识或标签持有人所规定的产品贴标的资格要求。

4.4.2.3 企业未在其产品或产品包装上使用标识或标签而进行产销监管链的“产品上”声明时，也应使用正式声明，且该声明应易于识别。

注：措辞准确的“正式声明”内容详见本标准附录A，或参考森林认证体系或标识使用的相关文件。

5 产销监管链过程要求——百分比法

5.1 百分比法的总体要求

5.1.1 百分比法的应用

产销监管链的百分比法适用于将认证原料/产品与其他类别原料相混合的企业。

5.1.2 产品组的含义

5.1.2.1 企业应执行本标准特定产品组产销监管链过程的规定。

5.1.2.2 产品组应是：

①一种单一的产品类型；

②一组产品。该组产品使用了相同或相似的原料投入(如树种或原料种类等)，且投入的原料应使用相同的计量单位，或者能够转换成相同的计量单位。

5.1.2.3 产品组的产品应在同一地点进行生产或加工。

注：该要求不适用于那些无法清晰辨认生产场地的企业(如森林承包商等)和生产过程(如运输、贸易等)。

5.2 来源的判定

5.2.1 产品交付阶段的判定

5.2.1.1 在每次交付产销监管链产品组的原料时，企业应从供应商处获得必要的信息来判定并验证采购原料的来源。

5.2.1.2 随附于每次交付原料的文件，应至少包括下列内容：

①收货方的身份信息；

②供应商的身份信息；

③产品的识别信息；

④交货文件所列的每种产品的交付数量；

⑤交货日期，或交货周期，或核算周期。

注：交货文件可以是符合 5.2.1.2 和 5.2.1.3 关于认证产品或认证原料要求的发票或其他交货凭证。

5.2.1.3 除 5.2.1.2 所要求的内容之外，随附在每次交付认证原料或产品的文件，还应包括下列信息：

①交货文件所列的每种认证产品原料来源的正式声明(包括认证原料的比例)；

②供应商产销监管链认证证书，或森林经营认证证书，或其他可以确认其认证状况的文件与材料的证明。

注：措辞准确的正式声明和确认认证状态的文件在本标准附录 A 有详细规定，在森林认证体系或标识使用的相关文件中也有相应规定。证书的识别方法可以是数字或字母和数字的组合，通常是指“证书编号”。

5.2.1.4 每次交货时，企业应按所实施的产销监管链声明规范将所购原料分为认证原料、中性原料或其他原料。

注：具体声明中对于认证原料、中性原料和其他原料的要求详见本标准附录 A 关于声明的规范说明，或参考森林认证体系或标识使用的相关文件。

5.2.2 供应商阶段的判定

5.2.2.1 企业应要求所有提供认证原料的供应商提供森林经营认证证书或产销监管链认证证书的复印件(或可以获得该文件的途径)，或其他可以确认其认证状况的文件，以证明提供认证原料的供应商已经符合了所设定标准的要求。

注：本标准附录 A，或森林认证体系或标识使用的相关文件，对认证原料供应商的要求和证明其认证状况文件的要求，均进行了详细说明。

5.2.2.2 企业应根据按 5.2.2.1 要求所收到的文件的有效性和范围以及认证原料供应商的要求，来评估供应商的认证状况。

注：除了从供应商获得的文件，企业还宜充分利用由 CFCC 和其认可的机构或与 CFCC 互认的森林认证体系和其认可的机构所发布的有关认证原料供应商的公开登记信息。

5.3 认证原料的百分比计算

5.3.1 企业应依照式(1)分别计算每一产品组在特定声明期的认证原料百分比：

$$Pc = \frac{Vc}{Vc + Vo} \times 100\% \tag{1}$$

式中：

Pc —— 认证原料百分比,%；

Vc —— 认证原料数量；

Vo —— 其他原料数量。

注：除认证原料和其他原料以外，具体声明的要求也包括了未出现在式(1)中的中性原料。因此，原料的总量为认证原料、中性原料和其他原料的总和($Vt = Vc + Vo + Vn$；Vt 表示原料总量，Vn 表示中性原料数量)。

5.3.2 所有用于计算百分比的原料应使用同一计量单位。如需转换，应采用公认的转换率和转换方法。如果没有适用的公认转换率，企业也应确定和使用一种合理而可信的转换率。

5.3.3 如所采购的原料仅包括一部分认证原料时，则只有与声明比例数量对应的原料可以作为认证原料参与计算，剩余的则视作其他原料。

5.3.4 企业应使用下列两种方式来计算认证百分比：

①简单百分比；

②滚动百分比。

5.3.5 采用简单百分比法计算的企业，应根据产品组中具体产品所含原料的数量来计算认证百分比。

5.3.6 采用滚动百分比法计算的企业，应基于在声明期的前一原料投入期内所投入原料的数量来计算特定生产批次的认证原料百分比。如果采用滚动百分比法计算，一般情况下，声明期不应超过 3 个月，原料投入期不应超过 12 个月。

示例：选择声明期为 3 个月和原料投入期为 12 个月的企业，可根据前 12 个月内所购原料数量来计算接下来 3 个月的滚动百分比。

5.4 认证原料百分比向最终产品的转换

5.4.1 平均百分比法

采用平均百分比法的企业，应计算该方法所适用的产品组中所有产品的认证原料百分比。

注：平均百分比法没有规定认证原料百分比的最低阈值。然而，它会作为声明的一部分传递给消费者。

如果某 3 个月声明期内计算的认证百分比是 54%，那么该产品组的所有产品在该声明期内都可以作为包含 54% 认证原料的认证产品进行销售，其声明可表示为“54% CFCC 认证”。

5.4.2 数量信用法

5.4.2.1 对于只采用一种声明的情况，企业应采用数量信用法。当一次接收的原料具有多个来源声明时，企业可根据所有的声明来计算数量信用，也可选择其中的一种声明来计算数量信用。

注：当一次接收到的原料具有两个森林认证体系(例如 CFCC 和与 CFCC 互认的森林认证体系)的声明时，企业可以为它们建立一个共同的信用账户，也可以将它们分别计入各自的信用账户。

5.4.2.2 企业应选用下列方法计算数量信用：

①认证原料百分比和产出产品的数量（见5.4.2.3）；

②所投入的原料和原料的投入产出比（见5.4.2.4）。

5.4.2.3 采用认证原料百分比法的企业，应通过声明期内产品的产出量与该声明期内认证原料百分比的乘积来获得数量信用。

示例：如果某特定声明期内的一个产品组中生产了100吨的产品，同时认证原料百分比为54%，则本期企业产品的数量信用就为54吨（100×0.54）。

5.4.2.4 若企业能够证明所投入的原料与产出产品之间存在固定比率，则可以直接通过投入的认证原料乘以投入产出比率的方法来计算数量信用。

示例：如果投入认证原料的数量是70立方米（具有"70% CFCC认证"声明的100立方米原料），而投入产出比为0.60（1立方米原木产出0.6立方米锯材），那么该企业将得到的锯材数量信用为42立方米。

5.4.2.5 企业应建立使用相同计量单位的信用账户，数量信用将计入该账户中。如果产品组的所有产品具有相同的计量单位，企业宜建立一个信用账户，否则须为产品组中的每个产品类别分别建立信用账户。

5.4.2.6 一般情况下，信用账户内累计的信用总量不能超过过去12个月中投入该账户的信用总和。当产品的生产周期大于12个月时，最长周期可与生产周期相同。

示例：薪材的平均生产周期（包括干燥过程）为18个月，企业可以将12月的最长信用累计周期延长至18个月。

5.4.2.7 企业将信用账户内的数量信用分配给该账户的最终产品时，最终产品得到的数量信用值为认证产品数量与其认证原料百分比的乘积，而且应与信用账户中所分配的数量信用值相同。企业可以将认证产品的认证原料比例选为100%，也可以选为自己认为合适的小于100%的阈值。

示例：如果企业决定向最终产品分配54吨的数量信用，那么该企业可以将54吨产品作为包含100%认证原料的认证产品进行销售（例如54吨声明为"100% CFCC认证"的产品），也可以将x吨产出产品作为包括y%认证原料的认证产品进行销售，此时x×y%＝分配的数量信用（例如77吨产品可以声明为"70% CFCC认证"，此时分配的数量信用为77吨×0.70＝54吨）。

5.5 认证产品的销售和信息传递

5.4.1 产品销售和运输文件

5.5.1.1 在向客户销售或为客户运输认证产品时，企业应提供产销监管链认证证书的复印件，或提供可以获得该复印件的途径，用以证明其符合认证原料供应商的要求。当产销监管链认证的范围发生变化时，企业应告知其客户，同时禁止滥用产销监管链认证证书。

注：对于多地点认证，由于不同的地点可分别获得单独的证书（即子证书）以证明其认证状况，此时企业（多地点）须将子证书和母证书复印件一并提供给客户。

5.5.1.2　为了传递产销监管链认证的声明信息，企业应确定一种单一形式的文件随附于所交付的售出（或运输）的产品。包含了正式声明的该文件只能出具给特定的客户。同时企业还应在该文件原件交付给客户后保存复印件，以确保该文件所包含的信息不被更改。

注：随附于每次交付的文件要涵盖媒介和信息，也包括电子媒介信息。

5.5.1.3　随附在每次交付的所有产销监管链认证产品的文件，应至少包含下列内容：

①客户的身份信息；

②供应商的身份信息；

③产品的识别信息；

④每种产品的交付数量；

⑤交货日期，或交货周期，或核算周期；

5.5.1.4　除5.5.1.3所要求的内容之外，随附在每单认证产品的交货文件，还应包括下列信息：

①交货文件中所列的每种认证产品原料来源的正式声明（包括认证原料的比例）[①]；

②供应商产销监管链认证的证书编号，或其他能确认供应商认证状况的文件。

注：证书的识别方法可以是数字或字母和数字的组合，通常是指“证书编号”。

5.5.2　标识和标签的使用

5.5.2.1　在产销监管链认证范围内，企业以“产品上”或“产品外”方式使用标识或标签时，应获得标识或标签的持有人或其代理人的授权，并遵守授权条款。

注：当企业决定使用标识或标签时，标识或标签的持有人制定的使用规则将成为产销监管链认证要求的一部分。在使用CFCC标识时，“授权”是指由CFCC或其认可的机构所颁发的有效许可，许可“条款”须符合中国森林认证体系有关标识使用的相关规定。

5.5.2.2　企业可以只以“产品上”的方式使用标识，但其认证产品应满足标识或标签持有人所规定的产品贴标的资格要求。

5.6　有争议的来源

企业应建立一套符合本标准附录B的尽职调查系统，以降低认证产品可能包含有争议来源原料的风险。

6　管理体系的最低要求

6.1　总体要求

企业应按下列要求实施管理体系，以确保正确实施和维持产销监管链过程。管理体系应与企业类型、范围和产量相适应。

---

①　措辞准确的正式声明和确认认证状态的文件在本标准附录A有详细规定，在森林认证体系或标识使用的相关文件中也有相应规定。

注：根据 GB/T 19001－2008 和 GB/T 24001－2004 所建立的质量管理体系和环境管理体系能满足本标准对管理体系的最低要求。

6.2 职责和权力

6.2.1 总体职责

6.2.1.1 企业管理层应承诺按本标准实施和维持产销监管链，并形成文件。这一承诺应向企业员工、供应商、消费者和其他利益方公开。

6.2.1.2 企业管理层应指定专人并授权其全权负责产销监管链工作。

6.2.1.3 企业管理层应定期自查产销监管链体系运行状况，以确定是否符合本标准的要求。

6.2.2 产销监管链的职责和权力

企业应指定专人负责产销监管链的实施和运转，并明确相应岗位的职责和权力，至少包括下列方面：

①原料采购和来源判别；

②产品加工，包括物理分离或百分比计算、以及产出产品的转换；

③产品销售和贴标；

④记录保存；

⑤内部审核和不符合项控制；

⑥与有争议来源相关的尽职调查系统。

注：上述产销监管链的职责和权力可以重叠。如涉及多地点实施产销监管链认证，见附录 C。

6.3 程序性文件

企业应建立产销监管链的程序性文件，至少包括下列方面：

①有关产销监管链的组织结构、职责和权力；

②描述原料在生产或交易过程中的流通情况，包括产品组的定义；

③涵盖本标准所有要求的产销监管链程序，包括：

——原料来源的判别；

——认证原料的物理分离（针对采用物理分离法的企业）；

——产品组的定义，认证百分比的计算，数量信用的计算和信用账户的管理（针对采用百分比法的企业）；

——产品的销售或运输，“产品上”的声明与贴标；

④适用时，与有争议来源相关的尽职调查系统的程序；

⑤内部审核程序；

⑥争议解决程序。

6.4 记录保存

6.4.1 企业应建立并保存产销监管链程序，以证明其产销监管链符合本标准的要求并运转有效。企业应保存与产销监管链产品组有关的记录，至少包括下列方面：

①认证原料的所有供应商，包括供应商所持的森林经营认证证书或产销监管链认证证书的复印件，或其他能够证明其符合认证原料供应商标准的文件；

②所有原料的投入，包括原料来源的声明与运输文件；

③认证原料百分比的计算，最终产品的转换数量，以及信用账户的管理（采用数量信用时）；

④产品的销售或运输，包括产品的声明及运输文件；

⑤适用时，与有争议来源有关的尽职调查系统，包括自我声明、风险评估、对高风险供应商的管理；

⑥内部审核、产销监管链定期评审、出现的不符合项及其改进措施；

⑦争议及其解决。

注：记录涵盖了媒介和信息，包括电子媒介信息。

6.4.2　企业应将这些记录至少保存5年。

6.5　资源管理

6.5.1　人力资源或人事

企业应确保并证明所有实施和维持产销监管链的人员经过了相关的培训，有一定的教育程度，具备相关的技能和经验，能够胜任各自的工作。

注：关于产销监管链的社会、健康、安全要求，见附录D。

6.5.2　技术设备

6.5.2.1　企业应依据本标准的相关要求，确定、提供并维护相关基础设施和技术设备，以确保产销监管链的有效实施和运转。

6.6　审查和控制

6.6.1　企业每年应至少进行一次内部审核，审核应涵盖本标准的所有要求，也可根据需要建立改进和预防措施。

6.6.2　每年应对内审报告至少评价一次。

注：内部审核指南参见GB/T 19011－2003。

6.7　投诉

6.7.1　企业应建立相关程序以处理来自供应商、消费者及其他各方对产销监管链的投诉。

6.7.2　企业接到投诉后，应：

①告知投诉人已收到相关投诉；

②收集并核实所有必要信息，对投诉进行评估和验证，并做出决策；

③正式向投诉人告知投诉处理决定与处理过程；

④确保采取适当的改进及预防措施。

6.8 分包

6.8.1 企业产销监管链也应涵盖产品生产过程中在企业内部或外部出现的分包行为。

6.8.2 企业仅就下列情况视为分包：分包商从企业接收原料进行分包作业时，将所接收的原料与其他原料分开存放，当分包作业完成后，分包商应将加工后的原料返回该企业；或分包商生产的产品，其销售和运输仍应由该企业负责。

注：例如一家具有产销监管链的印刷厂将裁切装订的流程分包给一家分包商，当该分包商完成上述流程后将印刷品运回印刷厂，上述行为就可被看作是分包行为。参与原料采购或产品销售的机构要求执行自身的产销监管链。“从企业处接到原料”和“将处理后的原料返回到本企业”也包括了下述情形，即：分包商代表本企业直接从供应商处获取原料，或者分包商代表企业将产品直接配送给客户。在这些情形下，企业仍对产销监管链负责，包括有关原料采购、产品销售、信息沟通的要求。分包活动与5.1.2.3没有冲突，即要求产品组在同一地点进行生产。

6.8.3 企业应对其产销监管链的分包行为完全负责。

6.8.4 企业应与所有分包商签订书面合同，以确保原料或产品与其他原料或产品分开存放。

6.8.5 企业内审程序应涵盖分包商的活动。

附录 A

“CFCC 认证”原料的声明规范

1 介绍

当企业按本标准建立产销监管链体系时，应按此规范对 CFCC 认证原料进行声明。

2 正式声明

当企业在最终产品中传递认证原料的组成时，声明方式应为“X% CFCC 认证”。

3 原料分类

3.1 认证原料

认证原料包括下列两大类：

3.1.1 不涉及转基因生物来源的森林原料，并且交付时带有“X% CFCC 认证”的供应商声明。该供应商应持下列文件或证书的一种①。

——CFCC 认可的认证证书；

——与 CFCC 互认的森林认证体系认可的认证证书；

——能够确认供应商属于 CFCC 认证证书范围的文件；

——能够确认供应商属于与 CFCC 互认的森林认证体系认可的认证证书范围的文件。

3.1.2 再生原料（交付时不带有“CFCC 认证”声明的产品）。

转基因生物原料禁用政策的期限至 2015 年 12 月 31 日。

3.2 中性原料

森林原料之外的原料。

3.3 其他原料

未通过认证的森林原料。

4 “CFCC 认证”声明使用的额外要求

对于使用了再生原料的产品，企业应按照 GB/T 24021－2001 对再生原料的含量进行计算，并在有关方面提出要求时予以告知。

---

① “能够确认供应商属于 CFCC 认证证书及与 CFCC 互认的森林认证体系认可的认证证书范围的文件”适用于区域或联合森林经营认证或多地点（联合）产销监管链认证。在这种情况下，供应商会得到一份涉及 CFCC 认证证书及与 CFCC 互认的森林认证体系认可的认证证书范围的文件。

附录 B

实施避免采购争议来源原料的 CFCC 尽职调查系统

1 适用对象

1.1 所有开展产销监管链认证并使用百分比法的企业，如采用了下列原料以外的森林原料，应实施尽职调查系统(DDS)：

①认证原料/产品；

②再生原料；

③认证原料/产品中的非认证部分；

④持有 CFCC 尽职调查系统证书的供应商提供的原料。

1.2 不开展产销监管链认证的企业，也可以开展尽职调查，以帮助 CFCC 认可的认证机构开展第三方认证。

1.3 企业应明确实施 CFCC 尽职调查系统的产品组。

1.4 建立 CFCC 尽职调查系统的企业，不应对非争议来源原料的产品进行“产品上”尽职调查系统的声明。尽职调查系统的信息只可在与尽职调查系统相关的特定产品组中显示。

1.5 企业的管理体系应符合本标准第 6 章的要求，并能够支持 CFCC 尽职调查系统。

1.6 企业应按照下列三个步骤执行 CFCC 尽职调查系统：

①供应商的自我声明；

②风险评估；

③高风险供应商管理。

1.7 如所采购的原料涉及《濒危野生动植物种国际贸易公约》附录中的受威胁或濒危物种，企业应按照《濒危野生动植物种国际贸易公约》和其他相关国际公约以及国家法律法规进行处理。

1.8 企业不得从受到联合国或欧盟林产品进出口制裁的国家采购森林原料。

1.9 实施 CFCC 尽职调查系统的产品组中使用的木质原料不得涉及转基因生物来源。

1.10 实施 CFCC 尽职调查系统的产品组中使用的森林原料不得涉及任何森林向其它植被类型的转换，包括天然林转化为人工林。

2 供应商的自我声明

2.1 企业应要求所有涉及 CFCC 尽职调查系统的原料供应商签署自我声明，以表明所供应的原料不是来自有争议的来源，除非该原料是由根据尽责调查系统风险管理评估为“低”风险国家/地区的森林经营单位直接提供的。

2.2　供应商的自我声明应承诺：

①尽最大可能确保供应的原料不涉及有争议来源；

②提供有关原料来源的国家或地区；

③当所供应的原料被认定具有高风险时，供应商需向企业提供必要的信息，来判定高风险原料的来源和流通过程，包括提供原料来源的森林经营单位与整个供应链；

④当所供应的原料被认定具有高风险时，供应商应确保企业能够对其运行情况与供应链内上游供应商的运行情况进行第二方或第三方核查。

注：本附录所用的“国家或地区”是指生产原料的“国家或地区”，“地区”是指亚国家层次。

2.3　如果企业与供应商签订合同，合同文本应包括 B.2.2 中的要求。

3　风险评估

3.1　对于 CFCC 尽职调查系统涉及的产品组中投入的原料，企业应实施风险评估以确定其是否来自争议来源。

3.2　根据企业的风险评估结果，将原料供应分为“高风险”类和“低风险”类。

3.3　企业风险评估的内容应基于下列分析：

①供应国或地区存在争议来源问题的可能性(简称为国家或地区层面的可能性)

②供应链上无法辨别的潜在争议来源的可能性(简称为供应链层面的可能性)

3.4　企业应综合考虑上述两个层面的可能性来确定风险，并在上述两个层面的可能性均被评定为“高”的情况下，将供应商划为“高风险”类供应商(图 1)。

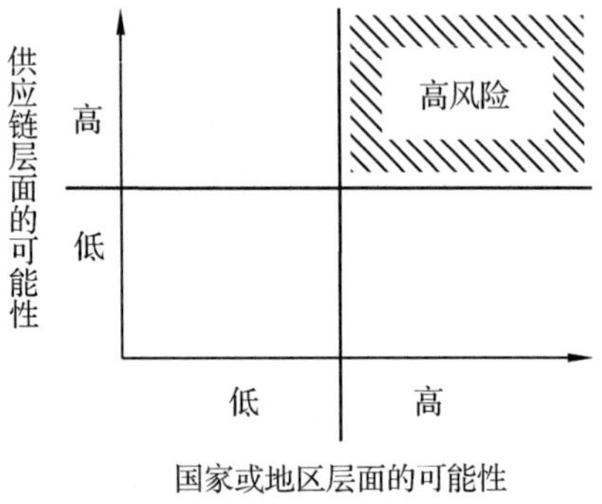

图 1　“高风险”类供应商确定示意图

3.5　当表 1 的任何一项指标发生时，企业应将国家或地区层面上所有供应商的可能性划为“高风险”。

表 1　国家或地区层面“高风险”可能性的确定指标

指　标	外部参考来源举例
中国政府认可的国际组织提供的对该国政府的廉政评价结果。	如果该国的廉政评价结果不能真实反映林业部门的廉政情况，CFCC 可以做出不同的决定。

（续）

指 标	外部参考来源举例
被公认为森林施政和执法水平低的国家或地区。	在确定这一指标时，企业可以利用内部调查结果或者外部政府或非政府组织进行的森林施政、执法、廉政监测的调查结果。
企业已经接到来自其消费者或其他外部团体有关有争议来源方面的意见和建议，且这些意见和建议的依据可靠充分，同时该企业自己进行的调查尚不能证明上述意见或建议有误。	

3.6 当不能符合表2的任意一项时，企业应将供应链层面上的所有供应商可能性划分为“高风险”。

表2 供应链层面“低风险”可能性的确定指标

指 标	外部参考来源或举证
产品供应声明被某一森林认证体系（指未与CFCC互认的体系）认证，并且拥有由第三方认证机构颁发的森林经营认证证书或产销监管链认证证书。	企业应能够证明这一森林认证体系包括下列内容： （1）涉及争议来源的森林经营活动的第三方认证； （2）产销监管链的第三方认证； （3）在使用百分比声明时，制定验证机制来确保非认证原料不会来自有争议的来源。
产品供应通过政府或非政府认定机构的认定，或者通过涉及有争议来源活动的森林认证体系以外的标签机制的认可。	企业应能够提供有关核查范围或许可机制的证据。
产品供应提供的文件可以清楚地判定供应链上的所有供应商和供应源头的森林经营单位，并且提供了充足的证据证明其符合法律法规要求。	符合法律法规要求的证据可以是执法机构出具的证明，也可是执法机构颁发的采伐许可证或批准的森林经营方案。

4 高风险供应管理

4.1 总体要求

企业应对被划为“高风险”的供应商，建立一套第二方或第三方核查程序。该程序应包括下列内容：

①确定整个供应链和供应源头的森林经营单位；

②现场核查；

③改进和预防措施。

4.2 供应链的确定

企业应要求“高风险”供应商提供整个供应链和供应源头的森林经营单位的详细信息，以满足企业进行现场核查。

4.3　现场核查

4.3.1　企业的核查程序应包括对“高风险”供应商的现场核查。可以由企业进行现场核查(称为第二方核查)，也可以由代表该企业的第三方来进行核查。如供应商提供的文件能充分证明原料来自非争议来源，则可以用文件审核替代现场核查。

4.3.2　企业应证明其充分了解涉及高风险来源供应与争议来源判定的法律法规。

注：当现场核查由第三方机构代表该企业进行时，企业须证明此第三方机构充分了解B.4.3.2所规定的法律法规。

4.3.3　企业应确定开展核查程序的高风险供应商的抽样数，样本的大小应至少是“高风险”供应商数量的平方根($y=\sqrt{x}$)，四舍五入取整数，该样本应包括所有高风险的供应商。如果之前进行的现场核查能够有效地实现本标准的目标，则抽样数量可用$0.8\sqrt{x}$确定，四舍五入取整数。

4.3.4　现场核查应包括下列内容：

①核查直接供应商和供应链上的所有上游供应商，以便评估其是否符合供应商有关原料来源的声明；

②核查供应源头的森林经营单位，或者其他负责森林经营单位经营活动的各方，以便评估其是否符合相关法律法规要求。

4.4　改进和预防措施

4.4.1　企业应制定书面措施以纠正验证程序发现的供应商的不符合项。

4.4.2　应根据不符合项的等级和程度来确定改进措施的范围，包括下列内容：

①针对不符合项与相关供应商进行沟通，并要求其改正；

②要求供应商制定相关的改进措施，以确保森林经营单位符合法律法规要求并提高供应链内信息交流的效率；

③停止使用供应商的供货。

4.4.3　对于未按照B.2要求提供自我声明的供应商，或未按照B.2.2要求提供供应链信息的供应商，企业应取消其供货资格。

附录 C

多地点实施产销监管链

1 介绍

本附录用于指导具有多个地点的企业开展产销监管链认证，以确保产销监管链认证的实施具有经济性和可操作性，并确保企业能够符合产销监管链认证的要求。多地点企业认证也可用于独立小型企业集团建立产销监管链并进行认证。

本附录只适用于具有多个生产场所的企业实施产销监管链认证。

2 定义

2.1 多地点企业是指具有一个明确的中心（一般称为“中心办公室”）和多个地方性办公室或分支机构（地点）的企业。中心办公室负责制定、控制和管理相关活动，地方性办公室则负责实施这些活动。

2.2 多地点企业不一定是一个单一的实体，但所有的地点都应与中心办公室存在法律或合同关系，并同属于一个产销监管链，接受中心办公室的监督审核。必要时，中心办公室有权要求任何分支机构（地点）实施改进措施。如果适用，上述内容宜在中心办公室与各地点签署的合同中予以注明。

2.3 多地点企业可以是：

①具有隶属关系或多个分支机构的企业，不同的地点通过共同的所有权、管理系统或其他组织关系联系在一起；

②为了开展产销监管链认证，由不同的独立合法企业组成的团体（生产商团体）。

注：“管理系统或其他组织关系”不包括协会会员关系。

2.4 生产商团体是指许多典型的独立小型企业，为了共同通过产销监管链认证而组成的团体。其中心办公室可以是贸易协会，也可以是其他任何成熟的合法实体。该实体可以依据成员的推荐来任命，也可以是为了满足本标准要求而成立的一个团体服务实体。中心办公室也可以由团体中的某个成员来管理。

注：生产商团体的中心办公室可被称作“团体实体”，分支机构（地点）可被称作“团体成员”。

2.5 地点是指实施产销监管链活动的场所。

2.6 生产商团体只允许同一个国家的地点加入，并且每个地点的要求如下：

①专职员工不超过 50 名；

②年营业额不超过 6000 万元人民币。

2.7 生产商团体也应符合相关认可机构所制定的其他标准。

3 多地点企业的认证合格标准

3.1 总体要求

3.1.1 多地点企业的产销监管链应进行集中管理和集中审查。在认证机构开始评估前，所有相关的地点(包括中心办公室)都要依据该企业的内部审核程序进行审核。

3.1.2 多地点企业应证明其中心办公室已经依照本标准建立了产销监管链体系，并且整个企业(包括所有地点)都符合本标准的要求。

3.1.3 多地点企业应证明其有能力收集并分析包括中心办公室在内的所有地点的数据。如有需要，还应能够改进这些地点产销监管链的运行。

3.2 中心办公室和各认证地点(分支机构)的作用和职责

3.3.1 中心办公室的作用和职责：

①在认证过程中担任多地点的代表，并与认证机构进行沟通和交流。

②提交认证申请并说明认证范围，包括一份参与认证地点的清单。

③维持与认证机构的合同关系。

④向认证机构提交扩大或减小认证范围的请求，包括地点数量的变动。

⑤作为代表，承诺将依据本标准的要求建立产销监管链并保持其运行。

⑥按照本标准的要求，向各地点提供有效实施和维持产销监管链所需的信息及指南，包括下列信息：

——一份标准文本及相关的实施指导文件；

——森林认证标识使用的相关文件及实施指导文件；

——中心办公室制定的多地点管理程序；

——与认证机构权属相关的合同条款，包括：认证机构或认可机构出于评估和年审目的而使用各地点的文件与设施，以及向第三方机构披露各地点信息；

——认证中各地点共同责任的原则说明；

——内部审核与认证机构评估和监督审核的结果，以及涉及各个地点的改进和预防措施；

——多地点认证证书及其认证范围内的相关内容。

注：“共同责任”是指在某个地点或中心办公室所发现的不符合项，可能会导致所有认证地点都要实施改进措施，或者会导致内部审核活动的增加或多地点认证证书的撤销。

⑦与分支机构建立组织或合同关系，保证各分支机构将按照本标准要求来建立产销监管链并保持其运行。中心办公室应与所有认证地点签署书面合同或其他书面协议，规定当出现不符合项时，中心办公室有权采取任何改进或预防措施或开除任何地点。

⑧制定管理多地点企业的书面程序。

⑨对中心办公室及各认证地点符合本标准的情况进行信息记录。

⑩实施内部审核程序，该程序应包括以下几个方面：

——在认证机构开始评估前，对该企业的所有地点(包括中心办公室本身)进行现场审核；

——对认证范围所涵盖的所有地点(包括中心办公室本身)进行现场年度审核；

——在认证机构开始扩大认证范围前，对所有新增的认证地点进行现场审核。

⑪对中心办公室与各地点的符合性进行审查，审查内容涉及内部审核、认证机构评估和年审的结果。必要时，应建立改进和预防措施，并评估改进措施的有效性。

3.3.3 各认证地点(分支机构)的作用和职责

①按照本标准要求建立产销监管链并保持其运行；

②与中心办公室建立合同关系，并承诺遵守产销监管链及其他所适用的认证要求；

③对中心办公室或认证机构在数据、文件或其他信息等方面的要求做出有效回应，无论其是否与审查、正式审核或其他行为有关；

④全力配合并协助完成中心办公室的内部审核和认证机构的审核，包括参观认证地点的设施；

⑤实施中心办公室所制定的相关改进和预防措施。

4 多地点企业实施本标准要求的职责划分

多地点企业实施本标准要求的职责划分见表1。

表1 多地点企业实施本标准要求的职责划分

标准要求	中心办公室	认证点(分支机构)
4 产销监管链过程要求——物理分离法		是
5 产销监管链过程要求——百分比法		是
6 管理体系的最低要求		
6.2 职责和权力	是	是
6.2.1 总体职责	是	是
6.2.2 产销监管链的职责和权力	是，针对6.2.2 d)、e)	是
6.3 程序性文件	是，针对6.3 a)、e)、f)	是
6.4 记录保存	是，针对6.4 f)、g)	是
6.5 资源管理		
6.5.1 人力资源或人事	是，仅针对活动	是
6.5.2 技术设备		
6.6 审查和控制	是	是
6.7 投诉	是	是

附录 D

产销监管链的社会、健康、安全要求

1 适用对象

本附录中包含健康、安全与劳工问题的要求，这些要求基于《中华人民共和国劳动法》、《中华人民共和国工会法》以及中国签署的相关国际劳工组织(ILO)公约劳动基本原则及权利宣言(1998 年)。

2 要求

2.1 企业应制定一套书面政策，以承诺执行并遵守本标准对社会、健康和安全的要求。

2.2 企业应证明该政策：

①保障工人有依法参加和组织工会、选择自己的代表并集体与雇主协商的权利；

②禁止强迫劳动；

③工人年龄不能低于法定最低年龄 16 周岁；

④确保工人享有公平的就业机会和公正的待遇；

⑤确保工人的安全与健康不受损害。

后记

中国林业产业联合会受国家林业局委托，承担组织编写《中国林业产业发展指南》(下称《指南》)的课题，并通过专家论证。本课题分为三部分，即总论、指南研究制定的支撑报告和中国林业产业的热门话题，收录了有关森林标志产品体系建设、中国红木消费、林产品品牌建设等目前比较热门的话题，便于读者更加详细地了解我国林业产业发展的基本状况和走势。

本指南编写的目的在于贯彻党的十八大精神和国家林业局党组根据新形势提出的发展生态林业、民生林业的新任务，促进我国林业产业发展，使我国成为林业产业强国，全面提升生态林业、民生林业发展水平，为建设生态文明和美丽中国、全面建成小康社会、实现中华民族伟大复兴的中国梦作出新的更大贡献。

在编写过程中，《指南》借鉴、收录了多名奋战在林业产业一线同志的研究成果或文稿，在此深表谢意！与此同时，在数据选择方面，《指南》以国家林业局《中国林业统计年鉴》数据为标准，特此说明。

中国林业产业联合会

2013 年 9 月